大型交通枢纽突发事件应急管理研究

许　敏　刘志欣　著

上海交通大学出版社
SHANGHAI JIAO TONG UNIVERSITY PRESS

内容提要

　　本书以大型交通枢纽为例,分析大型交通枢纽突发事件应急管理组织体系和运行机制,具体包括应急规划与演练、监测与预警、应急疏散与救援、应急恢复与调查评估。在梳理和借鉴国外大型交通枢纽突发事件应急管理经验的基础上,探究构建全面整合的大型交通枢纽突发事件应急管理体系的基本思路。

　　本书适合高等院校交通管理、公共安全管理专业的学生和教师,从事交通管理的专业人员阅读参考。

图书在版编目(C I P)数据

大型交通枢纽突发事件应急管理研究 / 许敏,刘志欣著. —上海：
上海交通大学出版社,2018
ISBN 978 - 7 - 313 - 20105 - 8

Ⅰ.①大…　Ⅱ.①许…②刘…　Ⅲ.①交通运输中心-突发事件-
应急对策-研究　Ⅳ.①U115

中国版本图书馆 CIP 数据核字(2018) 第 203371 号

大型交通枢纽突发事件应急管理研究

著　　者：许　敏　刘志欣
出版发行：上海交通大学出版社　　　　地　　址：上海市番禺路 951 号
邮政编码：200030　　　　　　　　　　电　　话：021 - 64071208
出 版 人：谈　毅
印　　刷：虎彩印艺股份有限公司　　　　经　　销：全国新华书店
开　　本：710mm×1000mm　1/16　　　印　　张：12.75
字　　数：218 千字
版　　次：2018 年 8 月第 1 版　　　　　印　　次：2018 年 8 月第 1 次印刷
书　　号：ISBN 978 - 7 - 313 - 20105 - 8/U
定　　价：68.00 元

版权所有　侵权必究
告 读 者：如发现本书有印装质量问题请与印刷厂质量科联系
联系电话：0769-85252189

前　言

Preface

　　自 2007 年国务院颁布《综合交通网中长期发展规划》以来,部分省、自治区、直辖市的中心城市和口岸城市,在跨区域人员和国家战略物资运输集散、中转地建设了一批全国性综合交通枢纽、区域性综合交通枢纽和地区性综合交通枢纽。大型交通枢纽遵循客运"零距离换乘"和货物换装"无缝衔接"的原则,统筹航空、铁路、水运、公路及城市交通等多种交通运输方式,充分体现客货流汇集、换乘/换装和疏散的承载性、顺畅性和兼容性。

　　大型交通枢纽极大地推动了区域经济发展,并为人们的出行创造了便利的交通条件。但由于大型交通枢纽设施规模巨大且建筑密度高、客流量巨大且高度集中、换乘种类复杂且方式众多,其日常运营面临着较大的安全风险。近年来,由自然因素和人为因素引发的大型交通枢纽突发事件频繁发生,严重威胁公众的生命健康和公共财产安全,并在一定程度上影响了社会秩序的稳定。火灾、水灾、地震、台风、关键设备事故、踩踏事故、恐怖袭击成为大型交通枢纽需要重点防范和应对的突发事件。

　　本书以风险社会理论、生命周期理论为基础,分析大型交通枢纽突发事件的基本特征和主要类型。系统阐释大型交通枢纽应急管理中的政府角色、社会网络及其协作关系。重点从机制层面剖析大型交通枢纽突发事件应急管理的业务流程,具体包括应急规划与演练、监测与预警、应急疏散与救援、应急恢复与调查评估。并以上海虹桥综合交通枢纽、北京西站综合交通枢纽、深圳福田综合交通枢纽为例,分析国内大型交通枢纽突发事件应急管理的现状及问题。在梳理和借鉴国外经验的基础上,以加强全危机与全面风险的应急管理、建立充分资源支持和绩效导向的应急管理、倡导全面协调和多方参与的应急管理为思路,探索完善大型交通枢纽突发事件应急管理体系的思路,以全面提升大型交通枢纽突发事件应急管理能力。

本书有两个特点:一是在国家"一案三制"应急管理体系的总体框架下研究大型交通枢纽突发事件应急管理问题,重点分析大型交通枢纽应急管理中的组织体系和运行机制,具有一定的系统性。二是基于流程优化,提出大型交通枢纽应急管理机制的整体架构,并将其细化和标准化,对大型交通枢纽应急管理实践具有较强的指导作用。

本书是在国家综合交通网迅速发展和健全国家安全体系的背景下写作而成。其目的是客观分析国内外大型交通枢纽应急管理体系的现状与问题,总结和回顾长期以来的成果与经验教训,力争基于应急管理的科学理论,回应大型交通枢纽应急管理建设中的突出问题。

感谢研究生刘瑾、吴晶晶、高维、李攀、景荣杰、乔雅君、张佩茹、刘培培为本书的写作提供了有力的支持。本书定位是为研习应急管理的学人和从事交通应急管理实践的管理者提供大型交通枢纽应急管理的一般性知识框架。我们希望本书既能帮助读者掌握应急管理的基本知识,也能培养和提高应对大型交通枢纽突发事件的能力。更为重要的是,希望本书能够引导读者在总体国家安全观视域下认识基层应急管理的重要性和面临的挑战,形成应急管理的系统思维,使应急管理走向更加精细和科学。

目 录
Contents

第一章

大型交通枢纽应急管理概述

现代社会发展过程中机遇与风险并存的"悖论"、环境的动荡性、人类的有限理性以及科学技术的发展所注入的不确定性,使得各种突发事件成为当今社会的常态。近年来,集民用航空、高速铁路、城际铁路、长途客运、地铁、地面公交、出租汽车等多种交通方式于一体的大型交通枢纽快速发展,极大地推动了区域经济发展,并为人们的出行创造了更便利的交通条件。但是,大型交通枢纽由于客运流量巨大且高度集中、换乘种类复杂且方式众多,往往蕴含着更大的安全风险。如何防范和应对大型交通枢纽突发事件,成为应急管理的重要课题。

第一节 大型交通枢纽突发事件概述

一、相关概念阐释

(一) 大型交通枢纽

交通枢纽是指在两条或者两条以上交通运输路线的交汇、衔接处形成的,具有运输组织与管理、中转换乘及换装、装卸存储、多式联运、信息流通和辅助服务六大功能的综合性设施。[①] 作为交通运输的生产组织基地和交通运输网络中客货集散、转运及过境的场所,交通枢纽是提高客货运输效率的关键环节。交通枢纽由各种复杂的交通运输设备,相关配套设施以及相应的建筑群组成,可以同时办理客货的收发、中转,到达。

通常,人们把由同种运输方式两条以上干线组成的枢纽称为单一交通枢纽,

---

① 张国伍.交通运输系统分析[M].成都:西南交通大学出版社,1991:12.

由两种以上运输方式多条干线组成的枢纽称为综合交通枢纽。而大型交通枢纽一般是指由多种运输方式的多条干线组成的综合交通枢纽，它是集民用机场、城际铁路、轨道交通、高速铁路、磁浮线路、长途客运、市内公交等多种换乘方式于一体的庞大交通枢纽项目。大型交通枢纽是国家或区域综合运输系统的重要组成部分，它承担着枢纽所在区域的直通作业、中转作业、地方作业以及城市对外交通相关作业，对城市的发展战略的实现具有推动功能，是城市交通管理中的重大问题。

　　较之国内，国外大型交通枢纽的规划和建设起步较早。经过多年的发展，在发达城市的交通要塞、大型的工业中心或某些大型的港口都会形成大型交通枢纽。例如，美国华盛顿特区与纽约的联合车站是比较典型的换乘枢纽，该枢纽集中了铁路、市内轨道交通、市郊轨道交通、公交、私人交通等方式，各种交通方式之间的换乘基本上是垂直换乘，铁路位于最上方，市内、市郊轨道交通在下面，多层停车库在旁边，公交在地面，各个层面皆有扶梯连接。[①] 日本东京交通枢纽开通至今已有 90 多年的历史，为全世界铁路客运量最多、通过能力最大、作业效率最高、服务质量一流的现代化客运站。在东京站，高速铁路、既有铁路、地铁交织在一起，构成了一个完善的城市轨道交通系统，给市区出行、到达、换乘的旅客提供了便利的条件。

　　国内大型交通枢纽的建设与国家交通战略的发展和规划是分不开的。2007年，国务院《综合交通网中长期发展规划》提出建设 42 个全国性综合交通枢纽，共分为全国性综合交通枢纽、区域性综合交通枢纽和地区性综合交通枢纽。随后，我国进入交通枢纽大规模建设阶段，并取得了较大的运营成效。国内典型的大型交通枢纽包括：

　　1. 上海虹桥综合交通枢纽

　　上海虹桥综合交通枢纽是我国首个集航空、高速铁路、公路长途客运、地铁、城市公交、磁悬浮等于一体的现代化大型综合交通枢纽，也是目前我国最大的综合性交通枢纽。该枢纽位于上海市中心城区西部，占地面积约 26.26 平方公里，总体设计能力 4 亿人/年，日均客流量 110～140 万人/天，是上海东西现代服务轴的西部端点，也是上海与长三角城市群，国内外城市人流、物流、信息流的汇聚中心。

　　2. 北京南站综合交通枢纽

　　北京南站综合交通枢纽是国内首座集多种城市内交通方式与城际间国家铁

---

①　顾承东，林晨，刘武君.国外大型综合交通枢纽的开发[M].上海：上海科学技术出版社，2007：32.

路于一体的综合交通枢纽。北京南站的客流量达到每年 1.5 亿人次,设计高峰期日发送旅客能力达 50 万人次。除了铁路客流,北京南站交通枢纽还要承担公交和地铁换乘的客流。北京南站北广场包括地上一层,地下两层。地上一层为公交车下客区,地下一层为公交车接客区,地下二层则是北京南站的北出口。这样的设计不但分流了进出北京南站的旅客,而且让驶入和驶出北广场的公交车也实现上下分层。

3. 深圳福田综合交通枢纽

深圳福田综合交通枢纽是国内最大"立体式"交通综合换乘站,是集城市公共交通、地下轨道交通、长途客运、出租小汽车及社会车辆于一体的、并与地铁站无缝接驳的立体式交通枢纽换乘中心。该枢纽换乘中心占地面积 7.86 万平方米,日均旅客通过能力为 35 万人次,具有中转与换乘功能、多式联运功能、旅游交通功能、口岸旅客集散功能、零担货运服务功能及"车港"功能。

大型交通枢纽作为交通线网建设的重要节点,是连接人们各种交通出行行为的纽带。它在保障城市交通体功能,协调航空、铁路、公路、高铁和地铁等多种交通工具的衔接利用等方面发挥着至关重要的作用,并为城市的发展提供了动力。大型交通枢纽具有以下主要特点:①设施规模巨大且建筑密度高,建筑结构复杂,各种运输方式的基础设施集中齐备;②客流量巨大且高度集中,几乎每天都要承担着数以万计的旅客及货品的运输任务;③换乘种类复杂且方式众多,枢纽具备了地铁、飞机、火车、公交等各种运输方式供旅客选择;④管理界面与产权区分交叉,每一种运输工具都具备了一套指挥管理系统,但是它们之间又相互衔接交叉,可以顺利实现旅客换乘的目的。[①]

此外,随着新技术的应用和规划理念的革新,大型交通枢纽建设普遍呈现大型化、立体化、综合化,枢纽功能的多元化以及"以人为本"设计理念的发展趋势和特征。[②] 首先,大型交通枢纽一般占地面积广阔,并且充分运用了地上地下的空间,因此在空间的利用上呈现出更加立体的特性,如枢纽通常配备了地下通道、地面天桥以及相配套的建筑设备。此外,它具备了各种形式的运输载体,也使得各交通线路之间顺利实现有效衔接,为游客提供各种便捷舒适的交通工具换乘服务。其次,在枢纽地带及其周围不仅只局限于提供交通运输服务,还越来越倾向于为游客提供休闲娱乐、购物、住宿、餐饮等多元化的服务,使得枢纽在功

---

① 吴念祖.虹桥综合交通枢纽综合防灾研究[M].上海:上海科学技术出版社,2010:1.

② 黄志刚,荣朝和.国外城市大型客运交通枢纽的发展趋势与原因[J].交通运输系统工程与信息,2007(4).

能上呈现出越来越多元化的特点。最后,枢纽内部注重空间衔接,并安装电梯设备,能够在短时间内方便游客换乘。同时又有简洁的平面组织,一目了然的引导标志和指示地图等多种配套设施,为旅客提供优质、安全与必要的服务。此外,免费 WIFI 的提供也极大地满足了信息时代人们对网络的需求。所有这些无不体现出"以人为本"的服务理念。

（二）突发事件

突发事件,从字面意义上看是指突然发生的,出乎人们意料的一些紧急情况。它的发生往往会造成损失或重大影响,客观上要求人们采取措施加以应对。关于突发事件的概念,不同国家关于应急管理的政策文件中均有解释。如美国国土安全部将突发事件定义为"一种自然发生的或人为原因引起的需要紧急应对以保护生命或财产的事故或事件,具体包括重大灾难、紧急事态、恐怖主义袭击、荒野和城区火灾、洪水、危险物质泄漏、核事故、空难、地震、飓风、龙卷风、热带风暴、与战争相关的灾难、公共卫生与医疗紧急事态,以及发生的其他需要积极应对的事件"。2007 年 8 月 30 日第十届全国人民代表大会常务委员会第二十九次会议通过的《中华人民共和国突发事件应对法》,将突发事件界定为突然发生,造成或者可能造成严重社会危害,需要采取应急处置措施予以应对的自然灾害、事故灾难、公共卫生事件和社会安全事件。[①]

1. 突发事件与风险

从语源学上讲,"风险"一词来源比较模糊,也充满了争议。有的学者认为这个词来自阿拉伯语,有的认为来自希腊语和拉丁语。起初,对风险的研究一度只局限于保险业这个狭小的领域。随着社会的发展,风险研究逐步渗透至经济学、管理学、社会学等学科。

按照经济学的观点,风险是某个事件造成破坏或伤害的可能性或概率。通用的公式是风险(R)＝危险要素(H)×脆弱性(V)。其中"危险要素"是指"可能对人、财产和特定地方的自然环境产生影响的危险源或极端事件"。[②] 危险要素包括自然灾害要素、人为危险要素、技术危险要素和环境危险要素。脆弱性是指承受各种危险要素的能力。如果承受能力强,脆弱性则低;反之,如果承受能力弱,脆弱性则高。风险是危险要素和脆弱性共同作用的结果。风险的大小既

---

①　中华人民共和国突发事件应对法［EB/OL］. http://www.gov.cn/ziliao/flfg/2007-08/30/content_732593.htm

②　Michael K. Linder, Carla S. Prater and Ronald W. Perry, Introduction to Emergency Management ［J］John Wiley & Sons, Inc., 2007. 2.

取决于危险要素,也取决于脆弱性的高低。例如一些大城市建有完善的防汛排涝监测系统,即便遭遇特大型洪水,也不一定构成巨大风险。

当风险产出系统能够承受的压力时,风险就会向突发事件演化。任何风险在发生之后,就不能称之为风险,只能称之为突发事件。风险是"因",突发事件是"果",二者有一定的因果关系。

2. 突发事件与危机

在国内外众多与突发事件有关的文献中,常用"危机"指代这一概念,"危机"最早是一个医学术语。它是指人濒临死亡,游离于生死之间的状态。到了 18、19 世纪,"危机"一词被逐步引入政治领域,表明政府体制或政府面临的紧急状态,是相对于政府常规决策环境的一种非常态的环境。随着适用范围的不断拓展,中外学者对危机给出了众多的定义。如赫尔曼从决策的角度指出,危机是威胁到决策集团优先目标的一种形势,在这种形势中,决策集团做出反应的时间非常有限,且形势常常朝着令决策集团惊奇的方向发展。①罗森塔尔(Rosenthal)从整个社会系统的角度将危机定义为"对一个社会系统的基本价值和行为准则架构产生严重威胁,并且在时间压力和不确定性极高的情况下,必须对其做出关键决策的事件"。② ②中国学者薛澜认为:危机通常是在决策者的核心价值观念受到严重威胁或挑战,有关信息很不充分,事态发展具有高度不确定性和需要迅捷决策等不利情境的汇聚。③ 张成福认为,危机是这样一种紧急事件或紧急状态,它的出现和爆发严重影响社会的正常运作,对生命、财产、环境等造成威胁、损害,超出了政府和社会常态的管理能力,要求政府和社会采取特殊措施加以应对。④

比较来看,危机强调事件的危险性,而突发事件则主要强调事件的突发性。但是,很多时候危机和突发事件其实是相互交织在一起:一个系统内蛰伏的各种危机因素集聚到一定程度之后,可能会引爆某个突发事件,突发事件成为危机开始的标志。⑤ 这意味着很多危机是由突发事件引起的。在这种情况下,突发事件的诱因如果能够被有效遏制,危机一般就不会发生。

---

① Herman, Charles F., ed. International Crises: Insights From Behavioral Research[J]. New York: Free Press.1972:13.

② ② Uriel Rosenthal, etc. ed. Coping with Crises: the Management of Disasters,Riots,and Terrorism [M]. Springfield Illinois: Charles C. Thomas Publisher Ltd. 2001:10.

③ 薛澜,张强,钟开斌.危机管理—转型期中国面临的挑战[M].北京:清华大学出版社,2002:53.

④ 张成福.公共危机管理:全面整合的模式与中国的战略选择[J].中国行政管理,2007(3).

⑤ 王宏伟.突发事件应急管理:预防、处置与恢复重建[M].北京:中央广播电视大学出版社,2009:25.

二、大型交通枢纽突发事件的基本特征

大型交通枢纽突发事件是指在集民用机场、轨道交通、城际铁路等多种交通方式于一体的交叉与衔接的核心地带,发生的一些扰乱枢纽运行秩序,对生命、财产、环境等造成威胁和损害的紧急事件。它往往超出了政府和社会常态的管理能力,要求政府和社会采取特殊的措施加以应对。总体来看,大型交通枢纽突发事件具有以下主要特征:

（一）突发性

大型交通枢纽突发事件具有突发性,其爆发的时间、地点、方式、强度往往超出人们的意料、使人猝不及防,手足无措。而且一部分大型交通枢纽突发事件事先没有明显征兆,具有不可预测性。例如2011年7月23日,甬温线发生动车组列车追尾事故,造成40人死亡、172人受伤。经事后调查发现,这起突发重大铁路交通事故是由于列控中心设备存在严重设计缺陷、上道使用审查把关不严、雷击导致设备故障等因素造成。虽然,铁路局和列控中心已制定相应的应急预案,但并不是所有的征兆和潜在风险能够被准确预测,并确保防范事故的发生。突发事件具有突发性,这并不意味着人们只能被动等待,而不采取积极的应对措施。突发事件应对要求人们调动一切人力、物力、财力,做好充分的应急准备,以控制事态发展,消除不利后果与影响。

（二）不确定性

不确定性是指某件事情或某些事物的发展、变化的结果可能有多种,以至于不能够使人准确预知。大型交通枢纽突发事件之所以具有不确定性的特点,是由于其演进发展有多种可能。当突发事件发生以后,人们往往会感到不知所措,这不仅仅因为突发事件的开端无法用常规性规则进行判断,而且其后的发展和可能涉及的影响是没有经验性的知识进行指导,一切都是瞬息万变的。[1] 另外,在经济全球化的时代背景之下,各种因素交织、互动,前所未有的新型突发事件不断出现,也加剧了突发事件的不确定性。大型交通枢纽存在的众多不确定因素中,隐藏着一个最大的、最难控制的不确定因素——人,人流量大且混乱不易管理,这极大地增加了大型交通枢纽突发事件的处置难度。

（三）危害性

大型交通枢纽突发事件往往会威胁社会公众的生命健康和公共财产安全。

---

[1]　薛澜,张强,钟开斌.危机管理:转型期中国面临的挑战[M].北京:清华大学出版社,2003:28.

由于枢纽地带聚集的客流量较多,一旦发生突发事件,首当其冲受威胁的就是人的生命安全,其次就是各种公共财产遭到破坏,并会造成社会秩序紊乱。例如,2014年3月1日,发生在我国云南昆明火车站的暴力恐怖案件,造成29人死亡,143人受伤,还附带其他财产损失,同时暴力恐怖事件也给受害者及其家属带来心灵创伤和心理困扰。此外,突发事件还会妨碍交通枢纽的正常运营,造成暂时的运营中断,以致会阻碍某些经济活动、社会活动的正常开展。

(四)扩散性

大型交通枢纽突发事件的发生很容易造成一连串的棘手问题,产生多米诺骨牌效应。而且,由于突发事件造成的危害和影响有时候不再仅仅局限于枢纽地带,它还会由点及面向外扩散和传播,殃及其他地区,造成更加严重的后果。一旦突发事件得不到及时有效的遏制,就有可能产生"涟漪效应",从而引发次生、衍生灾害。例如,在拥挤的火车站或者机场发生恐怖袭击事件,很快会引发人群的恐慌。出于对危险的本能恐惧,人们一般会想方设法逃离危险,这极易造成拥挤踩踏事故。而且,某些突发事件带有一定的国际性色彩,其产生的背后有某些国际势力的支持,自然会出现联动效应[1],影响范围扩散到国外。例如在大型交通枢纽地区发生的国际恐怖组织发动的恐怖袭击事件,这类恶性突发事件会给应对处置工作带来极大的困难。此外,由于处于大型交通枢纽这一特殊位置,一旦发生突发事件,不仅会对本国的人民群众造成恶劣的影响,还很难保证不牵连到外籍人员。正如"马航失联事件"中,除了马来西亚人民,还牵扯到包括中国、美国、法国、澳大利亚等其他13个国家的人民。如果事件没有得到妥善及时的处理,很可能引起相关国家之间的矛盾,造成国际关系紧张。

(五)紧迫性

突发事件的突发性和危害性决定了决策者的反应时间非常有限。由于大型交通枢纽人员众多、建筑结构复杂,突发事件一旦发生,很快会造成一定的后果,如交通堵塞、人员伤亡等。决策者必须在第一时间组织疏散和救援,及时采取应对措施,控制事态发展、防止损失扩大。因此,突发事件爆发后,应急管理者往往面临着巨大的时间和心理压力,即使在有关信息不充分、资源有限的条件下,也必须快速拉响应急响应,采取非常态措施,非程序化作出行政决定,以把握决策处置的有利时机。

---

① 张沛,潘锋.现代城市公共安全应急管理概论[M].北京:清华大学出版社,2007:3.

三、大型交通枢纽突发事件的影响

交通是国家经济社会发展基础性保障。交通枢纽作为各种运输方式之间、城市交通与城间交通之间衔接的关键节点,对促进区域内部和区域对外的人员及物资交流,带动和支撑区域经济的发展发挥了重要作用。

另一方面,由于大型交通枢纽系统具有核心集聚、网络连通的特点,通常其影响范围会快速扩散。当大型交通枢纽发生台风、火灾、关键设备故障等突发事件时,如果不能及时处置,将可能导致航空运输、铁路、公路等交通运输的中断或延误,甚至引发综合交通枢纽的轨道交通网络瘫痪,集聚巨大的客流。这将在一定程度上危及人民的生命健康和财产安全,妨碍社会秩序的稳定,并对区域经济、政治、外交等各方面造成一定的负面影响。

第一,大型交通枢纽突发事件直接对人民生命健康和公共财产安全构成威胁。大型交通枢纽人员密集、各种交通方式汇集,突发事件发生后容易造成人身、财产损失,并对受灾人群产生心理影响。2005 年 7 月 7 日,四名基地组织成员在英国伦敦利物浦大街和阿尔吉特之间的城市地铁线及公交车上以自杀形式引爆身上炸弹,造成 56 人死亡 700 多人受伤,并造成伦敦附近整个地铁交通网络中断。这场猝不及防的恐怖袭击,为民众带来巨大的心理恐慌,在较长时间内伦敦市民对公共交通产生了严重的戒备心理。

第二,大型交通枢纽突发事件影响社会秩序的稳定。大型交通枢纽是规模大、人流集中的复杂公共交通设施。它以多资源、多技术承载为前提,而这些复杂因素交织极易引发突发事件,并成为社会失序的潜在风险。1995 年 3 月 20 日,东京地铁沙林事件共造成 13 人死亡,约 5500 人中毒。事发当天,日本政府所在地及国会周围的几条地铁主干线被迫关闭,26 个地铁站受影响,东京交通陷入一片混乱。这一事件给当时刚刚经历阪神大地震的日本社会和公众又蒙上了一层阴影,加剧了日本国内社会的不安定因素,严重影响着社会秩序的稳定。

第三,大型交通枢纽突发事件会对外交关系造成一定的冲击。大型交通枢纽人员流量大,公共空间人群高密度聚集,包括本国旅客和国外旅客。当突发事件造成国外旅客的人身财产损失时,该事件有可能演变为涉外事件,影响对外外交关系。正如"马航失联事件"一样,由于马国政府对待这一突发事件一味采取隐瞒消极的态度,直接冷却了中马两国的"熊猫外交"。由此可见,应急管理者在处理涉及国际关系的突发事件的时候,必须要充分获得他国的理解甚至是帮助,避免由于不必要的隐瞒和误会造成两国关系紧张,更不能因为冲突误会而诉诸武力,造成更难弥补的损失。

第二节　大型交通枢纽突发事件的分类与分级

大型交通枢纽突发事件有不同类型,把握不同类型大型交通枢纽突发事件的特点、性质、机理,并依据危险程度对其进行分级管理是科学应对和有效处置的基础。

一、大型交通枢纽突发事件的主要类型

依据不同诱发因素,大型交通枢纽突发事件可以划分为自然因素引起的突发事件和人为因素引发的突发事件两大类。

(一)由自然因素引起的突发事件

由于我国幅员辽阔,地质构造复杂,容易受到各种自然灾害的侵袭。突发性自然灾害对大型交通枢纽具有很强的破坏性,不仅会毁坏交通枢纽的基础设施,还可能引发关键设备故障、踩踏事故等衍生灾害。由自然变异或自然灾变等因素引起的大型交通枢纽突发事件主要有以下几种:

1. 地震灾害

地震是由于地表下岩层断裂和移动而产生的突然、快速的地面摇晃。中国是一个地震灾害频发的国家。据统计,20 世纪以来,中国共发生 6 级以上地震近 800 次,遍布除贵州、浙江两省和香港特别行政区以外所有的省市区。近些年来,随着地壳运动越来越频繁,地震断裂带十分活跃。当大型交通枢纽所在地发生较大地震灾害时,会破坏大型交通枢纽的各种交通设备和通信设备,影响大型交通枢纽的地基基础、机场跑道和铁路轨道以及整体的线路结构。

此外,地震还是一种最容易引发衍生灾害的自然灾害,地震发生后可能出现火灾、海啸、泥石流、山体滑坡等。所以大型交通枢纽所在地发生地震灾害之后,要密切留意潜在衍生灾害的影响,及时采取防范措施,防止危害升级扩大。

2. 自然火灾

自然火灾大多是由于干旱、高温、大风或雷击等特殊气象条件造成的。尤其是夏季,它的来临总是伴随着干旱、高温和雷击。因此,在夏季特别要做好自然火灾的预防工作。另外,随着全球气温的不断变暖,自然火灾发生的可能性也在逐渐增加。2009 年 8 月 29 日晚 7 时 45 分从福州飞往北京的国航 CA1808 次航班,在延误数小时后取消。国航相关人士证实,飞机落地后发现遭雷击,发动机

部位有被烧焦的痕迹,虽无人员伤亡,但造成 110 多名乘客旅程延误,国航不得不做出一定的赔偿。①

在大型交通枢纽,飞机、火车最容易因遭受雷击而发生自然火灾。随着科学技术的进步,交通运输工具的抗击性逐渐增强。但干旱、高温等极端气候仍可以使得某些不耐高温的设备工具发生自燃的情况,从而诱发大型交通枢纽自突发事件。

3. 水灾

我国是一个水灾频发的国家。近 40 年来,平均每年出现洪涝灾害 5.8 次。水灾多发生在雨量充沛的特殊地理位置与地势低平的地方。一般来讲,夏季是防洪防汛的重要时期,但洪灾有时也发生在其他季节。由于枢纽内排水系统的相对脆弱性和时滞性,暴雨、强降雨会造成枢纽内短时涌入大量积水而无法及时排出。

此外,由于地理位置与交通设备的特殊性,在枢纽内的地下车库、商场、地铁等地方也是最易遭受雨水侵袭的主要场所,也最容易成为暴雨期间区域路面积水倒灌侵入的重灾区。一般一次暴雨过后,枢纽内的积水需要半天时间才能够清除,最长则需要一天。② 而且,水灾也容易引发次生灾害,如滑坡、泥石流等,从而使突发事件的影响和危害不断扩大化。

4. 热带气旋

热带气旋是影响我国的灾害性天气系统之一。在其活动过程中,由于具备巨大的能量,常伴随着狂风、暴雨、巨浪和风暴潮等。因此,热带气旋往往会造成人民生命和财产损失,包括人员伤亡、房屋毁损、交通瘫痪、通讯中断等。我国北起辽宁省,南至广东和广西的沿海一带,每年都有可能遭受热带气旋的袭击,其中又以登陆广东、福建和台湾三省的热带气旋次数为最多。

热带气旋对综合交通枢纽最直接的危害就是枢纽站场建筑物。综合交通枢纽中的主体建筑物往往采用大跨度的钢结构以及大面积的玻璃幕墙组成。不仅对综合交通枢纽本身带来考验,也将对综合交通枢纽内的旅客及工作人员造成危害,并影响枢纽内交通工具的正常运营。

（二）由人为因素引起的突发事件

人为灾害主要是由人们的主观意愿产生的一些行为举动,并影响社会安全

---

① 福州飞往北京国航航班遭雷击被取消[EB/OL].https://www.rxyj.org/html/2010/0331/640618.php.

② 吴念祖.虹桥综合交通枢纽综合防灾研究[M].上海:上海科学技术出版社,2010:74.

的突发事件。① 它主要包括交通运输事故、关键设备故障、建筑安全事故、火灾爆炸事故、拥挤踩踏事故、恐怖袭击六大类。

1. 交通运输事故

交通运输事故的产生原因可能是人为操作不当，或是交通工具自身存在安全隐患。交通运输事故包括民航、铁路、公路等事故。交通运输事故发生后，如果得不到及时的处理，有可能造成大量人员伤亡。2008 年 4 月 28 日，发生在中国山东省淄博市胶济铁路王村站附近的一起严重的旅客列车相撞事故，造成共72 人死亡，416 人受伤。同时，由于铁路运行中断，济南、青岛都出现了大批旅客被滞留的情况。这起事故是中国大陆自 1997 年以来，旅客伤亡最为惨重的一次。事故的直接原因是 T195 次列车超速行驶，王村站值班员和机车司机也没有尽到车机联控和认真瞭望的责任，从而导致了这起事故的发生②。

2. 关键设备故障

关键设备故障可能导致综合交通枢纽所承担的交通运输工具产生事故或车辆、飞机故障损坏；又可能引起供电设备和机场跑道、轨道交通线路的破坏。近年来，由于运输设备在验收不过关就投入使用、相关人员未定期对老化故障的设备进行保养和检修等原因，设备故障时有发生。2011 年 7 月 23 日甬温线发生特别重大铁路交通事故，事故造成 40 人死亡，200 多人受伤。调查发现，事故的原因之一是通号集团所属通号设计院在 LKD2-T1 型列控中心设备研发中管理混乱。通号集团作为甬温线通信信号集成总承包商履行职责不力，致使为甬温线温州南站提供的 LKD2-T1 型列控中心设备存在严重设计缺陷和重大安全隐患。③ 设计缺陷，加上相关人员把关不严，使关键设备故障升级为特别重大的突发事件。

3. 建筑安全事故

建筑安全事故分为建筑施工事故和建筑工程质量事故，建筑工程质量事故常引发大型交通枢纽突发事件。建筑工程质量事故是由建筑工程没有达到建筑施工相关标准，不符合建筑结构设计要求等因素导致。建筑安全事故中最为严重的是建筑坍塌，诱发因素是人们在设计建造建筑物时违反基本建设程序。大型交通枢纽一般都汇集了许多大型建筑物，一旦发生建筑物垮塌事故，损失十分惨重。1994 年 10 月，发生在希思罗快速线暗挖车站隧道的垮塌事故，是英国 20

---

① 寇丽平.应对危机——突发事件与应急管理［M］.北京：中国人民公安大学出版社，2013：16.
② 胶济铁路列车相撞事故［EB/OL］.http://news.163.com/special/00012LTC/jiaoji080428.html.
③ 温州动车事故［EB/OL］.http://news.163.com/special/dongchechugui/.

世纪最后 25 年内最糟糕的土建工程灾难之一。该事故不仅强烈震撼了英国隧道界,而且也震惊了国际隧道界。[①] 此次事故的主要原因是工程质量不达标,车站隧道初期支护存在缺陷,具体包括低标准施工,中央隧道初期支护仰拱接头钢筋不连续。这次灾难性的车站垮塌事故造成了巨大的经济损失,不仅延误了完成的工期,还产生了极坏的社会影响。

4. 火灾爆炸事故

易燃易爆品、化学爆炸品、建筑物内燃气管道泄漏、用电设备绝缘被破坏等是引发大型交通枢纽火灾爆炸事故的罪魁祸首。虽然大型交通枢纽配备一些灭火器材,但难以抵挡爆炸引发的大型火灾,对某些由于化学品引起的火灾也不起作用,从而无法有效控制火势蔓延。1995 年 10 月 28 日,阿塞拜疆的巴库地铁三、四节车厢交接处着火,由于司机缺乏经验,把车停在了隧道里,给乘客逃生和救援工作带来了极大的不利,加之 60 年代生产的车辆使用的大部分材料都是易燃物,燃烧产生大量有毒气体,这场火灾一共造成 558 人死亡、269 人受伤。[②]

5. 拥挤踩踏事故

在人群聚集场所,当人群队伍产生拥挤移动时,如果有人因为意外跌倒,后面不明情况的人群依然加速前行,就很容易对跌倒的人产生踩踏,从而造成群死群伤。由于大型交通枢纽地带汇集了较多的客流量,发生拥挤踩踏事故的潜在风险较高。2013 年 2 月 10 日,在印度北部城市安拉阿巴德一座火车站发生了一起严重的踩踏事故。由于适逢该城市要举办"昆梅拉节",即"大壶节",火车站聚集了大量的旅客,导致天桥栏杆难以承受人群挤压,结合处断裂,从而引发了踩踏事故,造成 36 人遇难。[③] 因此,在大型交通枢纽突发事件应急管理实施中,有必要测算大型交通枢纽的旅客最大承载量,利用大数据手段提前预测旅客流量,针对可能出现的客流高峰做好分流和限流方案,严防出现拥挤踩踏事故。

6. 恐怖袭击

恐怖袭击手段主要有枪击、爆炸、劫持、纵火等。20 世纪 90 年代以来,恐怖袭击在全球范围内呈蔓延趋势,各种形式的恐怖袭击事件时有发生,尤其是人口密集且流动性大的地方,常常成为恐怖分子的主要目标。2013 年 12 月 29 日和

---

① 邵根大.希思罗快速线中央枢纽区车站垮塌事故的深刻教训[J].现代城市轨道交通,2005(3).
② 阿塞拜疆巴库地铁事故[EB/OL]. http://www.china.com.cn/aboutchina/txt/2009-10/26/content_18770645.htm.
③ 印度安拉阿巴德火车站踩踏事故[EB/OL]. http://news. 163. com/13/0211/21/8NFA82CA00014JB5.html.

30 日,俄罗斯的伏尔加格勒连续发生两起恶性恐怖袭击事件,两起事件分别发生在火车站和无轨电车上,共造成 31 人死亡,70 多人受伤。[①] 而在 2014 年 3 月 1 日,新疆分裂势力组织策划了云南昆明火车站无差别砍杀事件,恐怖分子采用刀具屠杀无辜的火车站旅客,造成多人伤亡。

值得注意的是,大型交通枢纽突发事件并不是相互独立的,各类突发事件之间的某些致灾因子具有连带性、耦合性和叠加性,它们会相互影响,由某一类型逐渐演变扩散。所以,大型交通枢纽很可能在某一突发事件触发之后引发其他类型突发事件,或者多个突发事件并发,这种情形往往造成更大的损失,并增加应急处置的难度。

二、大型交通枢纽突发事件的分级

(一)突发事件分级管理的原因

依据突发事件可能造成的危害程度、波及范围、影响力大小、人员及财产损失等情况,将突发公共事件划分为不同的级别,并有针对性地采取不同的措施,是各国应急管理实践的宝贵经验。以美国为例,"9·11"恐怖袭击事件发生后,美国联邦政府建立了一套五级国家威胁预警系统,用绿、蓝、黄、橙、红五种颜色分别代表从低到高的五种突发事件的危险程度。我国则是将突发事件由高到低划分为特别重大(I级)、重大(II级)、较大(III级)和一般(IV级)四个级别,依次用红色、橙色、黄色和蓝色表示来进行预警和分级管理。一般来说,特别重大的突发事件由国家统一组织协调,调度各方面的力量和资源进行处置;重大的突发事件由省级政府部门调度多个部门和相关单位力量进行联合处置;较大的突发事件由市级政府部门调度个别部门、力量和资源进行处置;一般的突发事件由基层部门牵头处置。

突发事件分级管理是为了明确各级政府部门对突发事件的管辖范围。越是性质严重的突发事件,越是由上级部门领导和管辖。其原因是上级政府部门掌握着更多的应急资源,能调动的人员、力量更加充分,处置突发事件的能力也越强。但这并不否认基层政府部门对突发事件第一时间的现场处置权。有学者指出,我国国家应急管理当遵循"能力本位"和"重心下移"两个基本原则。①"能力本位":分级标准以应对能力为主,兼顾事件的客观属性。②"重心下移":县、市政府往往处于应对突发事件的第一线,对于本地的公共安全和社会稳定负有

① 俄罗斯火车站爆炸[EB/OL]. http://news.sohu.com/s2013/echezhanbaozha/.

直接的责任,因此大部分的突发事件都应当主要依靠本级政府的力量来解决,超出地方政府应对能力的,才由上一级政府介入。①

对大型交通枢纽突发事件进行分级管理的意义在于:根据危害程度、波及范围等情况科学地确定大型交通枢纽突发事件的级别,明确突发事件应急管理的责任主体和响应层级,有助于更好地控制突发事件的蔓延、提高大型交通枢纽应急管理资源的使用效率。既不会因为对事件危害性和影响力估计不足,导致应急资源准备不充分而影响处置效果,也不会因为过度动员资源,造成枢纽应急资源的浪费。

(二)突发事件分级的标准

参照《中华人民共和国突发事件应对法》和《上海市突发公共事件总体应急预案》及其他专项应急预案,依据实践性质、严重程度、可控性和影响范围等因素,可以将大型交通枢纽突发事件划分为一般(IV级)、较大(III级)、重大(II级)、特别重大(I级)四个等级。

1. IV级突发事件

事件即将临近,事态比较简单但可能会扩大,预计交通枢纽即将发生一般(IV级)突发事件。

IV级表示突发事件可能或已经造成3人以下死亡(含失踪),或危及10人以下生命安全,或10人以下重伤(中毒);造成被困人数500人以下;造成1000万元以下直接经济损失;造成紧急转移安置1万人以下;对本枢纽地区的公共安全、政治稳定和社会安定造成一定危害或威胁。IV级突发事件需要由本枢纽地区的应急指挥中心作为责任主体,只需要调度本枢纽地区相关职能部门和单位力量就能够对突发事件进行原因排查、治理和防控,开展突发事件应急救援和处置工作,但需要向本级人民政府报告。

2. III级突发事件

事件即将临近,事态较为复杂且有扩大的趋势,预计交通枢纽即将发生较大(III级)突发事件。

III级突发事件表示突发事件可能或已经造成3~10人死亡(含失踪),或危及10~30人生命安全,或10~50人重伤(中毒);造成被困人数500~1000人;造成1000万~5000万元直接经济损失;紧急转移安置1万~5万人;对本枢纽地区和本市的公共安全、政治稳定和社会安定造成危害或威胁。III级突发事件需要调度个别市级职能部门力量,联合本枢纽的相关职能部门进行共同处置,由市级相关部门应急指挥中心统一领导,对突发事件进行原因排查、治理和防控,开展突发事件应急救援和处置工作,同时还需要向省级人民政府报告。

3. II级突发事件

事件即将临近,事态复杂且正在逐步扩大,预计交通枢纽即将发生重大(II级)突发事件。

II级突发事件表示突发事件可能或已经造成10～30人死亡(含失踪),或危及30～50人生命安全,或50～100人重伤(中毒);造成被困人数1 000～3 000人;造成5 000万～1亿元直接经济损失;紧急转移安置5万～10万人;对本市乃至全国的公共安全、政治稳定和社会安定造成严重危害或威胁。II级突发事件需要调度多个市级乃至省级职能部门和相关单位力量进行联合处置,由市级或省级职能部门应急指挥中心统一领导,对突发事件进行原因排查、治理和防控,开展突发事件应急救援和处置工作,同时需要向省级乃至中央人民政府报告。

4. I级突发事件

事件随时可能发生,事态非常复杂且正在不断蔓延,预计交通枢纽即将发生特别重大(I级)以上突发事件。

I级突发事件表示突发事件可能或已经造成30人以上死亡(含失踪),或危及50人以上生命安全,或100人以上中毒(重伤);造成被困人数3 000人以上;需要紧急转移安置10万人以上;造成1亿元以上直接经济损失;对本市乃至全国的公共安全、政治稳定和社会安定带来严重危害或威胁。I级突发事件需要市委、市政府所辖应急指挥中心统一领导,统一部署,组织协调,并且上报中央政府,必要时调度省级乃至国家各方面力量和资源,对突发事件进行原因排查、治理和防控,开展突发事件应急救援和处置工作。

第三节　大型交通枢纽突发事件应急管理理论

突发事件应急管理是一门专门研究突发事件的预防控制和应急处置的学科。它所涵盖的知识非常广泛,囊括了管理学、社会学、系统论、心理学、运筹学、统计学、公共关系学等专业知识。这些理论知识对研究大型交通枢纽突发事件应急管理奠定了深厚的理论基础。其中,"风险社会理论"和"生命周期理论"对应急管理研究与实践具有重要的指导意义。

一、风险社会理论

自人类诞生以来,风险就一直存在。人类社会始终面临着各种各样的风险考验,人类文明的发展过程其实就是回应各种风险的实践性后果的过程。当前,人类已进入到风险普遍存在的风险时代。大型交通枢纽作为人类社会发展的产物和现代社会的标志,也面临着由各种风险演变而来的突发事件的考验。

乔治·D.哈岛,琼·A.布洛克,达蒙·P.科波拉认为应急管理可以简单定义为一门处理风险和防止风险的学科。风险代表了一系列广泛的问题及其参与者,应急管理是保障每个人日常生活安全不可缺少的部分,应该被整合到日常决策中,而不要等到灾难发生时才考虑。① 从风险的角度研究突发事件应急管理理论,管理者首先要了解风险的相关知识,把握风险社会理论的发展,这是为了从本质上了解突发事件的致灾因子,减少突发事件的发生概率。

（一）人类社会风险的演变史

作为历史的产物,风险源于人类畏惧自然和强烈生存意愿的真实表达。早在远古时代,生产力水平极其低下,凶猛的野兽、肆虐的山洪频繁威胁着人们,"自然界作为一种完全异己的、有无限威力和不可制服的力量与人们对立,人类就像牲畜一样慑服于自然界"。②

进入农业社会,生产力水平有了较大的提高,人类开始利用各种生产工具进行大规模的耕植。人类所到之处,砍伐森林、烧毁草原,在与自然界的斗争中获得了局部性的胜利。但由于生产工具落后和对自然资源的无序利用,人类仍然难以抵挡由不合理的实践活动所带来的生态风险。伴随着私有制和阶级的产生,人类社会的冲突开始以暴力形式出现,阶级斗争成为人类面临的一种新的风险。

18世纪以后,以蒸汽机的发明、推广、应用为标志的工业革命兴起,人类征服自然的实践活动愈演愈烈。一方面,人类改造自然的能力显著增强,物质财富日益丰富。另一方面,生态恶化和环境污染成为主要的风险源。人类利用先进的生产工具粗暴地干扰自然环境,对自然资源的掠夺性开发和严重破坏,使生态环境的震动频度增大。与此同时,社会阶层的分化和不同利益集团的冲突导致人类社会的内部矛盾日益加剧,并以战争的极端形式爆发,造成了毁灭性的

① 乔治·D.哈岛,琼·A.布洛克,达蒙·P.科波拉.应急管理理论[M].龚晶,译.北京:知识产权出版社,2013:1
② 马克思,恩格斯.德意志意识形态,马克思恩格斯选集(第1卷)[M].北京:人民出版社,1995:76.

后果。

　　在工业化浪潮和科技革命的双重推动下,人类社会在20世纪80年代开始了不断深化的全球化进程。全球化时代的到来加强了国际社会各行为主体之间的互动,频繁而广泛的互动导致原来局限于一个国家或地区的风险扩散至其他国家或地区。这些风险在扩散的过程中,不仅扩大了风险的影响范围,还有可能引发新的风险源,增强风险的后果,最典型的事例如传染病的蔓延和外来物种的入侵等。同时,现代通信技术的发展使风险的潜在利益相关者数量大大增加,诱发了信息不及时、不完整导致的社会心理恐慌。可见,工业文明时代的风险更具复杂性、多样性。

　　20世纪后期以来,人类社会进入了不确定性显著增强的后工业时代,德国学者贝克将这个时代称为"风险社会"。与传统工业社会的风险相比,风险社会的特征主要体现在以下三个方面:一是风险的人化。即"人为被制造出来的风险"或"人造风险","它是指由我们不断发展的知识对这个世界的影响所产生的风险,是指我们没有多少历史经验的情况下所产生的风险。"①二是风险的制度化。随着人类社会的发展,人们逐渐意识到,社会制度体系在规范社会运行、防范社会风险的同时,也可能由于制度功能的失效使制度本身成为一种现代社会风险的再生产机制,于是就出现了所谓的"制度化风险"。三是风险的普遍性。全球化背景下各类资源的加速流动以及各国相互联系和依赖增强,加速了风险的扩散,加剧了风险的后果,形成一种普遍性的灾难。

　　当前,中国正处在社会转型风险和全球风险混合叠加的高风险时期。一方面中国正从传统社会向现代社会转型。而我国在转型阶段面临着诸多社会问题:环境严重污染,经济发展严重不平衡,贫富差距大,道德滑坡,政府腐败现象滋长等。这些突出的社会问题随时都有可能成为引发各种突发事件的导火索,甚至长期潜伏,成为一枚枚威胁社会安定的定时炸弹。另一方面,而且,中国作为经济全球化进程中的后来者,常不得不接受主要由西方国家为其自身利益量身定做的国际制度、国际惯例和国际标准,使得社会发展受到更多的全球性制约。所以,中国社会要接受比西方发达国家更加巨大的风险挑战,是一个名副其实的风险喷发期。② 近年来频繁发生的各类突发事件,如"天津滨海新区危险品仓库爆炸事故""7·23甬温线特别重大铁路交通事故""上海外滩踩踏事件"都

①　[英]安东尼·吉登斯.失控的世界[M].周红云,译.南昌:江西人民出版社,2001:22.
②　崔光胜.风险社会与政府危机管理能力提升[J].辽宁行政学院学报,2013(3).

充分表明我国已经步入高风险社会时期。在这个高风险社会的背景下,如何有效地化解社会风险,科学高效地回应风险的现实后果是政府迫切需要解决的重要任务。

（二）"风险社会"视角下大型交通枢纽突发事件应急管理

大型交通枢纽建筑密度高、建筑结构复杂,客运流量巨大且高度集中,换乘种类复杂且方式众多,往往蕴含着更大的安全风险。从风险识别和控制的视角加强大型交通枢纽突发事件应急管理,就是为了探究突发事件发生的本质原因,有助于从源头上控制风险、化解风险,遏制突发事件的发生。相关管理部门要提高大型交通枢纽的风险防范能力,完善大型交通枢纽风险管理制度,包括风险识别和排查、风险分析和评估、风险监测和预警、风险规避和处置等。只有建立了基于风险管理的突发事件应急管理体系,才能更前瞻地防范大型交通枢纽突发事件,从而维护枢纽的稳定运行。

政府和相关管理部门在识别和研判大型交通枢纽风险时,首先要了解现代风险社会本质及其运行规律,尤其是风险在大型交通枢纽这一场域向突发事件演进的机理,通过完善枢纽内风险预控机制和采取危机缓和措施,消减大型交通枢纽突发事件带来的影响。同时,政府还应引导民众树立风险意识,并倡导一种反思性的风险社会文化。通过对广大民众的风险教育和普及应急知识,增强全社会预防风险和应对突发事件的能力,使人们能理性认识风险社会的客观存在,并能在大型交通枢纽突发事件到来时保持健康心态,从容应对所面临的困境。

二、生命周期理论

生命周期理论认为突发事件是不可能一下子形成的,人们也不可能将失衡的状态一下子就拉回到正常秩序,突发事件的形成和解决都需要时间。[①] 生命周期理论着眼于应急管理的过程取向,且强调应急管理应该贯穿于突发事件的整个生命周期。突发事件应急管理者可以根据突发事件的阶段性特征采取相应的应对手段,从而能够更好地对症下药,处置突发事件。

（一）生命周期理论的基本观点

突发事件和人一样,具有自己的生命周期。诸多学者研究了突发事件发展的基本态势,并构建了突发事件运动的不同模型。其中,基本的三阶段模型和四阶段模型最为广泛接受。

---

① 薛澜,张强,钟开斌.危机管理[M].北京:清华大学出版社,2003:55.

1. 三阶段模型

三阶段模型为伯奇（Brich）和古斯（Guth）等很多危机管理专家所推崇。它将突发事件的发展分为事前、事中、事后三大阶段，每一阶段再可划分为不同的子阶段。针对突发事件发展的不同阶段，分别采取预警、应对、善后措施。

2. 四阶段模型

芬克（Fink）用医学术语对危机的生命周期进行了描述，他将突发事件的发展划分为四个阶段：

征兆期——有线索显示有潜在的危险可能发生；

发作期——具有伤害性的事件发生；

持续期——突发事件的影响持续，同时也是努力清除危险的过程；

痊愈期——突发事件已经完全解决。

生命周期理论认为对突发事件的管理应贯穿于突发事件发生、演变、终结的全过程，突发事件应急管理的本质是一种全过程管理。

罗森塔尔将应急管理活动概括为："预防突发事件的发生；做好准备，防范可能危机因子的影响；对实际发生的突发事件进行有效的响应；为危机突发事件后的恢复与重建提供计划和资源。"[1]

罗伯特·希斯（Robert Heath）针对突发事件提出了应急管理的 4R 模型：减少（Reduction）、预备（Readiness）、反应（Response）、恢复（Recovery）。[2]

米特罗夫（Mitroff）将应急管理划分为五个阶段：信号侦测，即识别突发事件发生的警示信号并采取预防措施；探测和预防，即组织成员搜寻已知的突发事件风险因素并尽力减少潜在损害；控制损害，即突发事件发生阶段，组织成员努力使其不影响组织运作的其他部分或外部环境；恢复阶段，即尽可能快地让组织运转正常；学习阶段，即组织成员回顾和审视所采取的管理措施，并整理使之成为今后的运作基础。

薛澜等国内学者从时间序列出发将突发事件演变的过程视为由前兆阶段、紧急阶段、持久阶段和解决阶段等构成一个完整的生命周期，将应急管理过程划分为危机预警及危机管理准备阶段、识别危机阶段、隔离危机阶段以及危机后处

---

① Uriel Rosenthal and Bert Pijnenburg，Crisis Management and Decision Making：Simulating Oriented Scenarios［M］，published by Kluwer Academic Publishers，1991：1.

② 王宏伟.突发事件应急管理：预防、处置与恢复重建［M］.北京：中央广播电视大学出版社，2009：33.
［澳］罗伯特·希斯.危机管理［M］.王成，宋炳辉，金瑛，译.北京：中信出版社，2001：30 - 31.

理阶段。① 根据不同阶段的特征采取相应的管理策略和措施,尽可能把事态控制在某一特定的阶段,以免进一步恶化。②

　　王宏伟根据突发事件管理活动的四个阶段展开论述,并分别针对这四个阶段即"减缓"(或预防)、"准备"、"响应"和"恢复"提出了具体的内涵。他指出,减缓是减少影响人类生命、财产的自然或人为致灾因子;准备是发展应对各种突发事件的能力,如制订应急预案、建立预警系统等;响应是指采取行动以挽救生命、减少损失;恢复既是指按照最低运行标准将生活支持系统复原的短期行为,又是指推动社会生活恢复常态的长期活动。③

　　上述理论都基于突发事件的生命周期而展开,具有较强的科学性,对大型交通枢纽突发事件应急管理具有突出的指导作用。

　　(二)基于生命周期理论的大型交通枢纽突发事件应急管理

　　根据以上突发事件演变过程的阶段性划分,结合到大型交通枢纽实际,大型交通枢纽突发事件应急管理分为四个阶段,分别是应急规划与演练阶段、突发事件监测与预警阶段、应急疏散与救援阶段、应急恢复与调查评估阶段。这四个阶段分别对应大型交通枢纽潜在、发作、持续、痊愈的生命运动周期。该划分方式既符合应急管理的客观,也是要求一种应急管理方法论的总结。

　　在应急规划与演练阶段,应急管理者要把握好"减缓"一词,在枢纽内提前准备一些能够应对突发事件的设施设备和安全应急通道。同时,应急管理者还要预先分析枢纽内可能发生的突发事件种类,对这些突发事件进行规划演练,熟悉各项流程,提升应急能力,做到未雨绸缪。要让相关人员事先掌握应急处置的知识和技能,熟悉枢纽内的各项复杂环境,对枢纽内容易引发各种突发事件的风险源、危险区域进行调查、登记、风险评估,定期进行检查和监控,并责令有关部门和单位采取安全防范措施。此外,还要广泛开展突发事件预防与应急、自救与互救知识的公益宣传。

　　在突发事件监测与预警阶段,应急管理者要积极做好"准备",建立统一的突发事件监测与预警系统,汇集、储存、分析、传输有关突发事件的信息,对枢纽内存在的各种风险进行实时的监控和预警,及时汇总分析突发事件隐患和预警信息,做好各项数据信息收集工作,必要时组织相关部门、专业技术人员、专家学者进行会商,对发生突发事件的可能性及其可能造成的影响进行评估,以期能够做

① 薛澜,张强.SARS事件与中国危机管理体系建设[J].清华大学学报(哲学版),2003(4).
② 陈秀梅,甘玲,于亚博.领导者应对突发事件的理论与实务[M].北京:人民出版社,2005:16.
③ 王宏伟.公共危机管理[M].北京:中国人民大学出版社,2011:20-21.

出准确地判断,判别出突发事件的发生类型。同时,应当根据突发事件的种类和特点,建立健全基础信息数据库,完善监测网络,划分监测区域,确定监测点,明确监测项目,提供必要的设备、设施,配备专职或者兼职人员,对可能发生的突发事件进行监测和预警,根据监测结果和预警信息采取有效的应对手段,将某些可化解的风险最小化,避免演变成突发事件。而在传播预警信息的过程中要充分发挥新闻媒体的作用,借助现代传媒,扩大公众的知情权。

在突发事件应急疏散与救援阶段,应急管理者要主动"响应"。应急管理者要争取在枢纽内突发事件爆发的第一时间进行有效的控制,做好组织营救和救治受害人员,疏散、撤离并妥善安置受到威胁的人员以及采取其他救助措施工作,为他们提供避难场所,准备并确保其处于良好状态、随时可以投入正常使用,还要迅速召集医疗救护人员,调集相关的救护设备。同时,要迅速控制危险源,标明危险区域,封锁危险场所,划定警戒区,实行交通管制以及其他控制措施。紧急调用财政预备费和储备的应急救援物资,必要时还可以调用其他急需物资、设备、设施、工具,在控制突发事件演变扩散的同时避免更多的人员伤亡的情况出现,降低突发事件的不良影响。

在突发事件应急恢复与调查评估阶段,应急管理者要尽快做好"恢复"工作。在突发事件的威胁和危害得到控制或者消除后,立即组织对枢纽内突发事件造成的损失进行评估,制定恢复重建计划,防止发生突发事件的次生、衍生事件。对枢纽内突发事件造成的人员伤亡和财产损失进行评估调查,根据人员伤亡的情况,制定救助、补偿、抚慰、抚恤、安置等善后工作计划并组织实施,对死者家属和伤者给予一定的物质和精神抚慰,对因突发事件造成的建筑、运输设备的损毁要及时修复,尽快恢复枢纽的正常运转。此外,管理者还要及时查明突发事件的发生经过和原因,对整个突发事件的应急管理过程要进行全面的反思和经验的总结,制定改进措施,为今后发生类似事件时提供方法借鉴。

大型交通枢纽突发事件应急管理的各个阶段环环相扣,只有在突发事件发生发展的各个阶段都采取强有力的应急措施,才能将各种损失和不良影响降到最低。

第二章

大型交通枢纽突发事件应急管理组织体系

大型交通枢纽突发事件应急管理组织体系是应急管理活动开展的组织基础,其核心是应急管理机构设置、领导隶属关系、管理权限划分。为了最大限度地减少大型交通枢纽突发事件的危害,维护城市公共安全,必须建立集中统一、坚强有力、综合协调、管理有序、能充分调动一切有效资源的应急管理组织体系。

第一节 大型交通枢纽突发事件应急管理组织体系概述

大型交通枢纽突发事件应急管理组织体系是指基于大型交通枢纽安全运营需要,促使应急管理主体相互配合,共同应对大型交通枢纽突发事件而形成的组织架构。它是一个由横向机构和纵向机构、政府机构与社会组织相结合的复杂系统。

一、大型交通枢纽突发事件应急管理组织体系构建的理论基础

关于应急管理的组织体系设计,学术界主要有两种观点。一种是"政府主导论",主要从政府职能、"权力-责任"的角度分析政府在应急管理中的职责,认为政府在应急管理中处于核心地位;另一种观点是"多元论",主要是在分析非政府组织、媒体、公众的优势基础上,强调多元社会主体参与应急管理的重要性,进而主张建立多元共治、社会参与的应急管理体制。在实践中,美国的应急管理突出"协同运作",俄罗斯的应急管理强调"领导"作用。虽然各国的应急管理受政治体制和行政传统的较大影响,但是建立以政府为核心、多元主体协同运作的应急管理体制已成为各国应急管理发展的趋势。

（一）协同治理的理论内涵

大型交通枢纽应急管理组织体系构建遵循主体协同的逻辑,其理论基础是"协同治理"理论。

协同理论是由德国物理学家赫尔曼·哈肯首次提出的,主要是用于研究系统间相互作用的变化规律,他将协同定义为系统的各个组成部分相互之间协作而产生的集体效应或整体效应[①]。该理论认为在一个复杂的系统中,各子系统按照一定的原则与方式协同配合,通过不断的自组织化过程,使系统实现从无序状态到有序状态的转变。这种协同的运作状态不是系统要素的简单相加,而是人们有意识地促使要素相互协同,从而使集体效用大于各要素效用总和。治理理论的兴起是与政府和市场的失效相联系的,是为弥补政府管理和市场调节不足所应运而生的一种社会管理模式[②]。治理与传统的管理的区别在于,治理更强调过程性,在治理过程中注重多方的协调,既包括公共部门间的协调也包括与私人部门的协调。

协同治理理论是在治理理论与协同理论的基础上发展而来的,协同治理的核心观点包括以下几点:第一,协同治理是一个多元主体配合、共同发挥权威的过程。协同视角下的应急管理主体包括政府部门、社会组织、媒体与公众等,各主体在协同治理突发事件的过程中因其自身资源优势而具有一定的权威性。第二,协同治理以共同目标为动力。协同治理的各主体因相同的目标聚集在一起,通过协同治理达成合作共赢的目的。第三,协同治理系统具有动态性与协作性。协同治理各主体之间不是上下级的控制关系,而是平等的协同合作关系。同时各主体在协同治理过程中遵循动态原则,随时间、场所与领域的变化自动调整自身利益关系,使系统在不断变化的环境中保持稳定的动态平衡状态。第四,协同治理具有自组织协调性与机制性。自组织通过协调协同治理中各系统间的复杂关系,达到协同治理的效果。同时协同治理通过机制明确各主体的利益、权责边界并规范主体行为。

大型交通枢纽突发事件协同治理主张以网络技术和信息技术为基础,政府部门、社会组织、媒体、公众等多元主体相互协调、共同参与,对于潜在的或已经发生的大型交通枢纽突发事件,在应急管理的各阶段采取相应的措施,以有效的预防、应对大型交通枢纽突发事件,最大程度地维护公共利益和社会安全。其内

---

① （德）赫尔曼·哈肯.协同学:大自然成功的奥秘[M].凌复华,译.上海:上海译文出版社,2005:12.
② 李景鹏.中国走向"善治"的路径选择[J].中国行政管理,2001(9).

涵体现在以下四个方面：

一是协同治理主体的多元化。在大型交通枢纽突发事件协同治理中,地方政府和枢纽内部组织不再是应急管理的唯一主体,社会组织、媒体、公众都可以参与大型交通枢纽突发事件的处置,并在事件发展的各个阶段发挥不同的作用,从而实现治理效率最大化。

二是协同治理权力的多中心。大型交通枢纽突发事件协同治理以一定的权威为基础,这种权威不一定来自政府部门,社会组织、媒体等其他主体均被赋予一定的权威,共同参与大型交通枢纽应急管理,形成多权力中心、相互制衡与监督的管理网络。

三是参与、合作是协同治理的核心。在大型交通枢纽突发事件协同治理中,政府和枢纽内部组织需要与社会组织、媒体、公众等主体在自愿与平等的基础上沟通交流,建立起合作关系。

四是协同治理的目的是维护公共利益和公共安全。政府、社会组织、媒体、公众等主体在应对大型交通枢纽突发事件时,需要组成灵活的协同治理网络,以便各主体在应急管理中能够充分发挥各自的资源、技术优势,在信息技术的支持下,发挥治理网络整体大于部分之和的作用,快速应对大型交通枢纽突发事件,从而维护公共利益和公共安全。

（二）协同治理网络结构的特点

协同治理理论反映的是大型交通枢纽突发事件应急管理的实现路径,政府可以通过协同治理的方式来满足社会公众的多元化需求,通过制定与完善相应的政策,鼓励社会组织、媒体、公众等其他的主体积极参与大型交通枢纽突发事件的应急管理。实现协同治理的必要条件是形成治理的网络结构,其特点如下：

一是在权力结构上,除政府拥有主导的权力之外,其余的参与主体在治理网络中也拥有相应的权力与责任,形成权责对等的、制度化的多元化治理结构。在以政府为主导的前提下,政府机构制度化地与社会组织、媒体及公众协同合作,共同形成大型交通枢纽突发事件协同治理的格局。这种格局将网络中的各主体的核心优势进行整合优化,相互间以合理方式形成一个优势互补、上下联动、协同合作的有机体。

二是在技术支持上,协同治理综合运用现代信息技术,打破了传统合作方式的空间与时间限制,使信息在协同治理网络中实现共享,克服了相互间协调的困难,尽可能地增强多元主体合作方式的灵活性,提高相互配合的可能性与效率。

三是在组织体制上,协同治理呈现出扁平化与灵活化的特点,取代了传统的机械化的应急管理模式,使大型交通枢纽突发事件应急管理的主体由单一的政府组织转变为多元主体共同参与的网络结构。政府通过这种治理结构的运作,能够重新整合政府组织内部及外部相互分割的部分,共同在大型交通枢纽突发事件应急管理中发挥相应的功能,降低应急管理成本同时实现管理最大效能。

二、大型交通枢纽突发事件应急管理组织框架与构建策略

(一)大型交通枢纽突发事件应急管理组织框架

按照罗伯特·希斯的观点,"应急管理就是在及时决策和民主参与之间寻求平衡,以及在目标分解、责任到人和全体员工齐心协力向统一的核心目标冲刺之间寻求平衡。这种平衡最明显的基本方法是在缩减与准备阶段让员工及各组织、团体参与到计划中来。通过对突发事件的反应、恢复计划的有效参与,在危机反应与恢复过程中就能实现协作,各团体也能接受指挥"。[①]大型交通枢纽应急管理组织框架是在这一理念下建构形成(见图2-1)。针对突发事件应急管理的要求,设置信息部、咨询部、决策部和执行部等相关系统,并通过突发事件全周期的融合与互动,将社会组织、媒体、公众等主体整合至大型交通枢纽应急管理组织框架中。同时在治理网络中设立决策中枢,发挥其整合功能和协调功能,将多元主体围绕突发事件应对的核心目标纳入制度化平台。

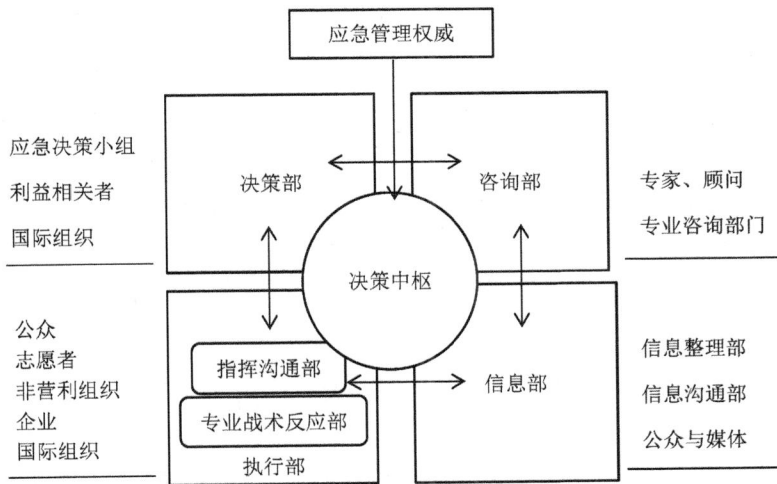

图2-1　应急管理系统架构

---

① 罗伯特.希斯.危机管理[M].北京:中信出版社,2001:181.

　　根据协同治理理论及罗伯特·希斯的观点,大型交通枢纽应急管理组织框架应包括政府部门、枢纽组织、社会组织、媒体与公众五大主体(见图 2 - 2)。

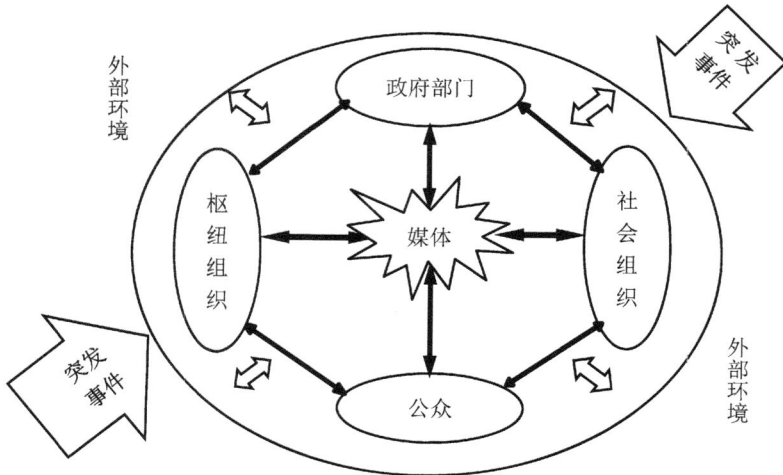

图 2 - 2　大型交通枢纽应急管理组织体系框架图

　　多元主体协同治理有利于提升应急管理组织体系的运行效率,也有助于提升大型交通枢纽突发事件应对能力,具体包括突发事件协同缩减能力、突发事件协同预警能力、突发事件协同应对能力、突发事件协同恢复能力。

　　1. 协同缩减能力

　　协同缩减能力是大型交通枢纽应急管理的首要能力,其目的是尽可能地将突发事件消灭在萌芽状态,主要任务是预防大型交通枢纽突发事件的发生。大型交通枢纽应急管理主张“关口前移”,即在突发事件发生前,需要采取一定的措施以减少和避免突发事件发生。协同缩减能力主要体现在突发事件的预防与准备阶段。通过政府部门、枢纽内部组织、社会组织、媒体、公众的协作,做好大型交通枢纽突发事件的应急准备及各项保障工作,强化应急管理宣传教育,增强枢纽公共安全防范意识与能力。

　　2. 协同预警能力

　　协同预警能力是大型交通枢纽应急管理过程中的基本能力,是防范和解决突发事件的基础。大型交通枢纽突发事件的预警是在突发事件爆发前,通过制订应急预案和对突发事件的监测,提前对突发事件性质、规模、影响范围、危害程度进行研判和警示。协同预警的任务是尽快地识别和发现突发事件,使社会有更充足的时间做好大型交通枢纽突发事件应对准备工作。

大型交通枢纽突发事件的协同预警需要枢纽组织、政府部门与多种社会力量的协同合作。政府部门可以建立多层次的网络预警体系,鼓励社会组织、媒体与公众在预警阶段的参与,提升大型交通枢纽突发事件预警工作的效率。

3. 协同应对能力

协同应对能力是大型交通枢纽应急管理的核心能力。增强突发事件协同应对能力的目的在于充分调动社会各类资源,尽可能减少突发事件造成的损失。在大型交通枢纽突发事件应对过程中政府、枢纽组织、社会组织、公众要突破不同组织间的管理壁垒,实现跨部门的协同联动,重点在应急决策、应急疏散、应急救援活动中充分发挥各自功能优势,促进大型交通枢纽突发事件应对工作的有效开展。

4. 协同恢复能力

协同恢复能力是大型交通枢纽应急管理不可缺少的能力,是突发事件应对后,恢复枢纽正常交通秩序的能力。增强协同恢复能力的目的在于充分调动各方力量,做好枢纽基础设施恢复与公众心理修复工作。

大型交通枢纽应急管理协同恢复的前提是,政府部门进行科学规划与统筹协调。同时还应当充分发挥各类社会组织的作用,利用各方的资源,共同开展突发事件后的恢复重建工作。例如在救济补偿方面依靠多主体的共同作用,在心理恢复方面依靠专业的心理咨询机构。

以上四种大型交通枢纽突发事件协同治理能力建设具有不同的侧重,见表 2-1。

表 2-1　大型交通枢纽突发事件协同治理能力建设重点

协同治理要素 协同治理能力	政府与枢纽 的治理协同	政府与社会组织 的治理协同	政府与媒体的 治理协同	政府与公众 的治理协同
协同缩减能力	＋＋	＋＋	＋	＋＋＋
协同预警能力	＋＋＋	＋	＋	＋
协同应对能力	＋＋＋	＋＋＋	＋＋＋	＋＋＋
协同恢复能力	＋＋	＋＋＋	＋＋	＋＋

注:"＋"代表协同内容对于治理能力建设的重要程度

大型交通枢纽突发事件协同缩减能力建设的重点是政府部门与枢纽组织的治理协同、政府部门与社会组织的治理协同、政府部门与公众间的治理协同；大型交通枢纽突发事件协同预警能力建设的重点是政府部门与枢纽组织的协同合作；大型交通枢纽突发事件协同应对能力、协同恢复能力建设的重点都是政府部门与枢纽组织、社会组织、媒体、公众的治理协同。

（二）大型交通枢纽突发事件应急管理组织体系构建策略

大型交通枢纽应急管理组织体系鼓励各主体参与突发事件应急管理，强调自治理念，同时又注重突发事件应急管理的多元参与，强调共治理念。大型交通枢纽应急管理组织体系的构建应当引导各主体通过互为导向、优势互补实现突发事件应急管理多元参与。具体策略如下：

（1）构建多元主体协同治理网络。多元主体的本质是增加管理主体的多样性，目的是通过多元主体的沟通与合作，预防并解决大型交通枢纽突发事件。各主体在应急管理中拥有相对独立且平等的地位，在突发事件前后都可以自由使用和管理控制自己的资源。政府在大型交通枢纽应急管理中行使公共权力，承担统筹规划与协调的责任。社会组织与政府相互合作，形成互补关系，对市场失灵与政府失灵起到一定的弥补作用。媒体作为社会公器，在大型交通枢纽突发事件发生发展的过程中提供必要的信息支持，促进其他主体更好地应对突发事件。公众既是大型交通枢纽突发事件的作用对象也是突发事件应对的参与者，其自救协防能力影响应急管理的效果。

（2）重塑应急管理组织结构。结构重塑有助于促进大型交通枢纽应急管理组织体系中各主体相互依赖，以公共利益和自身效益最大化为原则，最大程度地整合各类资源，充分发挥自身在大型交通枢纽应急管理中的优势，形成系统、整体的应急管理组织体系。大型交通枢纽应急管理组织体系在进行结构重塑时，首先要以维护公共安全、保护人民生命财产安全为目标，其次要注重约束政府的权力。政府在应急管理中多行使的是国家紧急权力，包括决定权、执行权、公布权、监督权，并且这些权力的行使是以公共利益为导向的。最后要注重协调工具的使用，利用法律、行政等方法，促进大型交通枢纽应急管理中主体之间的协调与沟通，还可以借助财政等经济手段或情感等社会手段平衡各主体之间的利益关系，促进各主体资源的整合与利用，提高应急管理组织体系的效率。

（3）促进资源整合与信息共享。在网络关系中，每一个主体对其他主体均有较强的依赖性，这种依赖性来源于各主体之间行动和资源的差异与互补，是共生性依赖。① 促进大型交通枢纽应急管理组织体系各主体间的互动,首先要进行资源整合。政府应当建立协同合作机制,树立合作理念,激发多主体合作意愿,增强主体间充分有效地沟通,形成相互合作的文化,将各主体的资源进行充分整合,提高应急管理效率。其次要实现信息共享。大型交通枢纽应急管理组织体系主体间的互动除了资源整合还应当实现信息共享,信息共享能够让公众、社会组织等主体及时了解突发事件的情况以及政府采取的相应措施,促进政府与社会共同高效地应对大型交通枢纽突发事件。最后是构建协同模式,要加强组织体系中核心主体与边缘主体的联系,增强各主体信息和资源的交流互动,形成长期的互动机制。

第二节　大型交通枢纽突发事件应急管理组织体系中的政府组织

一、大型交通枢纽突发事件应急管理中的政府角色

大型交通枢纽应急管理组织体系中的政府参与是政府在应急管理活动中一种制度化的行为模式,它的地位是在政府与其他主体的互动关系中体现出来的。在大型交通枢纽突发事件的应急管理中,政府应急管理部门承担的角色分别是:突发事件前的预防者、突发事件时的协调者、突发事件后的善后者。

（一）大型交通枢纽突发事件前的政府角色——预防者

政府作为大型交通枢纽突发事件的预防者,具有两方面的职责。一是政府要在突发事件爆发之前进行及时必要的应急准备。突发事件应急管理的重点在于"防范"而非"应对",突发事件爆发之前的监测预警对于提升应急管理水平具有非常重要的意义。针对大型交通枢纽突发事件的风险诱因,政府应急管理部门要引导大型交通枢纽管理机构及时做好准备工作,包括制定应急规划和应急预案,通过对突发事件风险源和征兆进行实时监测和分析,及时发现突发事件,并在突发事件发生前及时向组织或个人发出警报,提醒相关主体积极采取行动,从而以较少的代价处置突发事件。二是推动大型交通枢纽应急管理融入常态管理。传统的应急管理以被动应对为特征。这种应急管理方式会造成应急管理部门职责不清、协作关系不明确,也不利于应急管理资源整合,影响了应急管理的效果。在当代风险社会中,由非常态管理走向常态化管理成为大型交通枢纽突

---

① 董文琪.政府、企业及非营利组织的共生关系探析[J].江淮论坛,2006(02).

发事件应急管理的必然趋势,也是当前重塑政府角色的重要途径之一。

大型交通枢纽突发事件发生前,政府作为预防者应当做好相应的预防准备工作,包括:第一,构建突发事件信息共享平台,保证应急管理过程当中信息沟通渠道的畅通,实现大型交通枢纽突发事件应急管理中的信息整合。第二,地方政府建立以自身为中心的内部与外部系统、横向与纵向协调联动的应急管理体制,优化组织结构,提升应急联动的效率。第三,健全应急管理预警监测机制,通过全方位整合预警预测资源、利用信息技术将监测预警标准化等方式,建立有效的应急管理监测预警机制,提升大型交通枢纽突发事件预测预警能力。

(二) 大型交通枢纽突发事件中的政府角色——协调者

政府在大型交通枢纽发生突发事件发生时,需要作为协调者组织应急管理工作的开展,其协调工作包括两方面,即政府内部的协调与政府外部的协调。政府内部的协调多是大型交通枢纽突发事件发生后,政府相关应急管理部门之间的工作协调,政府统一调度各部门的应急力量来应对突发事件,尽可能地降低突发事件造成的危害。政府外部的协调是大型交通枢纽突发事件发生后,政府要及时、迅速、准确地进行应急决策,领导和协调枢纽管理部门、社会组织、媒体、公众共同参与疏散与救援。政府作为大型交通枢纽突发事件应急管理的协调者,其协调内容包括以下三个方面:权责配置的协调、行政关系的协调、信息资源的协调。

一是权责配置的协调。大型交通枢纽突发事件对应急管理各主体来说都是一种考验,政府需要承担非常高的决策与应对风险。因此,在进行突发事件应急管理之前,必须要厘清各子系统的权责界限,这是政府作为协调者的首要职责。在明确各子系统的权责界限时,首先要将各子系统的目标整合起来,强化系统之间的整体行动效率。其次要进行适度的分权。大型交通枢纽突发事件发生后,需要迅速展开应急管理工作,对时间要求较高,因此必须对各子系统赋予适当的权限,使各子系统在自己的能力范围内及时有效地进行决策与管理。

二是行政关系的协调。大型交通枢纽突发事件应急管理的协调涉及各系统之间以及系统内部各机构、各成员之间的协调。地方政府之间、政府部门内部等组织关系错综复杂、相互影响,如果无法协调好各相关行政部门之间的关系,会影响部门之间信息的流动与资源的配置,从而会降低大型交通枢纽应急管理的效率,可能会造成较大的损失。

三是信息资源的协调。大型交通枢纽应急管理中的信息资源协调是各子系统之间的互动基础,是实现应急管理系统与环境之间动态平衡的关键。在大型交通枢纽应急管理的各个阶段都需要进行沟通协调,信息及时有效的传递是保证沟通效果的必要条件,信息资源的协调目的是保证信息沟通渠道的畅通,从而保障沟通效果。

（三）大型交通枢纽突发事件后的政府角色——善后者

大型交通枢纽突发事件的结束不代表应急管理工作的结束,政府作为应急管理的重要主体,还需要做好大型交通枢纽突发事件应急管理的善后工作,主要包括两个方面:

一是突发事件后的恢复与重建。突发事件结束后,政府应当利用已有的社会资源进行应急管理的重建,恢复正常的社会秩序。恢复重建阶段政府角色主要体现在以下方面:首先是维护社会秩序。政府在应对大型交通枢纽突发事件时,应当采取坦诚的态度进行有效的沟通。通过主流媒体向公众宣传政府应对突发事件的措施以及事件后的重建规划等相关信息,使公众增加对突发事件应对与重建工作的了解程度,防止谣言造成公众心理恐慌,从而树立政府的责任形象,增强公众对政府的信任。其次是重视心理疏导。相对发达国家而言,我国政府及相关部门对突发事件造成的心理创伤认识不足,工作的重点都放在了人员安全和物资保障上,对心理健康没有足够的重视。大型交通枢纽占据公众日常生活的重要部分,其突发事件也容易造成较为严重的心理恐慌问题。政府作为大型交通枢纽的应急管理重要主体,要提高对突发事件心理救助的认识,从政策角度把心理疏导纳入到应急管理工作当中,建立心理疏导机制,借助高素质的心理专家队伍,对因突发事件引起心理恐慌的公众进行心理疏导,这也是政府作为善后者所必须承担的职责。

二是突发事件后的总结。大型交通枢纽突发事件后,政府作为核心的应急管理主体,要组织突发事件调查和应急管理工作总结。政府应当系统地看待大型交通枢纽突发事件的全过程,反思突发事件的爆发原因,重点分析突发事件发生前的准备阶段,预警监测机制是否完善,预防准备工作是否充分;突发事件发生后,政府的应急指挥协调是否科学,与其他主体的协作是否及时有效,资源的调配是否及时;善后恢复阶段政府是否给予恢复重建工作充分的支持,是否注重了公众的心理疏导。政府要对大型交通枢纽突发事件应急管理进行总结反思,找到应急管理工作中的不足,并根据调查分析结果,追究相关人员责任、提出责任人处理意见。

二、大型交通枢纽突发事件应急管理的政府职能机构

政府部门在大型交通枢纽应急管理中的机构设置可主要体现为"横向部门

制—纵向层级制"的直线职能制,以职能定位为基础,横向部门化设置机构,纵向层级化界定权责。

（一）横向关系机构

大型交通枢纽横向关系机构包括领导机构、办事机构、工作机构及专家小组,结构图见图 2－3。

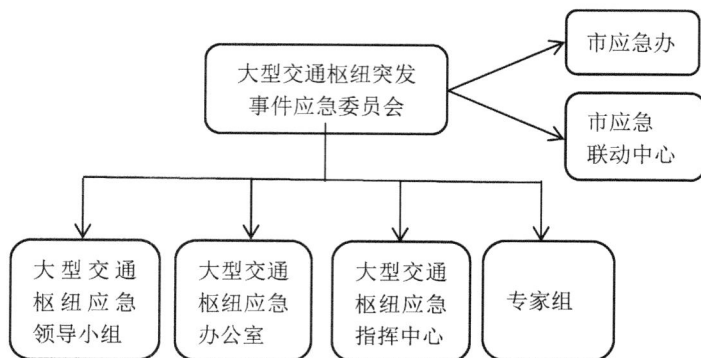

图 2－3 大型交通枢纽应急管理横向机构图

1. 领导机构

大型交通枢纽应急领导小组是处置突发事件的最高决策指挥机构,是大型交通枢纽应急管理组织体系横向结构的领导机构。大型交通枢纽所在的城市应成立应急管理领导小组,作为实施应急管理的组织保证,在应急管理的过程中实行一体化领导,确保大型交通枢纽突发事件应对中的统一指挥和统一决策。领导机构应该指导大型交通枢纽突发事件应急预案体系的建立、健全、完善等工作;根据突发事件的影响范围、持续时间,迅速分析并安排指导大型交通枢纽应急救援工作,协调解决应急救援工作中的重大问题。大型交通枢纽应急管理体系领导小组结构图见图 2－4。

在大型交通枢纽突发事件应急管理领导机构中,明确由交通枢纽所在市政府分管副市长担任组长,由市相关委办局领导和枢纽各主体主要负责任人担任副组长和组员,明确其相应职责。同时,将枢纽各运营主体的应急管理机构置于领导小组的统一领导下,分别为机场应急指挥部、铁路局应急指挥中心、地铁应急领导小组、航运应急领导小组等。这样既能更好地体现一体化领导,又能继续利用各单位长期设置应急机构所具备的专业优势,同时明确政府的行政领导责

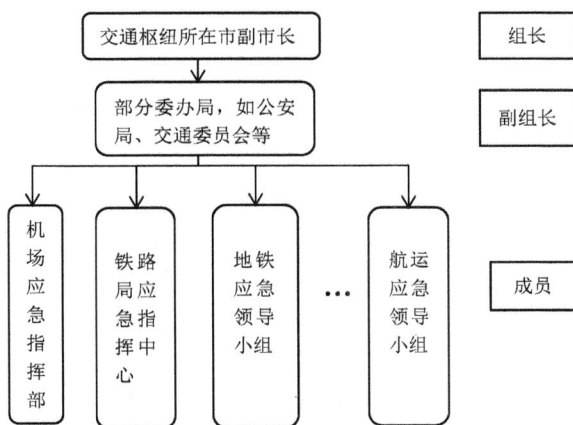

图 2-4　大型交通枢纽应急管理组织体系领导机构图

任和各应急机构的专业救灾责任。

2. 办事机构

大型交通枢纽应急领导小组下设办公室(简称"枢纽应急办公室"),作为枢纽应急管理的办事机构。以上海虹桥交通枢纽为例,应急管理办事机构由商务区管委会交通协调处、商务区管委会综合管理处、枢纽应急响应中心、市公安局枢纽联勤办公室、市建设交通委交通战备处、市交通港口局客运处、市交通港口局交通港航指挥中心、国际机场、铁路各站点、地铁枢纽区域站、枢纽交通中心公司、长途汽车站等单位的负责人组成。上海虹桥交通枢纽应急管理办事机构如图 2-5 所示:

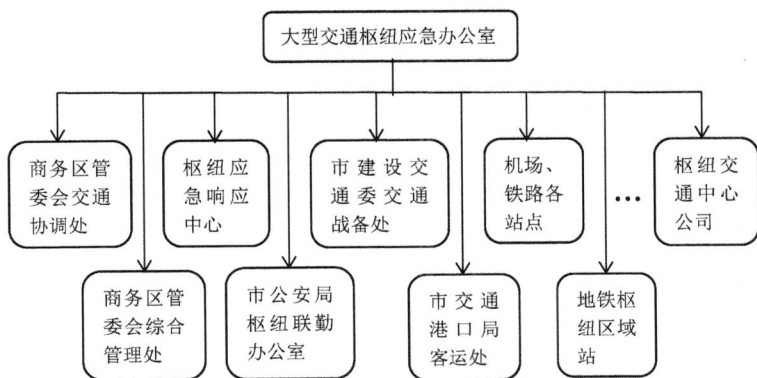

图 2-5　上海虹桥交通枢纽应急管理办事机构

　　大型交通枢纽应急办公室是应急管理工作的办事机构,履行值守应急、信息汇总和综合协调职责、发挥运转枢纽作用。应急办公室在组织体系内属于常设机构,其职责大致有制定应急管理计划、实施应急管理计划和处理计划外的突发情况等,主要目标是使大型交通枢纽内各运营主体充分认识潜在的突发事态,并做好最充分的准备,确保各个职能机构在突发事件爆发前、过程中和平息后进行有效的合作。在实际工作过程中,应急管理办公室根据应急领导小组的指示和决策,负责枢纽应急管理体系建设及应急演练、宣传培训和应急保障等应急管理;办理和督促落实大型交通枢纽应急领导小组的决定事项;指导、督促大型交通枢纽各运营管理单位突发事件应急预案编制和管理;组织开展突发事件综合演练。

　　3. 工作机构

　　大型交通枢纽应急管理工作机构即大型交通枢纽应急指挥中心,主要任务是调配各类资源,贯彻落实上一级的有关决定事项。同时大型交通枢纽危机管理领导小组可依托指挥中心为操作平台,在突发事件发生时整合领导小组和各主体应急指挥部力量,充分利用各方资源,发挥指挥协调功能。大型交通枢纽应急指挥中心直属应急管理委员会指挥,同时设置明确的席位,一旦发生较大突发事件,总指挥、副总指挥和其他工作人员立即进入自己的席位,依托大型交通枢纽指挥中心的设备、信息、技术和专家委员会开展指挥工作。[①]

　　4. 专家组

　　大型交通枢纽应急领导小组根据工作需要,成立枢纽应急管理专家组,为枢纽应急管理各项工作提供咨询、评估和决策支持。专家组负责大型交通枢纽突发事件趋势分析预测、应急指挥处置决策咨询、突发事件损失和恢复方案评估、预案管理方法理论指导等工作。[②] 根据大型交通枢纽应急管理需要,专家组还可聘请应急管理领域的专家学者以及实践部门的管理人员共同参与大型交通枢纽应急管理工作。

　　(二)纵向机构介绍

　　在纵向不同层级政府间的应急管理职权配置方面,我国实行分级管理的制度,按突发事件的级别启动相应的应急响应程序。根据大型交通枢纽突发事件的紧急状况和危害程度,设立四级预警级别:Ⅰ级(特别严重)、Ⅱ级(严重)、Ⅲ

---

① 王慧.虹桥综合交通枢纽危机管理存在问题及对策分析[J].上海空港,2009(02).

② 上海虹桥综合交通枢纽应急管理领导小组办公室.信息共享 应急联动——上海虹桥综合交通枢纽应急管理工作探索[J].中国应急管理,2013(09).

级(比较严重)、Ⅳ级(一般严重),由枢纽应急领导小组及相关运营单位根据突发事件的级别进行应对和处置,见图2-6。

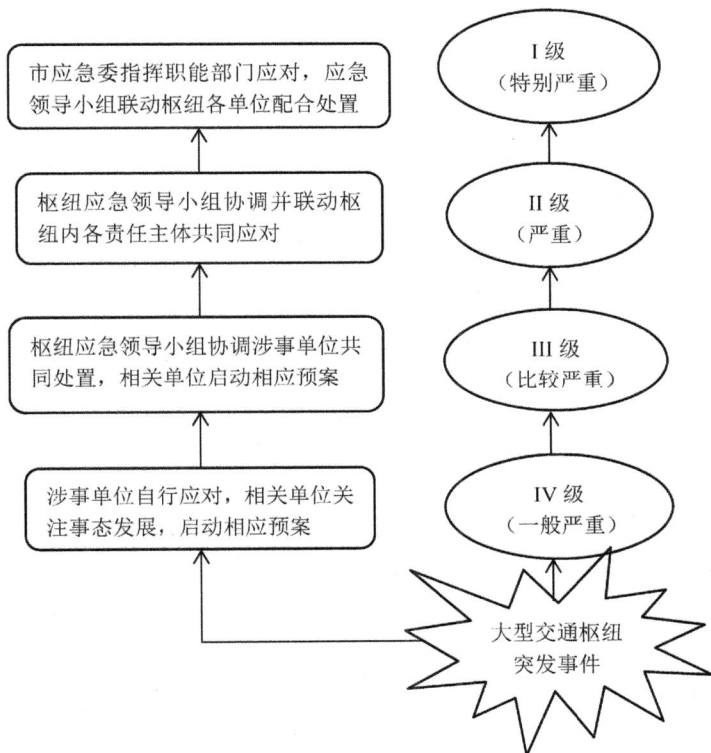

图2-6　大型交通枢纽应急管理纵向机构图

　　若仅为一般的大型交通枢纽突发事件,相关的运营管理单位根据其所属应急管理主体的相关规定,实施应急处置,枢纽应急办公室及其相关成员单位密切关注事态发展,根据需要做好应急准备工作。如果事态进一步发展成比较严重的情况时,大型交通枢纽应急办公室需要协调和联动枢纽内相关运营管理单位开展处置工作,必要时,枢纽应急领导小组副组长赶赴现场,做好突发事件的具体协调和组织处置工作。若突发事件级别为严重或特别严重的事件,大型交通枢纽应急领导小组根据需要组建枢纽临时应急指挥机构,协调枢纽领导小组成员单位实施前期处置,并将事件的基本信息和演化趋势向上级应急管理机构报告,接受上级应急管理机构领导的应急指挥和指令。必要时,上级应急管理机构领导需赶赴现场指挥,同时由临时应急指挥机构提供应急指挥保障和支撑工作。

　　大型交通枢纽应急管理的主体是应急管理网络中的节点,这些节点构成一种社会关系。应急管理不是以政府为唯一主体,而是形成包括政府部门、社会组织、媒体、公众等多元力量,自救与共救同时展开的社会应急网络。所以,大型交通枢纽应急管理不能完全依赖政府,政府应鼓励社会组织、媒体、公众共同参与其中。

第三节　大型交通枢纽突发事件应急管理组织体系中的社会组织

　　社会组织是大型交通枢纽突发事件应急管理主体之一,是第三部门、志愿者协会、社区组织等各类非政府组织的统称,是介于政府与企业之间的一种组织,具有非营利性、志愿性等特点。社会组织具有贴近基层、反应迅速、专业性强的优势,是大型交通枢纽应急管理的重要力量。

一、社会组织参与大型交通枢纽突发事件应急管理的必要性

　　社会组织参与大型交通枢纽突发事件应急管理是对政府应急力量的必要补充。随着"有限政府"理念的发展,社会组织在大型交通枢纽应急管理中的作用越来越受到人们的重视,单纯依靠政府力量进行应急管理存在较大的弊端,主要表现为:政府所掌握的资源有限,不能满足大型交通枢纽突发事件应急管理的实际需要;政府部门层级节制的组织体系不利于对大型交通枢纽突发事件的快速响应。

　　社会组织的公共性、独立性、民间性使其具有较强的亲和力,为公众参与大型交通枢纽应急管理提供了有效的组织渠道。一方面,社会组织可以充当政府部门、枢纽组织与公众之间的桥梁与纽带,及时地进行舆情反馈,防止矛盾堆积、引发群体性的突发事件。另一方面,在大型交通枢纽突发事件发生时,社会组织可以有效地引导公众积极参与突发事件的应对,且社会组织成员广泛,拥有多方面的专业人才与技术优势,能够帮助政府部门与枢纽组织科学地应对突发事件。除此之外,部分社会组织还可以利用自身的国际身份,为应对大型交通枢纽突发事件获取更多的国际支持。

二、社会组织在大型交通枢纽突发事件应急管理中的作用

　　社会组织在大型交通枢纽应急管理中发挥的作用包括:反映社会公众诉求、发挥专业技术优势、提升突发事件反应速度、促进应急管理国际化。

（1）社会组织贴近基层，能够充分反映社会公众在大型交通枢纽突发事件中的利益诉求，降低甚至防止二次伤害的发生。社会公众的主体意识不断提高，其利益诉求千差万别，在大型交通枢纽突发事件发生的背景下，已有的利益需求与社会矛盾会因为资源短缺而被放大。单纯地依靠政府进行大型交通枢纽应急管理可能会使部分公众的需求无法得到满足，进而引发群体性的突发事件。社会组织参与大型交通枢纽应急管理能够及时传递社会公众的利益诉求，将可能发生的事件遏制在萌芽状态。除此之外，社会组织以公共利益为导向，在受灾群体关怀、善后心理疏导等方面具有常态化的工作机制，对稳定社会情绪有积极作用。

（2）社会组织拥有多领域的专业人才，尤其是应急管理技术人才，他们是大型交通枢纽突发事件应对中的重要力量。社会组织是基于成员的共同目标、偏好或专业技能而组成的团体，这些技能通常能够在大型交通枢纽突发事件应对中发挥重大作用。比如，社会组织中的应急管理技术人才利用自身技能定期开展应急演练活动及应急知识教育，也能够在大型交通枢纽突发事件发生后及时地开展专业救援工作；社会组织的专业心理疏导员对受突发事件影响的公众提供心理咨询服务，开展持续性的心理疏导工作。

（3）社会组织结构灵活，对大型交通枢纽突发事件的反应较为迅速。政府部门在大型交通枢纽应急管理中的优势在于拥有一定的人力、物力、财力资源，不足之处在于缺乏足够的灵活性，对突发事件的响应速度较缓慢。大型交通枢纽突发事件发生后，社会组织能够立即开展救援工作，许多无组织的个人通过社会组织积极参与救援。此外，在大型交通枢纽应急管理过程中，社会组织协调、运输各类应急物资的时间较政府部门缩短近一半，从而帮助各方力量快速、高效应对大型交通枢纽突发事件。

（4）社会组织参与大型交通枢纽应急管理有助于应急管理国际化。由于社会组织的特殊性，它们可以借助国际网络参与大型交通枢纽应急管理，尽可能多地争取国际援助，引入国外先进的应急理念、技术与设备，提高我国大型交通枢纽突发事件应对效率。

三、社会组织参与大型交通枢纽突发事件应急管理的主要路径

社会组织作为大型交通枢纽突发事件应急管理的重要力量，应当积极参与突发事件全过程的应急管理，以发挥其应有的作用。具体而言，主要包括预警预防、事件爆发、善后处理三个阶段的参与。

（一）大型交通枢纽突发事件预警预防阶段的社会组织参与

在突发事件的预防预警阶段，要将预警阶段的工作目标与社会组织的目标体系结合起来。具体而言，社会组织在此阶段的参与工作包括：监测评估风险信息、开展应急安全教育与演练、储备应急物资。

第一，将社会组织的风险评估、监测预警、预案编制以及防灾技术等功能进行整合，通过识别现有社会组织的目标体系，采用制度化形式与政府的监测预警形成互补。社会组织通过建立公众监测网络，收集、跟踪风险信息，利用组织成员的专业优势对风险信息进行研判，将风险信息传递给相应的政府部门与枢纽组织，重点关注政府部门与枢纽组织预警盲区的信息传递，借助公共的应急信息交互平台实现信息互通。

第二，社会组织利用自身优势对公众进行应急安全教育与应急演练，形成应急文化。大型交通枢纽突发事件发生后，公众容易产生慌乱的情绪。社会组织定期开展适当的应急安全教育及应急演练，能够使社会公众对大型交通枢纽突发事件的发生有一定的心理准备，从而在事件发生后沉着冷静地应对。此外，大型交通枢纽突发事件发生后，公众没有时间进行理性思考，所采取的行动多是本能的行为，应急安全教育及应急演练可以帮助公众在突发事件发生后做出正确的行为。

由于大型交通枢纽突发事件日趋常态化，社会组织需要开展有效的应急安全教育，创造人人参与的应急文化，增强社会公众防灾减灾的意识与能力，引导社会公众在大型交通枢纽突发事件发生时遵守秩序、协调合作，有序开展应急管理工作。作为一种思想意识问题，应急安全教育需要常态化，要将大型交通枢纽安全意识转化为一种公共素质，这对于提升大型交通枢纽突发事件应急管理效率，减少突发事件造成的损失具有重要作用。

第三，社会组织要有一定的应急物资储备。应急物资是保证大型交通枢纽应急管理效率的重要物质基础，目前大型交通枢纽突发事件应急物资储备多集中在政府部门与枢纽组织，各储存单位之间信息不互通、资源不互配，一旦发生较为严重的大型交通枢纽突发事件，可能使应急管理中心部门的资源出现短缺，严重影响应急管理的效率。为弥补政府部门与枢纽组织可能出现的资源短缺问题，社会组织需要做好应急物资储备工作，如建立应急物资储备库、区域性救灾中心等，为大型交通枢纽突发事件应对阶段的资源调配做好充足的准备。

（二）大型交通枢纽突发事件爆发阶段的社会组织参与

在突发事件爆发阶段，大型交通枢纽突发事件应急管理环境具有较大的不确定性与紧急性，需要应急组织体系的快速反应，这就不可避免地要发挥社会组织的优势进行应急管理工作。具体而言,社会组织在此阶段的参与工作包括:快速响应与信息沟通。

第一,社会组织要快速反应、积极参与救援工作。根据大型交通枢纽突发事件等级不同,应对主体存在差异。一般的大型交通枢纽突发事件只需枢纽组织自行处理,不会对社会产生较大的影响,无需社会组织的参与。若发生较为严重的大型交通枢纽突发事件,枢纽组织与政府部门需要向上级报告,会影响应急救援工作的及时开展。社会组织可以第一时间到达大型交通枢纽突发事件发生地进行先期处置,组织受灾群众自救与互救,边处置边汇报,实时将突发事件的信息传递给应急管理部门,同时组织突发事件发生地公众的及时疏散,避免突发事件扩大升级,降低事件造成的损失。待应急管理部门专业的救援队伍到达大型交通枢纽突发事件发生地后,社会组织积极协助救援队伍救治、转移伤员,维护良好的救援环境。如果大型交通枢纽突发事件规模较大,社会组织应当及时动员社会公众加入应急救援队伍,同时调配前期储备的物资、设备,保证救援工作及时高效开展,避免突发事件的恶化。

第二,在大型交通枢纽突发事件的应急处置过程中,政府部门与枢纽组织除了要开展应急救援工作,还需要进行相应的信息沟通。社会组织作为应急管理部门与社会公众之间的沟通桥梁,应当作为政府信息发布团队的组成部分,协助相关部门进行信息发布工作,拓宽大型交通枢纽突发事件应急处置信息传播渠道,帮助公众了解大型交通枢纽突发事件具体情况,同时根据公众关注的方向调整信息发布的重点,避免谣言、不实消息的蔓延。同时动员社会公众收集受影响的大型交通枢纽的基本受灾信息,为政府后期的损失评估提供帮助。

(三)大型交通枢纽突发事件善后恢复阶段的社会组织参与

社会组织作为大型交通枢纽突发事件应急管理的重要主体,在善后恢复阶段的参与工作包括:恢复重建基础设施、开展心理疏导、参与突发事件调查评估。

第一,社会组织参与大型交通枢纽突发事件基础设施恢复工作。大型交通枢纽突发事件往往会对枢纽的基础设施造成较大损坏,甚至对附近居民的通信、住宅以及环境等产生严重影响。社会组织作为大型交通枢纽应急管理的基础力量,应当注重发挥其在设施修复重建工作中的优势。大型交通枢纽突发事件的基础设施恢复以维护正常的公共秩序与公众生活为目的,社会组织要与应急管理部门保持密切联系,协助相关部门制定并更新恢复重建计划,为重建计划顺利实施提供支持,提升恢复重建工作效率。此外,还应当在设施恢复过程中加强设施的抗损毁能力与枢纽疏散能力建设,使大型交通枢纽的抗风险能力不断提高,第二,社会组织参与大型交通枢纽突发事件善后心理疏导工作。社会组织的专业性与民间性决定了其在善后心理疏导工作中有比政府部门更大的优势,既能够缩短善后心理恢复的时间,也能够提升应急管理效率。社会组织拥有较多的专业人才,其中不乏心理疏导专家,通过吸纳精神科医生、心理咨询师、心理学专家等专业人员,建立心理疏导专家团队,为大型交通枢纽突发事件善后心理恢复提供专业团队。除此之外还应建立一支由志愿者组成的心理疏导队伍,通过严格的选拔和专业的培训,协助专家团队开展心理疏导工作。心理疏导工作内容包括:①制定心理疏导计划。在开展心理疏导工作前,专家团队应制定心理疏导总体战略计划,针对不同的心理疏导对象,如大型交通枢纽突发事件发生区域受灾群众、大型交通枢纽突发事件周边受影响群众等,制定出详细的心理疏导工作计划,包括心理疏导方法及具体的工作实施计划。②执行心理疏导计划。志愿者队伍在专家团队的指导下共同开展心理疏导工作,加强彼此的沟通协调,保证心理疏导工作高效、有序地进行。此外,社会组织还应当引导社会意识整合,促进"预防为主""自救互救"应急管理观念的形成。

第三,社会组织参与大型交通枢纽应急管理效果评估和突发事件调查工作。在善后处理阶段,应急管理组织体系需要对大型交通枢纽应急管理进行评估并对突发事件进行调查,总结经验教训以提升应急管理效率。作为政府部门与社会公众的沟通桥梁,社会组织应当被纳入突发事件调查、应急管理效果评估的工作中,推动大型交通枢纽突发事件评估与调查工作全面客观的开展,提升应急管理工作的有效性。

第四节　大型交通枢纽突发事件应急管理组织体系中的媒体

在信息高度发达的现代社会,报纸、广播、电视新闻等传统媒体与微博、微信等新媒体共同构成了大型交通枢纽突发事件应急管理的信息支持网络,为应急管理工作的顺利开展提供了重要的信息资源保障。此外,媒体参与大型交通枢纽突发事件应急管理对及时发布预警信息、增强应急管理工作的透明度和公开性、消除由于信息闭塞引发公众的恐慌和情绪失控等都有重要作用。

一、媒体在大型交通枢纽突发事件应急管理中的特殊地位

媒体在应急管理中有重要的特殊地位,大型交通枢纽突发事件爆发后媒体的不介入会出现媒体"失语"现象,政府的公信力和权威性会受到影响。媒体的

及时介入对降低社会恐慌、提升应急管理效率有重要的作用。媒体在大型交通枢纽应急管理中的特殊之处主要体现在以下三方面。

第一，作为"新闻事实"的提供者，媒体会及时关注大型交通枢纽突发事件。媒体作为信息流通的重要手段，既有自由采访和报道的权利，也有满足社会公众知情权的义务，因此媒体作为信息生产者与传递者需要对大型交通枢纽突发事件进行报道，以满足公众获取信息的需求。同时，媒体也有义务让社会公众了解新闻事件，以便受众对突发事件有了解进而做出判断。

第二，作为"新闻价值"的追求者，媒体会加强对大型交通枢纽突发事件的传播。新闻价值是各媒体争相追求的目标，最具新闻价值的报道也为媒体带来更高的经济价值。大型交通枢纽突发事件因其突发性、连锁性，同时具备了"新闻价值"与"经济价值"。因此，媒体会从多个角度对大型交通枢纽突发事件进行迅速、详细的报道，以创造更大的社会影响力与商业利益。

第三，作为"新闻效果"的引发者，媒体在大型交通枢纽突发事件中会产生较大的社会影响，尤其不当的报道会产生较大的社会负面影响。美国传播学者乔治·格伯纳（G. Gerbner）提出的"涵化理论"认为，社会公众通过媒体了解社会实况，对社会的认知与态度就会接近媒体实况。在大型交通枢纽突发事件中，媒体为了体现其"现场报道"，常会对突发事件进行赤裸甚至不当的宣传，使非常态的突发事件转变为社会经常性的媒介事件，造成大规模的社会心理恐慌。

二、媒体参与大型交通枢纽突发事件应急管理的作用

媒体作为信息沟通的重要工具，在大型交通枢纽应急管理中的作用主要体现在实时传递信息、改善沟通效果、降低应急管理成本三个方面。

（一）实现大型交通枢纽突发事件应急管理信息的实时传递

大型交通枢纽突发事件通常是在没有预兆或预兆难以察觉的情况下发生的，具有较大的突发性和随机性，因此快速反应成为大型交通枢纽应急管理需要遵循的首要原则。大型交通枢纽突发事件发生后，相关部门要在第一时间做出反应，这需要准确、及时的信息作为支撑。媒体在此过程中发挥实时传递信息的作用，及时收集、传递与应急决策有关的信息，有助于提升应急管理反应速度与决策效率。

同时媒体在大型交通枢纽突发事件应急管理过程中实时传递事件的发展形势和处置措施能够帮助公众了解相关情况，也能够增强公众对政府的信任，主动配合政府部门开展应急管理工作。此外，还可以使媒体成为政府及时发布和更

新权威消息的重要渠道,以控制谣言、不实消息的传播,避免突发事件恶化。

（二）改善大型交通枢纽突发事件应急管理的沟通效果

在大型交通枢纽突发事件爆发之后,社会公众对信息的需求极为迫切,媒体及时、准确地信息披露与解读,能够满足公众的信息诉求。媒体收集、整合突发事件的信息,及时宣传大型交通枢纽突发事件的应对措施与相关注意事项,引导社会共同应对突发事件。同时媒体整合公众的相关意见并反馈,利用反馈信息为政府的进一步决策提供支持,提升大型交通枢纽应急管理效率。

在大型交通枢纽突发事件信息传递过程中,政府部门与枢纽组织应当有目的地选择信息源与信息传播渠道,有效控制信息传播的导向性,防止媒体的不当报道加剧社会恐慌,进一步恶化事态。同时媒体的信息传递方式有很多种,如可以使用文字、图片、视频、音频等方式向社会提供更加丰富和完善的信息,进一步加强政府部门与公众的沟通,降低信息失真的可能性,改善沟通效果。

（三）降低大型交通突发事件枢纽应急管理的成本

突发事件无论规模大小,都会对社会造成不同程度的危害。传统的媒体在收集、发布相关信息时需要耗费大量的时间和资金,成本较高。随着互联网技术的发展,现代媒体信息传播速度和效率大大提高,政府部门与枢纽组织通过使用新兴媒体技术能够及时发布大型交通枢纽突发事件应急管理工作中的相关信息,也能够及时获取社会公众的需求与意见,这样的信息传播方式极大地减少了传统媒体信息沟通的费用,缩短了信息更新的时间,有助于节约大型交通枢纽应急管理成本,提高了大型交通枢纽应急管理效率。

三、媒体参与大型交通枢纽突发事件应急管理的主要路径

媒体在大型交通枢纽突发事件应急管理中的特殊地位和重要作用,决定了媒体参与大型交通枢纽突发事件应急管理的主要路径。根据媒体在大型交通枢纽突发事件不同阶段的作用,可以把媒体参与大型交通枢纽突发事件应急管理的主要路径分为:大型交通枢纽突发事件前的检测与预警、大型交通枢纽突发事件中的信息传播与反馈、大型交通枢纽突发事件后的反思与舆论监督。

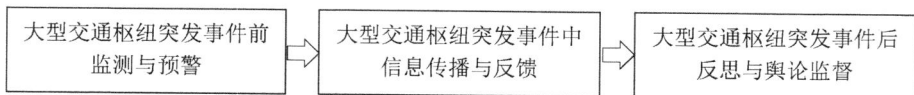

图 2 - 7　大型交通枢纽突发事件突发事应急管理中的媒体参与

（一）大型交通枢纽突发事件前的媒体参与：监测与预警

在大型交通枢纽突发事件应急管理的预警阶段，媒体参与应急管理工作主要是为监测与预警的顺利开展提供必要的信息资源支持。"凡事预则立，不预则废"，对可能引发大型交通枢纽突发事件的自然灾害、人为灾祸等致灾因子进行实时监测，尽最大可能避免突发事件的发生，是大型交通枢纽突发事件应急管理过程的必要环节。由于具备敏锐的"嗅觉"，媒体在大型交通枢纽突发事件的监测与预警方面具有天然的优势，能够及时察觉可能引发大型交通枢纽突发事件的致灾因子及其状态的变化，并将搜集到的与致灾因子相关的信息及时报送给政府部门与枢纽组织，敦促相关部门及时采取行动，尽可能避免大型交通枢纽突发事件的发生。

（二）大型交通枢纽突发事件中的媒体参与：信息传播与反馈

在大型交通枢纽突发事件的爆发阶段，媒体在应急管理中主要扮演的角色是信息的传播者和反馈者的角色。在信息高度发达的现代社会，媒体不仅在人们的生活中扮演着越来越重要的角色，也凭借着发达的信息传播网络成为大型交通枢纽突发事件应急管理相关信息传播的主要渠道。当大型交通枢纽突发事件发生时，社会公众对突发事件相关信息的需求更加迫切，媒体的信息传播与反馈的功能就越发凸显出来。媒体在传播和反馈大型交通枢纽突发事件相关信息的过程中，必须确保信息传播的及时性、全面性、客观性和准确性，尽量避免由于对突发事件信息隐报瞒报、漠视而导致的"信息真空"现象的出现，尽量避免由于信息乱报、误报而导致的"小道消息"现象的出现，尽量避免由于以偏概全、夸大其词而导致的"眼球效应"的出现。

（三）大型交通枢纽突发事件后的媒体参与：反思与舆论监督

在大型交通枢纽突发事件的善后处理阶段，媒体参与的应急管理工作主要是反思与舆论监督。首先，在大型交通枢纽突发事件的善后恢复阶段，媒体除了报道突发事件本身，还会组织专家学者、发动公众对引发大型交通枢纽突发事件的原因及应急管理工作的成效进行反思和评价，通过反思寻找降低损失的办法，通过评价改进应急管理行动策略，从而帮助政府及枢纽组织提高大型交通枢纽突发事件应急管理水平。其次，在大型交通枢纽突发事件的善后恢复阶段，媒体不仅可以利用自身敏锐的"嗅觉"、强大的信息调查能力、广泛迅捷的信息传播功能帮助政府和枢纽组织实现对权力的制约和不正之风的监督，还可以通过建立畅通的互动交流平台，促进政府、大型交通枢纽组织与公众之间的沟通，增强应急管理工作的透明性和公开性，消除大型交通枢纽突发事件引发的社会公众的负面情绪。

第五节　大型交通枢纽突发事件应急管理组织体系中的公众

大型交通枢纽突发事件影响着我们所有人,作为利益相关者的公众在大型交通枢纽突发事件的应急管理中同样扮演着至关重要的角色。大型交通枢纽突发事件需要公众积极参与的原因有三:一是公众提供的异质性资源有利于满足受灾群体的差异性需求;二是公众参与救援与重建可以弥补政府力量的有限性;三是公众参与应急管理工作促进了大型交通枢纽应急文化的形成。因此,拓宽公众参与大型交通枢纽突发事件应急管理的渠道,有助于形成良性互动、运转高效的大型交通枢纽突发事件应急管理组织体系。

一、公众参与大型交通枢纽突发事件应急管理的主要形式

公众参与大型交通枢纽突发事件应急管理体现了公众对大型交通枢纽公共安全的关注。公众参与大型交通枢纽突发事件应急管理的形式可以分为独立参与、通过社会组织参与、通过媒体参与三类。

（一）独立参与

公众既是大型交通枢纽突发事件的受害,也是大型交通枢纽突发事件应急管理的参与主体。公众可以根据自己的意愿与优势,独立地参与大型交通枢纽应急管理工作,主要方式包括:①参与大型交通枢纽应急救援工作。在面对大型交通枢纽突发事件时,接受过应急管理教育、具备一定自救互救能力的公众,往往能够很快稳定情绪,采取合理的应急反应行动配合应急救援人员实现紧急救援,客观上促进了大型交通枢纽突发事件应急管理工作的顺利开展。②为大型交通枢纽突发事件应急管理提供资源支持。公众通过参加听证会、向政府部门提建议、捐赠物资、参与重建等途径参与大型交通枢纽突发事件的应急管理工作,为大型交通枢纽突发事件的应急管理工作提供坚实的人力资源和物资基础,在增强公众的社会责任感、促进城市应急文化的形成方面也起到了不容忽视的作用。

（二）通过社会组织参与

大型交通枢纽突发事件应急管理在本质上是一种公共安全服务,政府作为公共服务的主要提供者,必须承担首要责任,但政府自身应急管理能力的局限对其他主体参与大型交通枢纽突发事件应急管理提出了要求。社会组织的成员涉

及各个领域,其中不乏专业人才,且组织以公共利益为导向,能够实现对公众利益诉求的组织化表达出来,成为政府与公众的沟通桥梁。当大型交通枢纽突发事件发生时,社会组织能够开展广泛的社会动员工作,凝聚民间力量,有效地整合社会资源,共同投入到大型交通枢纽应急管理工作中。同时公众以志愿者的身份参与大型交通枢纽突发事件应急管理工作,在受灾群众疏散与后勤保障工作等方面发挥重要的作用。公众通过加入社会组织的方式参与大型交通枢纽突发事件应急管理,能够切实提升其自身应急能力。

（三）通过媒体平台参与

媒体平台是公众行使言论自由权、实现知情权的重要途径。在大型交通枢纽突发事件应急管理中,公众可以通过媒体平台向政府部门建言献策、参与对大型交通枢纽设备及工作人员的监督管理,也可以通过媒体平台获取大型交通枢纽突发事件相关的各种信息。在大型交通枢纽突发事件应急管理过程中,公众在媒体平台上发布和接收突发事件应急管理相关的信息,加速了相关信息的传播,对引导舆论,增强应急管理工作的透明度和公开性具有重要意义。

二、公众在大型交通枢纽突发事件应急管理中的作用

在面对大型交通枢纽突发事件时,公众往往依靠自己的理解采取自认为最符合自身利益的行动,一些未受伤的受灾公众也会积极参与到搜救、照顾幸存者的行动之中,没有遭受突发事件的公众也可以通过捐赠物资、参与救援等途径协助大型交通枢纽突发事件应急管理工作的开展。

（一）有助于满足受灾群体的差异性需求

大型交通枢纽突发事件一旦发生,在造成巨大的破坏性后果的同时,也可能会产生影响深远的社会后遗症。大型交通枢纽突发事件的发生会引发受灾区域对外部资源大量的、多样的、长期的需求,需求类型包括普遍性需求和差异性需求。在大型交通枢纽突发事件的应急管理过程中,政府虽然能够较好地满足受灾群体的普遍性需求,但由于政府在组织机构、人员配备等方面的局限性以及受灾群体需求的特异性,受灾群众的需求往往无法充分得到满足,而公众自发捐赠或通过社会组织提供的异质性资源刚好能与之形成互补。

（二）有助于突破政府应急管理力量的有限性

在大型交通枢纽突发事件应急管理中,政府作为公共服务的主要提供者,承担着不可推卸的重要责任。从引发大型交通枢纽突发事件的起因看,各类致灾因子相互影响形成系统性风险已经逐渐成为常态。在这种情况下,即便政府力

量再强大,职责覆盖范围再广,也无法独自完成大型交通枢纽突发事件的应急管理,公众参与大型交通枢纽突发事件应急管理能够突破政府应急管理力量的有限性,实现大型交通枢纽突发事件应急管理的风险共担和多元参与。

（三）有助于促进大型交通枢纽应急文化的形成

大型交通枢纽应急文化是指个体、组织在大型交通枢纽突发事件的预防与准备、监测与预警、救援与处置、善后与恢复过程中表现出来的思维特征和行为模式。研究表明,公众的大型交通枢纽应急文化水平与大型交通枢纽突发事件应急管理的开展成正相关关系。一方面,公众参与大型交通枢纽突发事件应急管理有助于凝集应急管理力量,推动应急管理行动。另一方面,公众在参与大型交通枢纽突发事件应急管理的过程中,公众对大型交通枢纽突发事件的认知水平、心理承受能力、自救互救能力都会得到一定程度的提升。

三、公众参与大型交通枢纽突发事件应急管理的主要路径

（一）大型交通枢纽突发事件潜伏阶段的公众参与

大型交通枢纽突发事件潜伏阶段应急管理的主要任务是预防突发事件的发生和阻滞突发事件的发展,其关键在于提升应急准备和预警能力。在大型交通枢纽突发事件潜伏阶段,公众主要通过提供相关信息和完善应急预案两种方式参与大型交通枢纽突发事件应急管理。

第一,大型交通枢纽突发事件潜伏阶段的信息收集与预警工作的开展需要公众的信息资源支持。在此阶段,公众作为突发事件的潜在受害者和亲历者,具有获取突发事件相关信息的动机和积极性,公众参与突发事件相关信息的收集和传递拓宽了政府收集相关信息的渠道,加快了信息传递的速度,为大型交通枢纽突发事件潜伏阶段应急管理工作全面、有效地开展提供了有力的信息资源支撑。

第二,在制定大型交通枢纽突发事件应急预案的过程中,广泛听取公众的意见可以使预案的内容更加科学、合理、可行。大型交通枢纽突发事件具有突发性、紧急性、社会性和高度不确定性,对应急预案的制定提出了更高的要求,公众为大型交通枢纽突发事件应急预案的制定提供建议,增强了预案的科学性和合理性。此外,公众积极参与应急演练也是常见的公众参与大型交通枢纽突发事件应急管理中的方式之一。

（二）大型交通枢纽突发事件爆发阶段的公众参与

大型交通枢纽突发事件爆发阶段应急管理的主要任务是开展应急疏散与救

援工作,以控制突发事件发展态势,其关键在于对突发事件的快速回应。公众在大型交通枢纽突发事件爆发阶段主要通过应急救援和物资捐赠两种方式参与应急管理。

第一,大型交通枢纽突发事件爆发后的应急救援工作需要广泛的公众参与。大型交通枢纽突发事件具有较大的破坏性,一旦发生必须迅速应对才能最大可能的减少损失和人员伤亡。公众有组织地参与大型交通枢纽突发事件应急救援工作,为政府的应急管理工作提供了重要的人力资源支持,大大降低了政府部门开展大型交通枢纽突发事件应急管理工作的难度和成本。

第二,大型交通枢纽突发事件爆发阶段的物资供应需要公众的充分参与。大型交通枢纽突发事件应急管理需要物资资源的支撑。为了有效应对突发事件,政府应急管理部门会依法征用个人的物资、场所用于应急救援工作,并给予合理补偿。征集的物资包括应对突发事件所急需的生活必需品、交通工具、器材设备、通信设施等。公众应当服从现场指挥官的指挥,并有义务配合政府部门应急物资的征用和调度。

(三)大型交通枢纽突发事件善后恢复阶段的公众参与

大型交通枢纽突发事件善后恢复阶段应急管理的主要任务是恢复重建和调查评估。大型交通枢纽突发事件的善后恢复较为复杂,不仅要考虑修补、复原重建、纪念改善、发展型重建,还要关注社会价值和群体利益。基于公众诉求,开展枢纽设施的修复、重建等工作,能够提升恢复重建工作的针对性和满意度。同时,公众在善后恢复阶段,还对政府工作进行实时监督,维护了应急管理调查评估的真实性。此外,公众自发或通过社会组织为受灾群众提供心理疏导服务,可以缓解受灾群众的紧张情绪,帮助受灾群众建立积极、乐观的态度,从而促进了大型交通枢纽突发事件善后恢复工作的开展。

第三章

大型交通枢纽突发事件应急规划与演练

　　大型交通枢纽突发事件具有一定的不确定性,在大型交通枢纽突发事件发生前建立应急准备体系,有助于在一定程度上减少不确定性对突发事件应对产生的影响,为突发事件应急处置提供保障。大型交通枢纽突发事件应急准备主要包括大型交通枢纽突发事件应急规划、应急预案和应急演练三个部分,本章将逐一介绍。

第一节　大型交通枢纽突发事件应急准备体系

一、大型交通枢纽突发事件应急准备体系的概念

　　应急准备(emergency preparedness)作为应急管理体系的一个组成部分,在英文文献中也被称为灾害准备(disaster preparedness),它是一段时间所处的一种状态,是一个连续的过程,需要各级政府、各个部门、各种社会力量的相互协调配合,以最大程度识别突发事件的危险指数和最准确预估突发事件可能带来的危害。通俗地讲,应急准备就是在某些重大突发事件发生之前,为应对或降低突发事件可能造成的损失和灾害而进行的准备工作。大型交通枢纽突发事件应急准备是在大型交通枢纽突发事件发生之前进行的一系列预防准备行动,以最大限度地减少大型交通枢纽突发事件发生时造成的损失,主要包括应急规划、应急预案和应急演练。

　　应急准备体系是应急管理的重要内容之一,不同的突发事件,其应急管理体系既有相同之处,又有其特有的内容。国外学者对于应急准备体系的构成有不同的认识,有"四部分说",也有"七部分说",并没有形成统一的观点。我国学术

界对应急准备体系的专门论述较少,而对于"大型交通枢纽突发事件应急准备体系"的研究更是十分少见。现有的研究中所提到的应急准备体系是指由应急准备相关的各类主体、各种任务与能力,以及开展应急准备的过程等共同组成的统一的体系结构,它拥有共同的目标策略、协同的行动方案等,实现特定的使命或结果。[①]　基于此,大型交通枢纽突发事件应急准备体系可以概括为大型交通枢纽突发事件发生之前进行的一系列预防准备行动,以便突发事件发生时最大限度地减少损失。

二、大型交通枢纽突发事件应急准备体系的框架结构

大型交通枢纽突发事件应急准备体系,其构建和运行的核心使命是持续提升大型交通枢纽在发生突发事件时的应急反应能力。大型交通枢纽突发事件应急准备体系的具体内容如下图 3-1 所示。

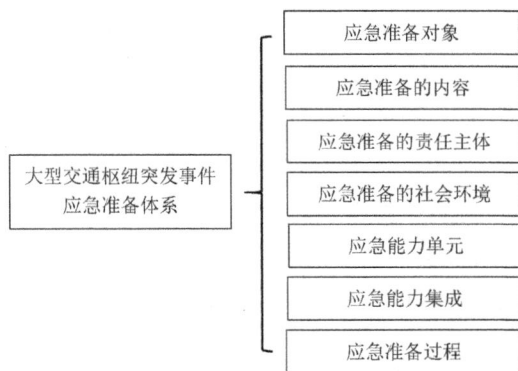

图 3-1　大型交通枢纽突发事件应急准备体系图

(1)应急准备对象:包括大型交通枢纽中的各类突发事件,强调适用于所有类型突发事件的应急准备,要求针对性强,对象明确。

(2)应急准备的内容:包括预防突发事件发生的准备工作、应对不同类型大型交通枢纽突发事件的措施、做好对大型交通枢纽的实时监测和对突发事件的准确预警工作、准备应急过程中所需的工具及救援物资等。

(3)应急准备的责任主体:大型交通枢纽突发事件的应急准备工作涉及公民的人身和财产安全,以及社会的稳定发展。因此,大型交通枢纽突发事件应急

---

① 李湖生.非常规突发事件应急准备体系的构成及其评估理论与方法研究[J].中国应急管理,2013(8).

准备的责任主体应包含社会的所有部门、组织及个人,如政府、社会组织、消防组织、应急队伍、安保组织,甚至社区、家庭和个人等都应积极承担应急准备责任主体的角色。

（4）应急准备的社会环境:大型交通枢纽具有人流量大、交通工具种类和数量繁多等特点,做好应急准备工作需要强大的社会环境的支持,包括完备的法律环境、政治环境和经济环境,以便为大型交通枢纽突发事件应急准备提供充分的政策、资金、方法、人力等各方面的支持。

（5）应急能力单元:包括专业的大型交通枢纽突发事件应急准备人员、应对突发事件所需的装备和物资等物质要素,以及大型交通枢纽突发事件应急准备规划、领导、培训、演练等非物质要素。

（6）应急能力集成:主要是通过制定应急规划和应急预案,对应急人员进行理论上的培训,使其了解大型交通枢纽突发事件应急工作的组织构成和运行规律;通过实施应急演练,对应急人员进行实战性培训,使其明确职责分工,优化资源配置等,进而增强应急人员的应急能力,确保交通枢纽突发事件造成的损失和伤害最小。

（7）应急准备过程:主要包括确定大型交通枢纽突发事件的事发原因及受灾对象,对大型交通枢纽突发事件进行风险评估与方案预设,准确评估应对大型交通枢纽突发事件所需的各方面的能力,包括人力、财力和物力,以及与实际能力的差距,构建应急能力单元,确定应急能力集成与配置,对应急准备整个过程进行实际演练与操作,评估其实际效果,发现其中存在的不足并加以完善。

第二节　大型交通枢纽突发事件应急规划

大型交通枢纽突发事件应急规划是对整个大型交通枢纽突发事件应急工作的一种较全面、系统、长远的发展指南,是一整套对于大型交通枢纽突发事件应急工作的整体性、长期性、基本性问题的行动方案。应急规划与应急准备紧密相关,没有规划的应急准备不算是真正意义上的应急准备。

一、大型交通枢纽突发事件应急规划方法

所谓规划,从经济学的角度讲,其实就是资源配置,而大型交通枢纽突发事件应急规划,就是对大型交通枢纽突发事件应急资源的配置。有效的资源配置可以较好地实现特定的应急目标,最大程度地减少应急资源的浪费,也就是说,

好的应急规划是应对大型交通枢纽突发事件的关键环节。

大型交通枢纽突发事件应急规划方法是对于如何确定应急规划目标、如何配置现有应急资源、如何评估应急规划效果的一整套系统、规范的解释说明。目前常用的应急规划方法有四种:基于情景构建的应急规划方法、基于功能选择的规划方法、基于能力胜任的规划方法和"情景-任务-能力"相结合的规划方法。①

(1)基于情景构建的大型交通枢纽突发事件应急规划方法,是指大型交通枢纽突发事件应急规划人员通过构建一个大型交通枢纽突发事件的情景,分析在所构建的情景下会产生哪些影响,应急规划人员根据可能产生的对大型交通枢纽及其他人、财、物的影响,形成基于情景构建的大型交通枢纽突发事件应急规划循环(见图 3-2),对大型交通枢纽突发事件应急规划效果的评估基于对所构建突发事件情景的科学、有效的应对程度做出判断。

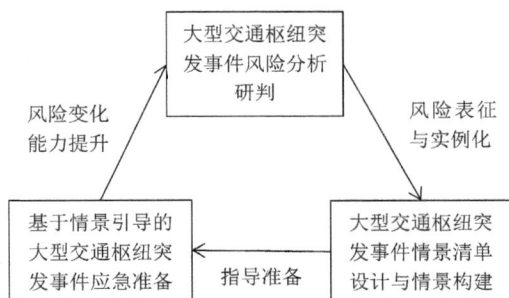

图 3-2　基于情景构建的大型交通枢纽突发事件应急规划循环

(2)基于功能选择的大型交通枢纽突发事件应急规划方法。这是指大型交通枢纽突发事件发生后,首先确定成功应对突发事件需要具备哪些功能,然后根据所需功能,结合每个大型交通枢纽突发事件应急管理部门和执行部门以及其他相关机构和部门的功能和特征,分配各机构和部门所需承担的应急任务和工作,进而将应急资源按照各机构和部门承担的任务和工作进行配置,各机构和部门功能的实现程度是评价大型交通枢纽突发事件应急规划效果的主要指标。

(3)基于能力胜任的大型交通枢纽突发事件应急规划方法,这一方法与基于功能的大型交通枢纽突发事件应急规划方法相反,当大型交通枢纽突发事件发生之后,首先确定每个大型交通枢纽突发事件应急管理部门和执行部门以及

---

① 李湖生.非常规突发事件应急准备体系的构成及其评估理论与方法研究[J].中国减灾管理,2013(8).

其他相关机构和部门的应急能力,然后根据各自的能力确定相应的资源配置方案,综合各不同部门和机构的应急能力,规划大型交通枢纽突发事件应急方案,各机构和部门能达到的能力水平是评价大型交通枢纽突发事件应急规划效果的主要指标。

(4)"情景-功能-能力"相结合的大型交通枢纽突发事件应急规划方法。通常一种突发事件可能会产生许多连锁反应,导致一系列其他突发事件的发生,尤其是大型交通枢纽若发生突发事件,可能会导致各交通工具的班次延误、道路交通堵塞、踩踏等各种事故,因此,单一的大型交通枢纽突发事件应急规划方法很难满足多种事件同时发生的情况。"情景-任务-能力"相结合的大型交通枢纽突发事件应急规划方法是指通过构建多种大型交通枢纽的突发事件情景,分析应对构建情景事件所需具备的功能,然后划分每个大型交通枢纽突发事件应急管理机构和部门的应急能力,基于以上分析,综合配置应急资源,开展应急行动,最终以大型交通枢纽突发事件应急目标的实现程度评估该应急规划方法的效果。

二、大型交通枢纽突发事件应急规划工具

应急规划工具,是指在大型交通枢纽突发事件中,用于指导和协助应急规划、保证应急准备工作顺利开展的工具,既包括理论工具,又包括方法工具。理论工具是从理论上对应急规划给予顶层设计,做好应急规划的整体方案;方法工具则是在具体的实施和操作上给予指导,实用性较强。应急规划产生于实践经验,并且在实践中不断发展完善。应急规划理论工具的发展稍微落后于方法工具,但是方法工具的科学性、合理性又需要理论工具的指导和推动,所以,应急规划的理论工具和方法工具缺一不可。

对于大型交通枢纽突发事件应急规划理论工具,2015年应急体系建设规划理论研讨会上的与会专家指出,做好应急规划编制工作,要对应急规划的边界问题、方法问题、目标问题、内容框架等一系列问题进行深入研究与探讨。[①] 应急规划的定位不能是单一的、独立的,而应该是综合的、全局的,要做好与其他专项规划的区别与互补。对于大型交通枢纽突发事件应急规划也应如此,在参考其他突发事件应急规划的同时,要认清大型交通枢纽的特性,明确大型交通枢纽突

① 邹积亮.科学统筹规划 加快推进国家应急体系建设——2015年应急体系建设规划理论研讨会综述[J].行政管理改革,2015(08).

发事件应急规划的相关概念、相互之间的关系,以便于领域内的专家能够在统一的内涵和外延的基础上,开展大型交通枢纽突发事件应急规划理论方法的研究和创新,更好地为应急规划方法工具服务。

美国、英国、澳大利亚、爱尔兰等国均已提出了明确的应急规划工具,可以分为应急规划方法工具、应急规划指导工具、应急规划信息化工具等(见表 3 - 1)。

表 3 - 1　典型国家突发事件应急规划工具[①]

应急规划工具 典型国家	应急规划方法工具	应急规划指导工具	应急规划 信息化工具
美国	基于能力、情景、功能的方法和混合规划方法	国家应急规划情景(NPC)、目标能力列表(TCL)、通用任务列表(UTL)	美国综合灾害损失评估模型(HAZUS MH)、运输风险评估模型、规划支持系统(PSS)
英国	基于风险管理的方法	应急准备指南、应急响应与恢复指南、22 项能力工作流程、预案格式	未知
爱尔兰	基于风险管理的方法	战略应急规划指南、重大突发事件管理框架、重大突发事件应急预案格式	政府信息服务系统
澳大利亚	基于风险管理的方法	应急规划指南、应急规划手册、风险管理指南、多机构协调管理手册、预案格式	应急风险管理工具

从上表可以看出,许多国家都非常重视应急规划,针对各国国情和突发事件的类型和规模,研究了多种突发事件应急规划工具。比较而言,美国较另外三个国家的应急规划工具类型更多样,这与 2001 年美国"9·11"事件的发生有密切的关系。在"9·11"恐怖袭击发生后,美国更加重视突发事件的应急规划工作,

---

① 李湖生.国内外应急准备规划体系比较研究[J].中国安全生产科学技术,2011,7(10).

以期通过多种应急规划工具的运用,提升防范和应对各类突发事件的能力。

三、大型交通枢纽突发事件应急规划内容

大型交通枢纽突发事件应急规划是一个持续性的过程,也可以称之为一种持续的分析模式[①],主要包含以下内容:

(1)大型交通枢纽突发事件应急管理基础能力建设规划,主要包含完善大型交通枢纽突发事件风险管控体系、提升大型交通枢纽的基础设施抗灾能力、完善大型交通枢纽突发事件监测与预警服务体系、强化大型交通枢纽工作人员及其他社会公众的公共安全风险管理等内容。

(2)大型交通枢纽核心应急救援能力建设规划,指强化应急救援突击力量建设,提高大型交通枢纽应急队伍的综合应急救援能力,努力做到一般性的突发事件可以不用借助外力而顺利解决,以及提高大型交通枢纽突发事件应急管理领域的专业应急救援能力。

(3)大型交通枢纽综合应急保障能力建设规划,包含提升大型交通枢纽的应急平台支撑能力,加强专业应急平台建设;强化应急通信保障能力,保证大型交通枢纽突发事件发生时的通信正常;完善应急物资保障体系,保障应对大型交通枢纽突发事件的物资充足;提高大型交通枢纽紧急运输保障能力,确保各类应急救援车辆的畅通无阻。

(4)大型交通枢纽突发事件应急管理体系规划,即完善大型交通枢纽突发事件应急管理法律法规和标准体系,以及应急管理组织体系、工作机制、预案体系等。具体是指:①事先消除或减轻突发事件影响的减灾土地利用规划,主要是解决大型交通枢纽突发事件发生后,如何最有效率地利用有限的土地资源减少灾害造成的损失;②对事中应急响应行动做出制度性安排的应急响应规划,大型交通枢纽突发事件应急响应的速度决定应急效果的好坏,对应急响应进行规划,明确大型交通枢纽突发事件发生后的医疗救助、交通枢纽基础设施的修复、秩序维护等的责任部门和机构等;③事后大型交通枢纽恢复重建规划,主要包括突发事件的善后处置、突发事件严重等级和危险程度的调查评估以及对大型交通枢纽受灾区域的恢复重建三个内容。

---

① 罗纳德·佩里,迈克尔·林德尔,李湖生.应急响应准备:应急规划过程的指导原则[J].中国应急管理,2011(10):19-25.

第三节　大型交通枢纽突发事件应急预案

　　我国自 2003 年开始重视和加强对突发公共事件的应急管理工作,逐渐形成了"一案三制"的工作格局,其中,"一案"指的就是突发公共事件应急预案。为做好大型交通枢纽突发事件应急处置工作,各大城市结合自身的特点和实际发展需要,制定出台大型交通枢纽突发事件应急预案。2012 年上海市政府印发《上海虹桥综合交通枢纽突发事件应急预案(总案)》,2015 年印发《虹桥综合交通枢纽市级基层应急管理单元突发事件应急预案(总案)》《上海浦东和虹桥国际机场突发事件应急预案》;2014 年 2 月广州市人民政府办公厅印发《广州市城市轨道交通运营事故灾难应急预案》,并于 2018 年 3 月修订编制了《广州市城市轨道交通运营突发事件应急预案》;2016 年 5 月深圳龙岗区政府发布《深圳市台风暴雨等恶劣天气交通保障应急预案》;2008 年 12 月北京市政府发布《北京市轨道交通运营突发事件应急预案(简本)》,2012 年 8 月北京市交通委员会路政局发布《北京市交通路政行业突发事件总体应急预案》,11 月北京市市政市容管理委员会发布《北京西站地区突发事件总体应急预案》,12 月北京市交通委员会运输管理局印发《恶劣天气重点交通枢纽运输保障应急预案》等。

一、大型交通枢纽突发事件应急预案的功能

　　大型交通枢纽突发事件应急预案即是针对大型交通枢纽可能发生的突发事件或灾害,为确保事件或灾害发生时能够迅速、有效的开展救援行动,降低突发事件对个人造成的健康和财产损失以及对大型交通枢纽的损坏程度,维护大型交通枢纽所在城市交通的正常运行,而预先制定的应急救援计划或方案,内容一般包括编制依据、应急目标、适用范围、应急原则、运行机制与监督管理等。

　　凡事"预则立,不预则废",如果在大型交通枢纽突发事件应急预案的制定与管理过程中,各主管部门能把各种可能出现的事件或灾害考虑得更充分一些,把准备工作做得更好一些,就能在很大程度上缓解突发事件发生时应急管理人员所面临的巨大压力,同时也能避免各种因素造成的疏忽,能有序、快速地应对突发事件,减少不必要的损失,最大限度地拯救突发事件中生命、财产等各方利益。一般说来,大型交通枢纽突发事件应急预案的作用主要体现在以下方面。[①]

[①]　吴江.风险防范与管理[M].北京:党建读物出版社,2011:7.

第一,使大型交通枢纽预防预警、应急响应、后期处置、保障等工作有章可循,化危机管理为常规管理。从预案包含的基本内容来看,一个完整的应急预案应该包括六大要素:总则,组织指挥体系及其职责,管理流程——包括预防预警、应急响应和后期处理,保障措施,及其他解释说明性内容。应急预案对于应对大型交通枢纽突发事件发生时的几乎每项工作都做了详细具体的规定说明,使得应急主体可以在应急管理的各个阶段按照预案的规定,有条不紊地开展工作,以确保各项工作有序、有效。

第二,可以合理配置应对大型交通枢纽突发事件的相关资源,提高应急决策的科学性和有效性。大型交通枢纽突发事件的发生发展具有较大的随机性和不可预测性,要求枢纽应急人员快速做出应急策略。然而,由于应急资源的有限性,突发事件发生时很难临时将有限的应急资源合理分配使用。大型交通枢纽突发事件应急预案一般会针对不同类型的突发事件,事先做好相关应急资源的规划、储备和管理工作,以确保在突发事件发生后能够按照应急预案的相关规划和程序,有条不紊地合理分配应急资源,保障应急资源物尽其用;当应急资源不足时,还可以根据突发事件的规模和等级,迅速向有关部门或机构借调应急资源,最大程度地减轻突发事件的危害。

第三,有利于开展大型交通枢纽突发事件灾后的恢复与重建工作。由于灾后场面混乱,而恢复大型交通枢纽正常运行的时间十分紧迫,管理者很少有时间去评估哪些重建工作在短期目标与长期目标之间存在冲突,这导致负责大型交通枢纽突发事件灾后恢复重建工作的人员任务重、压力大。在这种情况下制定的恢复与重建规划极有可能会出现偏差。所以,如果在大型交通枢纽突发事件发生前的应急预案中就确立了灾后重建的短期和长期目标,明确了灾后重建中各组织的权力和职责,并建立了各组织之间的协调与合作机制,规定了灾后重建中资源的利用,以及政府财政补贴的额度,就可以避免灾后重建的无序、无效等情况的出现,提高灾后重建的质量与效率。

二、大型交通枢纽突发事件应急预案的基本内容与编制过程

(一)大型交通枢纽突发事件应急预案的基本内容

目前,全国突发事件应急预案体系基本形成,并在不断地发展完善。不同类型突发事件,其应急预案的内容也不尽相同,大型交通枢纽突发事件应急预案的

基本内容包含如下部分：[①]

（1）总则。大型交通枢纽突发事件应急预案的总则涵盖大型交通枢纽突发事件应急预案的编制目的和依据，介绍大型交通枢纽突发事件的特征及其分类，特征如层次性、多元性、区域性、高威胁性、处置难度大等，分类包含自然灾害类（地震、地面塌陷等地质灾害类和台风、大雾冰冻雨雪等气象灾害类）、事故灾害类（大面积延误事件、大客流事件、火灾、化学品事故、设备故障、交通工具事故等）、公共卫生类（传染病疫情、食品安全和中毒等）、社会安全类（群体性事件、恐怖性事件等）；大型交通枢纽突发事件分级，一般分为四级：Ⅰ级（特别重大事件）、Ⅱ级（重大事件）、Ⅲ级（较大事件）和Ⅳ级（一般事件）；大型交通枢纽突发事件应急预案的适用范围，一般是指枢纽内连接各交通方式的"公共区域"发生的突发事件；大型交通枢纽突发事件应急工作原则，遵循以人为本、安全至上、保障运行、预防为主、协同应对、信息共享等原则；大型交通枢纽突发事件应急预案体系，一般包含突发事件应急预案（总案）、突发事件专项应急预案、突发事件部门应急预案。

（2）组织体系。①大型交通枢纽突发事件应急工作领导机构，包括大型交通枢纽所在地的市委、市政府，交通枢纽管理委员会和应急领导小组及其他相关机构和组织；②大型交通枢纽突发事件办事机构，一般为大型交通枢纽应急领导小组下设的枢纽应急办公室；③大型交通枢纽突发事件应急联动机构，包括应急联动中心和应急响应中心；④大型交通枢纽突发事件应急管理专家组，除大型交通枢纽内原有的专家外，还可以聘请应急管理领域的专家学者以及实践部门的管理人员参与。

（3）突发事件预防与预警。主要强调大型交通枢纽突发事件的预防检查，包括评估分析枢纽内可能发生的突发事件、加强各类风险隐患的日常管理、不定期开展突发事件预测分析等；大型交通枢纽突发事件预警，包括确定突发事件的预警级别，规定发布和解除突发事件预警的部门和单位等；大型交通枢纽突发事件预警响应，规定不同级别的预警，由不同的单位和部门采取预警响应措施。

（4）应急响应。包括大型交通枢纽突发事件响应分级，即根据枢纽突发事件性质、规模、影响范围制定响应级别，分为Ⅰ级、Ⅱ级、Ⅲ级、Ⅳ级四个等级；突发事件分级响应，指根据突发事件对枢纽影响的程度和范围，确定应急响应等

---

① 上海市政府.上海虹桥综合交通枢纽突发事件应急预案（总案）[EB/OL].
http://www.shanghai.gov.cn/shanghai/node2314/node2319/n31973/n32019/n32027/u21ai871213.
shtml.

级,也分为Ⅰ级、Ⅱ级、Ⅲ级、Ⅳ级响应四个等级。

(5)信息共享。包括大型交通枢纽应急响应的信息系统,如无线通信、视频、网络、文本、应急广播等;大型交通枢纽突发事件信息报送,报送内容主要包括航班、车次、客流、气象、道路交通等与枢纽运行管理有关的信息。

(6)应急处置。内容主要包括大型交通枢纽突发事件应急处置的原则和程序。一旦发生大型交通枢纽突发事件,首先判断突发事件的级别,启动相应级别的应急预案;而当应急救援人员和物资不充分时,应根据需要立即请求外力援助;在整个应急处置过程中,要求应急行动及时有效。

(7)应急保障。包括大型交通枢纽突发事件应急保障原则,即做好应急救援物资、应急设施设备的管理、更新工作,确保应急救援物资充分;大型交通枢纽突发事件应急保障方式,包括应急人员技术水平保障、应急物资数量保障、应急资金额度保障。

(8)突发事件处置情况报告。包括事发单位突发事件处置情况报告,由枢纽运营单位报送枢纽应急办公室备案;突发事件处置情况总报告,由应急办公室根据需要报送上级应急管理领导机构;突发事件处置档案,即应急办公室按照突发事件的种类、性质和等级等进行分类、归档。

(9)监督管理。包括大型交通枢纽突发事件应急预案管理,即编制应急预案与处置规程、建立枢纽预案体系、制定枢纽预案编制标准、检查应急预案的完善程度等;大型交通枢纽突发事件应急演练,包括枢纽综合演练、桌面演练或专项演练;大型交通枢纽突发事件应急教育培训,指对应急管理人员、工作人员和现场值班人员的突发事件应急教育培训;制作应急通讯手册,其中包含应急办公室相关应急人员的名单、单位、联系方式等,以便于突发事件发生时快速联系到专业应急救援人员。

(二)大型交通枢纽突发事件应急预案的编制过程

大型交通枢纽突发事件应急预案对于应对突发事件具有引导指挥作用,合理、规范、科学的应急预案编制过程是保证应急预案科学有效的前提条件。突发事件应急预案的编制流程如图3-3所示。

1.成立大型交通枢纽突发事件应急预案编制小组

大型交通枢纽突发事件涉及的范围广,不仅影响到社会公众的生命财产安全,而且会影响交通的正常运行,甚至会导致整个城市的大型交通运输工作停

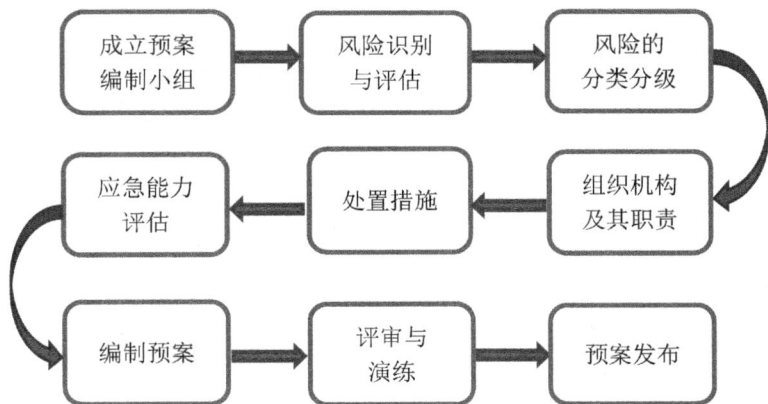

图 3-3　突发事件应急预案编制过程①

滞。因此,大型交通枢纽突发事件应急预案的编制需要来自不同领域的人员参与,如消防人员、安保人员、交警、医疗人员、卫生人员、电力人员、相关技术人员、法律人员、政府部门代表以及突发事件应急机构人员等,发挥不同专业人员在不同方面的作用,明确预案编制的目标和原则,共同完成大型交通枢纽突发事件应急预案编制工作。

2. 大型交通枢纽突发事件的风险识别与评估

大型交通枢纽突发事件的风险识别与评估是整个突发事件应急预案编制的前提条件,只有明确了大型交通枢纽突发事件存在哪些类型的风险,才能更有针对性地制定应对措施。风险识别与评估主要是通过运用一系列方法和手段,如对已有大型交通枢纽突发事件或相似突发事件的经验总结、国外大型交通枢纽突发事件的经验介绍、对大型交通枢纽的现场勘探和调查、咨询风险评估专家、查阅现有相关文献资料等,尽可能详细地列出风险的可能来源,通过风险评估筛选出危害性较大、发生可能性较高的风险。

3. 大型交通枢纽突发事件风险的分类分级

根据现有的突发事件风险分类分级指标,按照风险的性质、严重程度、发生的概率、影响的范围等,将风险进行分类,并对每一类风险进行评估和级别划分。通常风险可分为四级:I级为特别重大,标志为红色,II级为重大,标志为橙色,III级为较大,标志为黄色,IV级为一般,标志为蓝色,不同的风险级别对应不同的应急响应级别,启动不同程度的应急资源规模、人员疏散范围等。

---

① 陶振.突发事件应急预案:体系、编制与优化[J].行政论坛,2013,20(05).

4. 大型交通枢纽突发事件应急组织机构及其职责

明确的责任分工是保证大型交通枢纽突发事件应急援救活动顺利实施的前提。大型交通枢纽突发事件应急预案必须按照突发事件发生发展的顺序,即按照事件发生之前、事件发生的过程中以及事件发生之后的顺序,明确每个机构或个人所负责的时间段、具体要做的事情、如何顺利完成任务、完成任务所要用到的资源和工具以及如何与其他机构和部门的人员实现时间及任务的协同配合、顺利衔接等,确保每一个机构承担与其本职职能相对应的责任。同时也要明确每一个机构的责任不是独立的,而是相互合作的,如医疗机构负责对应急救援机构的搜救行动提供医疗服务,交通部门要为医疗机构的顺利抢救排除道路交通的种种交通拥挤、堵塞问题等。

5. 大型交通枢纽突发事件的应急处置措施

大型交通枢纽突发事件应急处置措施应结合交通枢纽的建筑结构、所处的地理位置等各方面条件综合制定。一般而言,应急处置措施包括监测预警、连锁反应的预防与处置、应急资源的运输和保障、受灾人员的救援和输送、应急过程的指挥和控制、应急事件的相关信息报告与新闻发布以及恢复重建阶段的优先事项和重点事项等,可以借鉴国内外相关大型交通枢纽突发事件采取的应急措施,以及仿真模拟演练的经验总结,再结合各大型交通枢纽自身的情况,制定符合各大型交通枢纽特点的、科学的、可操作的应急处置措施。

6. 大型交通枢纽突发事件的应急能力评估

应急处置的有效性与应急能力成正相关。一般而言,应急能力较强,应急处置的有效性就越高。因此,在编制应急预案之前对各大型交通枢纽的应急资源进行摸底和评估是非常有必要的。通常所说的应急能力包括四个方面:人、财、物以及技术。"人"是指应急救援人员和其他相关的应急救援辅助人员;"财"是指应急救援过程中所需要的财务支撑;"物"是指整个应急救援过程中所需要的各种应急救援物资;"技术"是指在应急救援过程中所需要的先进的技术支撑。做好大型交通枢纽的应急能力评估,准确判断各大型交通枢纽应急能力的优势和不足,并做好弥补不足的准备,是保证大型交通枢纽突发事件应急救援顺利进行的前提。

7. 大型交通枢纽突发事件应急预案编制

大型交通枢纽突发应急预案编制的一系列准备工作完成之后,即进入正式编制预案环节。大型交通枢纽突发事件应急预案强调针对性和可操作性,并且要做到简洁明了,确保每个应急管理参与人员均能够理解并掌握。因此,在编制大型交通枢纽突发事件应急预案时,除了常规的文字叙述部分外,还应该辅助以大量的图表,尤其是整个交通枢纽的构造图,尽量以三维立体空间的形式展现出来,标注应该重点关注的点、线、面,让应急救援人员对整个大型交通枢纽的结构有清晰的认识,便于突发事件发生时的救援工作。

8. 大型交通枢纽突发事件应急预案评审与演练

大型交通枢纽突发事件应急预案编制完成之后需对其科学性和可操作性进行检验,而最好的检验方式就是评审和演练。评审是由大型交通枢纽突发事件应急管理专家和应急救援人员以及其他相关领域的专家组成预案评审小组,从各自专业的领域对预案进行审核、评估;演练则是通过"实战"的方式,模拟大型交通枢纽突发事件的发生、发展、结束等一系列过程,按照应急预案制定的程序和采取的措施开展应急救援工作,演练结束后总结演练过程中遇到的问题,评估应急预案的科学性和可操作性以及应急救援人员的应急救援能力和水平。

9. 大型交通枢纽突发事件应急预案发布

大型交通枢纽突发事件应急预案经评审和演练确定无误后,即可予以发布。大型交通枢纽突发事件应急预案的发布对象并不是所有社会成员,而是跟预案相关的人员,一般包括大型交通枢纽工作人员、应急指挥及救援人员、相关政府机构人员以及其他志愿者等;同时,大型交通枢纽工作人员应该在相对明显的位置张贴关于突发事件应急措施的海报,或者以视频、音频、报纸等形式告诉来往于大型交通枢纽的社会公众当突发事件发生时应当采取什么措施进行自我保护等,以增强社会公众的自救意识和安全意识。

三、大型交通枢纽突发事件应急预案管理

大型交通枢纽突发事件应急预案管理主要包括应急预案的启动和终止、应急预案的实施以及对应急预案实施过程和实施效果的评估等,并根据对大型交通枢纽突发事件应急预案的管理,发现应急预案的不足,进而结合实际,动态调整大型交通枢纽突发事件应急预案。

(一)大型交通枢纽突发事件应急预案的启动与终止

应急预案的启动与终止需要满足一定的条件,只有大型交通枢纽突发事件的严重程度达到规定的级别时,才可以按照规定的程序启动大型交通枢纽突发事件应急预案。

《国家突发公共事件总体应急预案》规定:对于先期处置未能有效控制事态

的特别重大突发公共事件,要及时启动相关预案①;《上海虹桥综合交通枢纽突发事件应急预案》规定:枢纽各运营管理单位作为责任主体,要遵循"各司其职、协同应对,信息共享、应急联动"的枢纽应急管理原则,根据突发事件响应等级,启动相应级别的应急预案或响应规程。由此可知,并不是所有的大型交通枢纽突发事件都可以启动应急预案的,只有当突发事件达到了一定级别,先期处置无法有效应对的前提下才启动相应级别的应急预案。

同样,只有对大型交通枢纽突发事件的处置达到预期目标时,才能终止预案。各交通枢纽终止突发事件应急预案的条件不完全相同,但通常是突发事件的发展态势已经被遏制,或者已被限制在一定的范围内,则可通过实施普通的突发事件应急措施实现对事件的全面解决,而此时,突发事件应急预案即宣告终止。

(二)大型交通枢纽突发事件应急预案的实施

大型交通枢纽突发事件应急预案发布之后,应急预案的实施就成为大型交通枢纽相关机构和部门的重要工作。大型交通枢纽突发事件应急预案的实施主要包括以下内容:①宣传应急预案的具体内容,贯彻应急预案的相关规定;②开展应急预案培训,详细讲解应急预案的内容,明确应急过程中各相关机构和部门的责任及工作程序,并确保应急资源的储备充分;③组织开展大型交通枢纽突发事件应急演练,使应急工作人员熟知应急流程和应急过程中的注意事项等;④根据应急演练的结果反馈及交通枢纽的实际情况,定期邀请大型交通枢纽突发事件应急领域内的专家学者和专业应急工作人员对应急预案进行评审和更新,确保应急预案的时效性和可行性,使大型交通枢纽突发事件应急预案的功能作用真正发挥出来。

大型交通枢纽突发事件应急预案的实施需要构建一个虚拟的大型枢纽突发事件现场,包括时间、地点、事件、可能会出现的危急情况、应该要采取的应对措施等等,也就是说,在预案实施之前,要有一个完善的"剧本",应急预案实施人员按照"剧本"的说明采取应急行动,力求真实还原突发事件的发生、发展、应对和结束,以发现应急预案制定的不足之处,为进一步完善大型交通枢纽突发事件应急预案提供前提条件。

(三)大型交通枢纽突发事件应急预案的评估

应急预案的实施是评估的基础。大型交通枢纽突发事件应急预案评估是指

---

① 中华人民共和国中央人民政府.国家突发公共事件总体应急预案[EB/OL]. http://www.gov.cn/yjgl/2006-01/08/content_21048.htm.

通过应急预案的实施,对大型交通枢纽突发事件造成的损失进行清算,包括有无人员伤亡,有无较大财产损失,有没有对社会安全和稳定造成威胁、有没有对交通运输的正常运行产生阻碍,或者人员伤亡、财产损失等有没有控制在预案设定的范围内等,根据现有指标对预案的实施效果进行评估,评估预案的内容是否全面、逻辑是否合理、操作是否科学和可行以及预案的编制是否符合相关法律法规的规定等。

大型交通枢纽突发事件应急预案评估的主体可以是相关领域的专家、参与应急预案实施的应急救援人员、突发事件的受害者或者突发事件的旁观者等,评估的对象主要包括应急预案本身、应急预案实施过程中的缺陷和问题、应急预案的科学性和可操作性等,评估方法既可以是定性的方法,也可以是定量的方法,取决于评估对象的性质和属性。

四、大型交通枢纽突发事件应急预案的问题及优化

虽然我国大型交通枢纽突发事件应急预案体系已初步形成,但是应急预案仍存在一些问题,还需要不断地从实践中总结成功的经验,进一步完善大型交通枢纽突发事件应急预案,更好地保障突发事件中人们的生命和财产安全以及大型交通枢纽的正常运行。

（一）关于大型交通枢纽突发事件应急预案编制工作

在应急预案编制的过程中,我国遵循的是一种"统一模板、自上而下"的模式。[①] 一方面,在应急预案编制的过程中,一般是最高层政府相关部门制订应急预案的通用框架,然后各下级政府逐一模仿,用相同的应急预案模板,制定内容相差不大的突发事件应急预案,导致应急预案的编制没有结合每个地区的实际情况,没有体现出本级别本地区预案的特殊性,尤其是对于大型交通枢纽突发事件应急预案,因每个大型交通枢纽的建筑构造、地理位置、所处环境等的差异,导致其面临的风险因素不同,因此对应急预案的差异性要求也比较高;另一方面,我国已有的大型交通枢纽突发事件的应急预案,多是某一个大型交通枢纽根据上级指示自行编制的,少有几个关联大型交通枢纽联合编制预案的情况;而且,大型交通枢纽一旦发生突发事件,危及的不仅仅是交通枢纽本身,甚至对整个城市的平稳运行和发展都会产生影响。各部门相互独立,缺乏协调合作,无疑对于大型交通枢纽突发事件应急预案的编制产生阻碍作用。

---

① 　钟开斌.中国应急预案体系建设的四个基本问题[J].政治学研究,2012(06).

因此,首先各大型交通枢纽应当基于其所面临的风险因素编制应急预案的观念,加强对各大型交通枢纽的风险识别和管理工作,提高各大型交通枢纽突发事件应急预案的针对性和可操作性。其次,应当促进大型交通枢纽突发事件应急预案编制部门之间的合作与协调,这不仅包括同一枢纽不同应急主体之间的合作协调,还包括不同大型交通枢纽突发事件应急预案编制小组之间的合作协调,引导各大型交通枢纽相互借鉴成功经验,分享应急预案编制方法等,共同推进我国大型交通枢纽突发事件应急预案编制工作的发展进步。

（二）关于大型交通枢纽突发事件应急预案的数量和动态管理

首先,大型交通枢纽突发事件应急预案的数量有待增加。我国从中央到地方已经制定了约135万多件应急预案,但事实上专门针对大型交通枢纽突发事件的应急预案并不多;其次,大型交通枢纽突发事件应急预案的动态管理仍需加强。如《上海虹桥综合交通枢纽突发事件应急预案》规定每两年修订一次,《北京市轨道交通运营突发事件应急预案(简本)》规定每三年至少修订一次,但实际上并没有完全落实预案规定的动态管理,没有针对应急处置过程中和各类应急演练中发现的问题和出现的新情况及时完善预案,可能导致应急预案的内容不能与实际情况相符合,应急预案的科学性和可操作性有待提高。上述问题产生的主要原因主要是我国大型交通枢纽数量不多,只有在少数的大型城市,如北京、上海、广州、深圳等有大型交通枢纽,一般城市很少有,导致大型交通枢纽突发事件应急经验不足和对大型交通枢纽突发事件应急预案的动态管理工作重视程度不高。但是,由于大型交通枢纽客流量大、功能复杂、涉及面广,一旦发生突发事件,造成的损失是不可估量的。因此,提高对大型交通枢纽突发事件应急预案动态管理的重视程度是非常有必要的。

针对上述问题,一方面,要重点对大型交通枢纽可能发生的风险进行评估,根据风险评估的结果制订应急预案;另一方面,目前参与我国大型交通枢纽突发事件应急预案编制和管理的专家不多,应急预案编制部门对于应急预案制定过程中需要具备的风险分析、应急资源调查、应急技能培训等内容掌握不全。可见,加大对大型交通枢纽突发事件应急预案领域专家的培养,也是完善我国大型交通枢纽突发事件应急预案体系的重要方面。

第四节　大型交通枢纽突发事件应急演练

大型交通枢纽突发事件应急规划和应急预案是事故发生前的应急准备,而应急演练则是对突发事件的发生、发展和结束的真实还原。在大型交通枢纽突发事件应对的过程中,消除隐患、及时响应和动态调整属于应急预案的三大主要功能①,而这些功能的顺利实现需要在突发事件发生之前开展模拟应急演练,从而发现应急预案的不足并不断完善,以提高应急预案的可操作性和科学性,最大程度降低大型交通枢纽突发事件造成的人、财、物的损失。

一、大型交通枢纽突发事件应急演练的必要性

编制大型交通枢纽突发事件应急预案很重要,开展大型交通枢纽突发事件应急演练同样重要。对于已经编制完成的大型交通枢纽突发事件应急预案,要充分认识应急演练的必要性,制订合理、完善的应急演练计划并定期组织演练,结合演练过程中发现的问题以及不同突发事件的背景和环境,再加上不断变化的形势和要求,对应急预案实行动态管理,不断修改完善。

首先,大型交通枢纽突发事件应急演练是提高社会公众的安全意识和应急工作人员救援能力的重要途径。通过大型交通枢纽突发事件应急演练,使社会公众深刻认识到大型交通枢纽突发事件的危险性和严重性,增强其个人安全意识,同时,也可以提升社会公众的社会安全责任心,鼓励他们发现危险源的时候及时上报相关部门或负责人员,提前将危险因素排除;另一方面,真实的应急模拟演练是对应急救援人员能否明确自己的救援任务、理清自己在应急救援中角色的一次考核,有利于应急救援人员在演练中发现自身的不足之处,提升应急救援人员对大型交通枢纽突发事件的警惕性,提升救援人员的反应速度和救援速度,促进救援人员之间的协调配合,更好地保护突发事件受害者的生命和财产安全以及大型交通枢纽的正常运转。

其次,通过突发事件应急演练,能够增强突发事件应急预案执行者对应急预案的认同感。大型交通枢纽突发事件应急预案以文本的形式呈现,自身并不能主动发挥应急作用,因此编制的一系列应急措施免不了给人一种"纸上谈兵"的错觉。而突发事件应急工作偏重实践性,强调应急指挥人员和应急救援人员较强的指挥和执行能力,通过突发事件应急演练,使应急救援相关人员熟知突发事件应急工作的流程、规定和要求以及注意事项等,不断提升应急指挥人员和执行人员的管理水平和专业能力,增强应急工作者对突发事件应急预案的认同感。

最后,大型交通枢纽突发事件应急演练是完善应急预案的有效手段。所谓

---

① 陈安,陈宁,倪慧荟.现代应急管理理论与方法[M].北京:科学出版社,2009:125.

演练,即演习操练,是一个将理论付诸实践的过程,是检验突发事件应急预案科学合理性的重要手段。通过大型交通枢纽突发事件应急演练,发现演练过程中遇到的困难和出现的问题,对比应急演练结果与预期结果的差距,分析差距产生的原因,找出应急预案的不足之处,并及时改进和完善。

二、大型交通枢纽突发事件应急演练方案

演练方案是演练策划人员依据预案和假设的事故场景编制的"演习剧本",目的是为了检验和提高应急人员应对生产安全事故的现场处置能力,并通过潜在的事故场景模拟事故在发生发展阶段出现的景象,以贴近实战的方式对生产安全事故预案进行演练。

大型交通枢纽突发事件应急演练方案的合理性和完整度是决定应急演练成功与否的关键,方案的内容出现偏差或错误,会导致应急演练目标不能顺利实现。一般而言,大型交通枢纽突发事件应急演练方案的内容主要包括以下部分(见图 3 - 4)①。

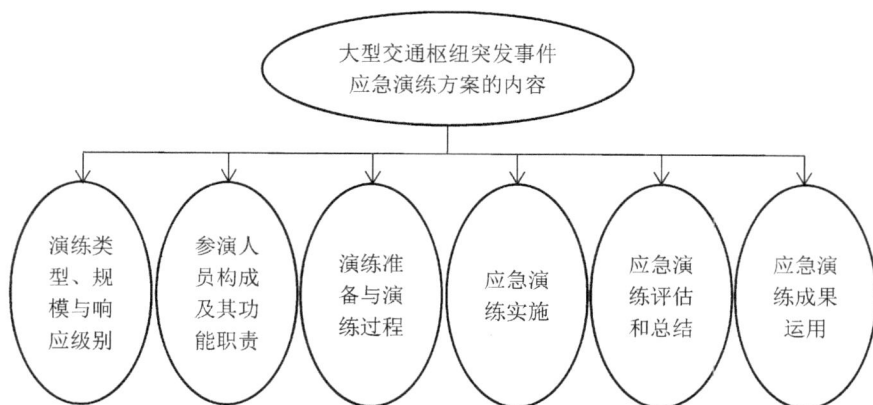

图 3 - 4　大型交通枢纽突发事件应急演练方案的内容

1.演练类型、规模与响应级别

明确演练类型。根据《突发事件应急演练指南》对应急演练的分类标准,大型交通枢纽突发事件应急演练类型如下:

(1)按照大型交通枢纽突发事件应急演练的组织形式,可以分为桌面演练

① 宋燕.科学编制应急演练方案[J].劳动保护,2010(9).

和实战演练。桌面演练通常在室内完成,是指利用地图、沙盘、计算机等,事先布置假定的交通枢纽突发事件情景,参演的应急指挥和救援人员现场推演突发事件可能造成的影响和灾难,讨论应急救援措施,促进应急指挥人员和救援人员对整个应急救援过程的掌握,明确各自的职责和任务,提高相互之间的协同配合能力。实战演练需在特定的场所内完成,一般是一个较大的场所,包含大型交通枢纽内的部分模拟建筑和设施等,通过在特定场所事先设置大型交通枢纽突发事件情景,应急指挥人员和工作人员利用相应的应急设备和物资,针对突发事件的类型和等级以及可能产生的连锁反应,制定应急决策和开展应急活动,真实还原突发事件的发生发展和处置过程,以提高应急指挥和工作人员的实际指挥能力和执行能力。

（2）按照大型交通枢纽突发事件应急演练的内容划分,可分为单项演练和综合演练。单项演练是针对整个应急过程中的某一环节,如明确应急任务环节、应急物资准备环节、应急救援环节和恢复重建环节等,开展一系列应急响应活动,旨在提升大型交通枢纽突发事件某一项应急水平和能力。综合演练则是指突发事件应急工作的多个环节开展的应急响应活动,重在对多个环节的功能和协调配合程度进行检验,尤其是当应急工作涉及不同机构和部门之间的协同配合时,以促进整个应急工作的顺利开展。

（3）按大型交通枢纽突发事件应急演练的目的与作用划分,可分为检验性演练、示范性演练和研究性演练。[①] 检验性演练是指为了检验大型交通枢纽突发事件应急预案的科学性和可操作性、应急准备的充分性、应急机制的协调性以及应急人员的应急能力而进行的应急演练。示范性演练具有一定的教学性,是指为参观人员展示应急方法和过程,旨在提升社会公众的突发事件应急能力,帮助社会公众在突发事件中做到临危不惧,有效保护自己的同时帮助他人脱离突发事件的危险环境。研究性演练则是指专业的大型交通枢纽突发事件应急研究人员,为了更好地完善应急预案,解决突发事件应急过程中出现的问题、难题,尝试研究新方法、设计新技术、制作新装备而进行的演练。

大型交通枢纽突发事件应急演练的类型除上述分类外,还可根据实际工作中遇到的困难和问题,结合大型交通枢纽自身的特点,设计大型交通枢纽突发事件应急演练类型。

---

① 姜传胜,邓云峰,贾海江,王晶晶.突发事件应急演练的理论思辨与实践探索[J].中国安全科学学报, 2011,21(06).

明确演练规模与响应级别。一般而言,大型交通枢纽突发事件演练规模与响应级别与突发事件的影响程度成正相关,突发事件应急响应级别越高影响范围越大,演练规模也就越大。突发事件应急演练方案应明确演练规模与响应级别,以确定参加演练的人数和应急物资的数量,以及是否需要上级或外部给予响应或支持等。

2. 参演人员构成及其功能、职责

为了达到演练的目的,在演练行动中,需要各类参演人员,即应急行动人员、进程控制人员、评价人员、模拟人员、观摩人员等等的协调、配合,才能完成预案规定的程序或动作。因此大型交通枢纽突发事件应急演练方案应明确参加演练的人员构成、数量、各自的功能和职责,防止出现人员职责不清、场面混乱的情况。同时,参演人员需要对演练进程和关键动作进行记录,以便于后期对预案文本和演练行动的总结评价。

3. 演练准备与演练过程

演练准备与演练过程是方案中的重点章节,是演练方案的重心,各种类型、规模的演练都应事先做好详细的准备工作。演练准备的流程如图 3 - 5 所示。

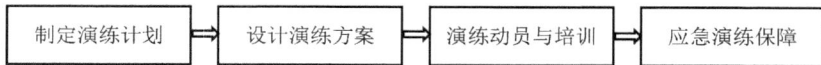

```
制定演练计划  ➡  设计演练方案  ➡  演练动员与培训  ➡  应急演练保障
```

图 3 - 5 大型交通枢纽突发事件应急演练准备流程

(1)制定大型交通枢纽突发事件应急演练计划。主要包括:①明确演练目的、想要解决的问题和预期效果,确定演练时间、地点和演练规模,包括演练方案的审核与复合期限、演练所需物资的采购、准备期限、演练实施的具体时间等。②分析演练需求,包括应急人员需求和应急物资需求。即根据事先构建的大型交通枢纽突发事件情景,确定参加演练的应急人员需具备的技能、可能用到的应急设备以及需要准备的应急物资等。③根据演练目的、规模、时间、地点等,预估演练所需的经费。

(2)设计大型交通枢纽突发事件应急演练方案。应急演练方案需要根据构建的突发事件情景、结合应急演练目标制定。由于涉及具体的应急实施步骤、应急演练结果评估等,应急演练方案还要明确、具体、科学、可操作性强,以便于应急演练活动的顺利进行和对应急演练结果的科学评估。

(3)大型交通枢纽突发事件应急演练动员与培训。在应急演练正式开始前动员社会公众和应急工作中可能涉及的人员积极参与应急演练,并对其进行培训,确保应急演练的高度还原性,以及参加应急演练人员熟练掌握应急演练的规则、程序、注意事项、各自的任务等,保证参演人员的人身安全。

(4)大型交通枢纽突发事件应急演练保障,包括人员保障、物资保障、通信保障。人员保障,一方面,保障参与应急演练的各类人员能够明确自身责任,准时参与应急演练活动;另一方面,保障参加应急演练人员的人身安全,对所构建的突发事件情景的关键部位和环节进行确认,确保应急救援措施万无一失。物资保障,包括确认突发事件应急演练场地的选址合理,确保应急演练经费充足,以及应急演练所需的应急资源,如演练材料、器材、模型设施等的齐全。通信保障,根据演练需要,采用多种通信设施,包括移动互联网通信系统、地理信息通信系统、信息联动系统等,必要时可组建演练专用通信与信息网络,确保演练控制信息的快速传递。

4.大型交通枢纽突发事件应急演练实施

大型交通枢纽突发事件应急演练准备工作做好以后,便可实施应急演练活动。应急演练的实施主要包括启动应急演练、执行应急演练、结束和终止应急演练。应急演练的实施需要按照事先计划的步骤,为了更好地发挥应急演练的作用,在整个应急演练实施的过程中,可以辅之以监控录像、演练进程解说和邀请新闻媒体宣传报道等。

5.大型交通枢纽突发事件应急演练评估和总结

大型交通枢纽突发事件应急演练评估是指在全面分析演练过程和演练结果的基础上,结合参加演练人员的应急能力和在应急演练中的具体表现,对比应急演练的实际结果和预期结果之间的差距以及应急演练目标的实现程度,对整个大型交通枢纽突发事件应急演练工作进行评估总结,并以编写应急演练评估报告的形式,将应急演练结果公之于众。评估的主体既可以是参加应急演练的社会公众或应急工作人员,也可以是大型交通枢纽突发事件应急领导小组的总指挥,或者是应急领域的相关专家等。

6.大型交通枢纽突发事件应急演练成果运用

大型交通枢纽突发事件应急演练的目的在于在突发事件发生之前进行情景模拟,以期在突发事件发生时能够高效、从容应对。因此,应急演练结束后,应当注意总结演练过程的成功经验,并将其传递给社会公众和应急工作人员,对于应急演练中出现的问题,大型交通枢纽突发事件应急演练小组要及时找出原因,并采取适当的措施加以改正。

三、我国大型交通枢纽突发事件应急演练的问题及优化

我国在突发事件应急演练方面的研究开展的相对较晚,而对于大型交通枢纽突发事件应急演练工作的研究更是迟缓,但大型交通枢纽突发事件应急演练是提高大型交通枢纽应对和解决突发事件的能力、降低突发事件造成损失的重要途径。因此,发现现有应急演练中存在的问题,完善我国大型交通枢纽突发事件应急演练体系,对于开展有效的大型交通枢纽突发事件应急演练活动具有重要作用。

(一)关于大型交通枢纽突发事件应急预案的演练频次

2003 年以来,我国各级政府和组织编制了不少突发公共事件应急预案,各大型交通枢纽也积极响应政府号召,相继编制了大型交通枢纽突发事件应急预案,为有效应对大型交通枢纽突发事件做出了较大贡献。但各大型交通枢纽突发事件应急预案存在疏于演练的问题,即使演练也像演电影一样,按照预案编制的"剧本"走走形式。导致这一问题的原因有很多,首先,由于应急预案的内容相对简单,缺乏对大型交通枢纽突发事件发生时的真实模拟,导致应急预案的可操作性较弱;其次,由于很难确定大型交通枢纽突发事件发生时会产生哪些连锁反应,而且,大型交通枢纽突发事件应急演练成本相对较高,包括间接的劳动力成本、时间成本和直接的金钱成本等,为了减少交通枢纽的运营成本,相关负责人会相应地减少应急预案的演练频次;最后,由于大型交通枢纽的治安和管理相对较严格,其他相关配套设施也比较齐全,发生突发事件的概率较小,导致相关负责人缺乏危机意识,对大型交通枢纽突发事件应急演练的重视程度较低。

大型交通枢纽突发事件应急预案的内容应该是具体可操作的、与大型突发事件的匹配度较高的,而不能仅仅是原则性的描述。应急预案的内容应详细,充分设想出可能发生的若干情况,并重视突发事件发生的各种情况的严重程度,尽可能做到面面俱到;其次,关注历年发生过的大型交通枢纽突发事件,探索突发事件发生发展的内在规律,并注重借鉴总结国外大型交通枢纽在突发事件的发生、发展和应对等方面的一系列经验,结合自身的实际情况,尽可能预测突发事件发生时的连锁反应,降低应急演练的成本;最后,注意提高大型交通枢纽相关负责人的危机意识,加强其对大型交通枢纽突发事件应急演练的重视,努力做到防患于未然。

(二)关于参加大型交通枢纽突发事件应急演练的人员范围

一方面,大型交通枢纽突发事件应急演练是对枢纽应急能力的综合性检验,

包括枢纽应急设备是否齐全、应急物资是否充足、应急人员是否专业等。由于在大型交通枢纽突发事件应急管理工作中,应急设备和应急物资等一般是固定的,而应急人员具有主观能动性,会随着突发事件类型和级别的不同而发挥不同的作用,因此,在综合性检验中,更偏重对大型交通枢纽突发事件应急人员应急能力的检验。在大型交通枢纽突发事件中,应急人员的类型是多样的,既包括总体指挥人员,又包括深入突发事件现场的一线人员,还包括后勤保障人员等。另一方面,大型交通枢纽突发事件的受难者主要是社会公众,应该在提高专业人员的应急能力的同时提高社会公众的突发事件应急能力,鼓励社会公众参与突发事件应急演练。但是现有的应急演练的参与者多是大型交通枢纽内部的突发事件应急工作人员,忽视了其他相关应急救援人员和社会公众的参与,弱化了相关救援人员和社会公众的危机意识和应急能力。

　　针对上述问题,借鉴美国、日本、英国等国家的经验,我国应该成立专门的大型交通枢纽突发事件应急演练培训机构和基地,一方面有利于做关于大型交通枢纽突发事件应急管理相关的研究,培训更多相关领域的专家及专业应急救援人员;另一方面,在开展应急演练时便于以机构的名义组织更多的社会公众积极参与到应急演练中,对参与演练的人员进行培训和考察,不但能保证演练目标的实现,而且可以提高社会公众的应急意识,从容应对可能发生的大型交通枢纽突发事件。

　　（三）关于大型交通枢纽突发事件应急演练的技术支持

　　目前我国大型交通枢纽突发事件应急演练所需的科学技术已经发展到较高水平,相关技术也已经得到了较好的推广和应用,但较之于国外应急演练的技术支持,还有明显差距。技术支持是大型交通枢纽突发事件应急演练不可缺少的条件或要素,不但能够确保应急演练过程实现"通信畅通、现场及时、数据完备、指挥到位"[1],科学地进行应急演练的实时分析、后果预测及修改完善,而且还可以大大降低应急演练的成本。

　　目前常用的突发事件应急演练技术有演练过程监测系统、信息联动系统、智能空间辅助决策系统、演练保障系统、评估分析系统等[2],细致的演练过程的监测有助于帮助演练指挥人员更好地指挥整个大型交通枢纽突发事件应急演练过

① 陈国华.我国应急演练现状问题及其发展对策研究[A].中国职业安全健康协会.中国职业安全健康协会 2011 年学术年会论文集[C].中国职业安全健康协会,2011.

② 陈国华.我国应急演练现状问题及其发展对策研究[A].中国职业安全健康协会.中国职业安全健康协会 2011 年学术年会论文集[C].中国职业安全健康协会,2011.

程,而且可以保证参加演练人员的人身安全;信息联动系统的完善升级可以使应急信息在不同的应急部门之间相互传送,更好地促进不同应急部门之间的协调合作;智能空间辅助决策系统可以更好地确定参加应急演练的人员及其他人员在应急演练环境中的具体位置;演练保障系统可以保障整个应急演练过程的顺利进行,而评估分析系统则是对整个应急演练过程及演练结果进行科学的评估,得出应急演练评估的结果。这些技术的更新和完善对于大型交通枢纽突发事件应急演练的成功实施具有不可替代的作用。因此,政府及相关机构和部门应当加大对应急演练技术支持的研发,如人工智能技术、仿真系统、大数据技术的开发和利用等,以提高大型交通枢纽突发事件应急演练的水平。

第四章

大型交通枢纽突发事件监测与预警

早期识别大型交通枢纽突发事件及其隐患,做好大型交通枢纽突发事件监测与预警工作,对整个大型交通枢纽突发事件应急管理具有重要的意义,是应急管理工作全面开展的基础,也是有效应对大型交通枢纽突发事件的一个关键环节。

第一节　大型交通枢纽突发事件监测与预警的基本原理

突发事件在发生之前都存在一定的迹象或征兆,而发现这些迹象或征兆就是引导和帮助人们提前感知突发事件的线索,进而实现从源头上把握突发事件的发展演变轨迹。各大型交通枢纽应该建立完善统一的突发事件监测与预警系统,加强对突发事件发生迹象或征兆的识别和获取,才可以减轻突发事件带来的重大损害,甚至提早将突发事件消灭于萌芽状态,贯彻从源头上治理突发事件的理念。

一、监测与预警的界定

大型交通枢纽突发事件的发生总是使人们猝不及防,并且常常伴随着巨大的破坏和难以估量的损失。近年来,国内外大型交通枢纽先后发生了一系列破坏性极大的突发事件,给各个国家和人民的生活带来了诸多不良影响,人们深刻意识到大型交通枢纽突发事件监测与预警的重要性和紧迫性。

(一)监测

"监测"一词在《新华字典》中的解释是监视检测。我国自 2003 年"非典"发生之后,"监测"一词才开始被广泛应用于突发事件应急管理领域。突发事件监测是对风险或突发事件的一种实时的信息采集与反馈,即通过对孕灾环境的不安全状况进行监测识别、现状分析与评价,分析突发事件的发展演变,利用定性、定量、定时、网络以及定性定量结合等方法确定突发事件的变化趋势和速度,以形成对突发事件的预报。[①] 及时准确的监测是及早发现突发生事件并防止其恶化的重要基础,监测不应该仅仅局限于突发事件发生之前,而应该贯穿整个突发事件应急管理的全过程。但是,监测的首要任务是对突发事件发生之前的各种风险及致灾因子进行监控预测。

大型交通枢纽的突发事件监测系统应该是一个全方位的监测平台,当枢纽发生突发事件时,突发事件监测系统会立即采集与突发事件相关的各类信息,对各种可能引起突发事件的重点危险源及其表象进行实时、持续、动态的监视和测量[②],分析各种潜在的风险源和致灾因子,并识别和分辨出各类风险源、致灾因子的关键要素,判定当前突发事件所处的状态和即将演变的趋势,辅助突发事件应急管理者及时准确地判断,做出有效决策。

(二) 预警

预警,通俗地讲,就是在事件发生之前发出的警告,最早源于军事领域,也就是我国古代的烽火制度[③],即通过一系列可能的方法在战事开始之前刺探敌人排兵布阵的手段,以便于结合自身的兵力、地势等,提前规划应对措施。后来,由于预警的巨大作用,预警的概念和使用范围逐渐扩大,被人们应用到了社会生活及自然生活的方方面面,包括大型交通枢纽突发事件应急管理领域。1997 年,联合国发表《有效预警的指导原则》(Guiding Principles for Effective Early Warning),提出预警的目标是:"赋予受灾害及致灾因子威胁的个人及社区以力量,使其能够有充足的时间、以适当的方式采取行动,减少个人伤害、生命损失、财产或周边脆弱环境受到破坏的可能性。"[④]国内学者将预警定义为将收集的一切警告信息和事先确定的预警阈值,分门别类地进行整理并加以综合分析,通过信息处理系统,及时、准确上报,并且接收决策部门的反馈信息,以便及早采取有

---

① 吴念祖.虹桥综合交通枢纽综合防灾研究[M].上海:上海科学技术出版社,2010:104.
② 姜平.突发事件应急管理[M].北京:国家行政学院出版社,2011:58-59.
③ 烽火制度起源很早,西周时即已存在,一直延续到明清时期,与我国封建社会相伴始终。汉代边塞亭燧上的警戒信号大约有六种,即蓬、表、鼓、烟、苣火、积薪。白天举蓬、表、烟,夜间举苣火,积薪和鼓则昼夜兼用。明代对举烽报警有严格的规定:来百敌人以下的举 1 烽放 1 炮,500 人 2 烽 2 炮,千人以上 3 烽 3 炮,5000 人以上 4 烽 4 炮,万人以上 5 烽 5 炮。长城沿线每隔 10 里就有 1 座烽火台,这样,几千里的防线上,数小时以内就可知道敌情,进而形成了一个完整的警报系统。
④ Philip Hall, "Early Warning System: Reframing the Discussion" [J]. The Australian journal of Emergency Management, Vol.22 NO.2, May 2007, p.33.

效的应急措施,达到及早控制突发事件或防止突发事件扩散的目的。[1] 在大型交通枢纽突发事件应急管理中,预警工作主要是为了在各种风险和致灾因子尚没有转变为突发事件之前,将突发事件的相关预警信息以及可能造成的不利后果报告给相关机构和部门。

监测说明的是根据现有信息推测将要发生什么,而预警则是一种行动建议。因此,预警应该在监测的基础上解释清楚可能发生什么,如何行动才能避免事件影响的最坏结果。[2] 但是,这并不意味着监测与预警是相互独立的,恰恰相反,这两者是一个紧密联系的整体,没有准确的监测评估,就无法做出准确的预警指示,预警来源于对风险和致灾因子恶化演变的准确监测。同时,预警系统的启动也有利于决策者调集主要力量,协助相关的监测人员继续跟踪调查,做好动态监测工作,确保监测结果的准确性。所以,从这一角度看,监测与预警是一个不可分割的统一体。

二、监测与预警的原理

"突发事件的监测与预警是相辅相成、相互统一的关系。一方面,科学的监测是准确预警的前提和基础;另一方面,只有通过有效的预警才能把监测出的结果及时地传递给相关受众。"[3]有效的监测与预警可以在突发事件来临之前及早地预测和发现,并通过信息发布系统及时传递给相关受众,使得机构、部门、组织、社会或个体能够及时有效地开展预防和应对行动。

监测与预警是控制、避免或减少突发事件危害的关键所在,也是实施从源头上治理突发事件的理论保障。[4] 监测与预警能够实现对突发事件的预测和警报,它的具体工作原理如图 4-1 所示。[5]

大型交通枢纽突发事件的发生与否具有高度的不确定性,根据目前掌握的知识,人类还是没有做到完全掌握它的发展规律,更困难的是,某些突发事件甚至似乎无规律可循。但是随着人类认识能力和认识水平的逐步提高,人们在实践中逐步认识到突发事件发生之前往往会有一些危险征兆,可以通过对征兆的

① 阎耀军.超越危机—构建新的社会预警指标体系及其运行平台的设想[J].甘肃社会科学,2005(3).
② David Alexander,Principles of Emergency Planning and Management[J],first published by Terra Publishing,2002,p.142.
③ 王宏伟.突发事件应急管理——预防、处置和恢复重建[M].北京:中央广播电视大学出版社,2009:72.
④ 胡培,赵世文,郑克勤,许玲.突发公共卫生事件监测与预警系统理论概念及应用[J].职业与健康,2004(8).
⑤ 张成福,唐钧,谢一帆.公共危机管理理论与实务[M].北京:中国人民大学出版社,2009:126.

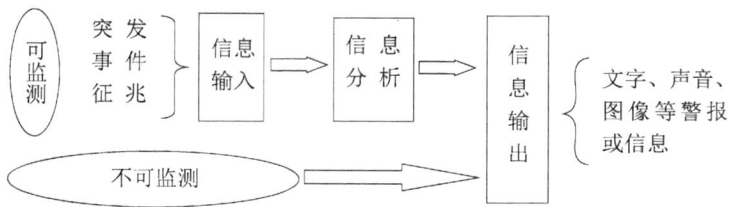

图 4 - 1　突发事件监测与预警的工作原理

监测来判断可能发生的突发事件。

　　从目前的技术来看,首先可以将风险或致灾因子分为可直接监测和不可监测两种,然后采用安全科学、管理科学、现代信息科学技术、计算机技术等知识和技术手段,对潜在的大型交通枢纽突发事件进行监测和预警。对于可监测的风险或致灾因子,可以将部分信息输入事先设计好的系统,并经过系统的加工、分析、转换,而后进入信息输出阶段,得到风险和致灾因子监测结果,判断突发事件发生的可能性大小,然后决定是否需要作出预警决策。而对于那些由于监测技术的局限,或者从其出现征兆到形成突发事件的时间极短,因而无法准确监测的风险和致灾因子,则直接进入信息输出阶段。不过,随着科学技术的发展,各种监测工具和监测手段将不断优化完善,某些原本不可监测的风险和致灾因子也将得以监测,或者可以通过监测某些相关指标,间接得到监测结果。此外,通过借助于各种科学技术来监测预报突发事件的准确性会不断提高。

　　需要注意的是,在对突发事件进行监测的过程中,相关人员要重视从以往应对突发事件的经验中总结出相类似的情形,注意从多角度把握突发事件的属性特征,掌握突发事件发生前的一般性规律。在对风险形势的总体把握方面,除了要重点研究获取的已知信息,更要认可未知信息的存在。只有不断提高对风险和致灾因子的认识能力,承认某些未知因素的存在,才不至于在决策判断时一刀切,妄下定论。

三、大型交通枢纽突发事件监测与预警的功能

　　随着科技的发展进步,通过有效的突发事件监测与预警,可以对未知的突发事件有一个提前的预测估计,以便提前做好应急准备,最大程度地降低突发事件带来的各种人员、财产损失和不良影响。大型交通枢纽突发事件监测与预警的主要功能在于:监测可能存在的各种风险和致灾因子、可能发生的突发事件及其

影响范围、危害程度等等,督促枢纽内的旅客以及相关工作人员及早做好应急准备工作,采取有效措施,最大限度地降低突发事件所导致的损失,同时也为有效地应对突发事件赢得宝贵的时间,节约大量的人力、物力和财力,避免一些不必要的资源浪费,实现"使用少量的钱预防,而不是花大量的钱治疗"[①]的目的。具体来说,监测与预警的功能主要包括以下三个方面:

（一）预见、警示功能

监测与预警系统通过对大型交通枢纽内有关突发事件的一系列风险指标和致灾因子或其他敏感性指标进行监测,及时发现指标的异常变化与特征,事先对突发事件发生的可能性及严重程度进行分析、判断和评估,便于决策指挥部门作出相应的应急对策。[②] 而当监测分析到枢纽内的风险指标突破预先设定的阈值或某些致灾因子有不断恶化演变的趋势时,监测与预警系统就会实现从监测向预警的过渡,此时报警系统就会立即开启,负责向人们发出危险警报,引导人们积极配合应急救援工作的开展。

（二）减缓、化解功能

在大型交通枢纽突发事件的应急管理中,一方面,有效的监测与预警可以抑制风险和突发事件的发生,避免风险演变为重大突发事件;或者在某些难以避免的突发事件中,监测与预警可以延缓突发事件的恶化演变速度,尽力控制突发事件影响范围和危害程度的升级扩大。另一方面,有效的监测与预警可以减轻突发事件造成的人、财、物的损失,减缓突发事件带来的恶劣影响。

（三）教育功能

监测与预警还具有一定的教育功能,可以帮助人们普及一些安全知识和应急知识,培养人们树立忧患意识和风险意识,对潜在的各种风险或突发事件保持警惕,有利于人民群众居安思危,甚至在突发事件发生时也能做到临危不乱。另外,在经历了由突发事件预警带来的身心考验之后,能够让人们进行自我反思,唤起尊重生命,奉献他人的美好情感,培养积极的人生观和生命观,真正起到引导教育民众的目的。

第二节　大型交通枢纽突发事件监测系统

监测与预警是大型交通枢纽突发事件应急管理的第二个重要阶段,同时也

---

① 张成福,唐钧,谢一帆.公共危机管理理论与实务[M].北京:中国人民大学出版社,2009:127.
② 张成福,唐钧,谢一帆.公共危机管理理论与实务[M].北京:中国人民大学出版社,2009:127.

是有效避免或减少突发事件发生、降低突发事件造成损失的重要手段。"未雨绸缪"的大型交通枢纽监测与预警系统旨在"防患于未然"。2007 年,我国颁布的《中华人民共和国突发事件应对法》就明确提出了应对突发事件的必要措施是建立监测和预警系统。通过建立科学有效的监测与预警系统,不断完善监测与预警网络,提高综合监测和预警水平,对大型交通枢纽突发事件的发展及变化过程进行实时跟踪观察,有利于为大型交通枢纽突发事件的预警和应急处置工作提供有效信息,确保对各种风险和致灾因子的早发现、早研判、早预警、早控制和早解决。

科学有效的监测与预警机制是应对突发事件、战胜突发事件的有力武器,所以,在大型交通枢纽这一重要区域应该建立一套完备的突发事件监测与预警系统,包括监测与预警的组织体系,技术支撑以及各具体运行的子系统,形成一个系统全面的突发事件监测与预警网络。

一、突发事件监测与预警系统的组织体系及职责

成立专门的大型交通枢纽突发事件监测与预警组织体系,可以更好地做到对大型交通枢纽突发事件的事前预防与警示工作。突发事件监测与预警系统的组织体系主要是由突发事件应急指挥中心,监测与预警管理部门以及监测与预警执行部门三个部门组成。三个部门之间各司其职同时又相互配合,确保整个监测与预警系统有效运行,协调运转(见图 4-2)。

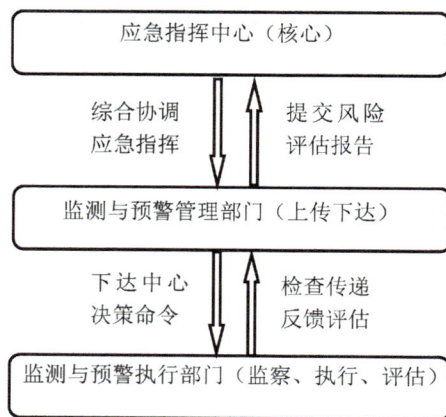

图 4-2 监测与预警系统组织体系构成

（一）突发事件应急指挥中心

监测与预警阶段是紧邻突发事件的前兆性阶段，需要有应急指挥的领导者在非常情境下作出迅速有效的判断和行动。[①] 所以，大型交通枢纽应该设立一个突发事件应急指挥中心，处于整个监测与预警系统组织体系的核心地位，它同时也是开展整个突发事件应急管理工作的核心领导部门。其主要是由市委市政府、交通局、公安局、消防局、气象局等领导，由枢纽突发事件应急管理的权威专家、专业技术人员以及枢纽内各个辖区的主要领导等成员组成，共同承担枢纽应急工作的常态管理、应急值守、综合协调和应急指挥等职责，在发生突发事件时主要承担对大型交通枢纽突发事件监测与预警工作的总领导、总决策者的角色。

大型交通枢纽突发事件应急指挥中心的主要职责是统一领导和指挥突发事件各个环节的应急管理工作，发挥应急指挥的作用。它在监测与预警这一环节中的主要职责是：制定大型交通枢纽突发事件监测与预警管理工作的基本原则及制度，确定具体应急工作岗位的职责和要求；将大型交通枢纽可能面临的各种突发事件进行分类、分级，发布预警信息；负责具体指挥监测与预警管理部门与执行部门，根据他们上报的信息做出具体的处理措施决策；同时制定各种情况下枢纽的风险承受度以及在出现特别紧急的突发事件时监测与预警的处理原则和程序，负责突发事件要情上报政府备案等等。

（二）突发事件监测与预警管理部门

大型交通枢纽突发事件监测与预警管理部门——枢纽应急管理监测与预警办公室，是整个组织结构中的中坚力量，由专门行使城市风险管理职能、交通安全管理和枢纽内相关管理部门负责人等专业人员组成，对应急指挥中心负责。

突发事件监测与预警管理部门的主要职责是：具体负责对大型交通枢纽运行过程中的日常风险及突发事件的预警管理，将监测与预警执行部门收集到的各种风险信息进行分析、预测和评估，并形成风险报告提交给突发事件应急指挥中心，协助应急指挥中心的工作，下达应急指挥中心的决策供执行部门执行。监测与预警管理部门实际上是在应急指挥中心和执行部门中起到一个承上启下的作用。而一旦遇到一些特别紧急的突发状况，预警管理部门也可以授权直接形成突发事件应急处理措施，供监测与预警执行部门执行。

（三）突发事件监测与预警执行部门

突发事件监测与预警执行部门处于整个大型交通枢纽突发事件监测与预警

① 李雪峰.突发事件监测预警的领导原则与策略[J].领导科学,2012(14).

系统组织体系的最末端,受应急指挥中心的统一领导,要对应急指挥中心和监测与预警管理部门负责。执行部门主要是由枢纽信息发布平台工作人员、公安民警、消防员和专门负责枢纽内部的应急管理工作人员等构成。

突发事件监测与预警执行部门的主要职责有三个方面:一是监察并收集大型交通枢纽运行过程中的各种风险和致灾因子,传递到突发事件监测与预警管理部门,在应急指挥中心作出预警信息发布决策之后,借助各种可行方式,具体完成预警信息的传播工作。二是在应急指挥中心做出突发事件处理措施的决策后,执行部门立即按照相关要求执行处理措施,并且将处理效果及时反馈给监测与预警管理部门和应急指挥中心。三是大型交通枢纽内部的应急处置相关工作人员将应急指挥中心提供的突发事件应急处理办法落实到位,在这个过程中,监测与预警执行部门还担任着指导落实、监督和评估的职责。

二、监测与预警系统的技术支撑

突发事件动态监测与预警系统是一个横跨多个学科、集各种科学技术和方法于一体的复杂性、综合性、系统性工程。大型交通枢纽突发事件动态监测与预警系统通过借助先进的信息技术,可以增强系统的应对能力,保持系统信息畅通,有效监控事态的恶化蔓延,减少各种损失,保持整个交通枢纽稳定运行。随着科学技术的日新月异,由遥感技术、地理信息系统、全球定位系统、信息系统和数据采集系统组成5S技术逐渐被运用于对突发事件的监测与预警工作,并且随着技术的不断完善日渐发挥着强大的作用,为监测与预警系统提供强有力的技术支撑。

(一)遥感技术

不同物体的电磁波特性是不同的,遥感就是探测地表物体对电磁波的反射和其发射的电磁波,从而提取这些物体的信息,完成远距离识别物体和环境监测的功能。[①] 遥感技术(Remote Sensing,简称RS)的应用能够在某些风险或致灾因子演变成突发事件之前提供准确的警报,发挥监测与预警系统的预防功能。

采用遥感技术,可以事先对遥感图像反映的大型交通枢纽所处地带的地形、地貌、地质构造、水系、地表覆盖等水文地质要素进行分析,也可以对枢纽所在地天气、气象实时进行监测,有助于监测部门分析和了解可能存在的自然灾害隐患,以便提早发布信息,引起人们的预防和重视。遥感技术在自然灾害的监测中

---

① 郑拴宁,李朝奎,李佳玲.现代遥感技术在地震灾害中的应用[J].地理空间信息,2009(2).

占据着举足轻重的地位,现在已经逐步被应用于对大型交通枢纽突发事件的监测与预警。而且,随着多光谱、热红外、微波等新技术、新方法的发展和日益完善,遥感技术在大型交通枢纽突发事件监测与预警中将发挥出越来越大的作用。

值得一提的是,遥感技术在火灾监测中也发挥着重要作用,大型交通枢纽的防火灭火工作也同样适用。由于大型交通枢纽占地面积较大且内部结构错综复杂,一旦发生火灾,很难准确找出着火源和着火原因。利用遥感技术,将发生火灾的大型交通枢纽的相关信息传送给枢纽应急指挥中心,指挥人员按照接收信息的具体内容准确找到着火源,根据引起火灾的具体原因下达正确的灭火指令。通过卫星遥感系统进行全方位的相关数据的收集统计,可以为火灾的监测工作提供精准、可靠的技术支持,上述困难也能够迎刃而解。

(二)地理信息系统

地理信息系统(Geographical information System,简称为GIS),它是一个集地理学、信息学、数学、计算机科学、测绘学等为一体的综合技术和系统,简而言之,它是一个处理地理信息的系统,以计算机技术为支撑,对空间数据进行储存、处理、传输、分析。[①] 地理信息系统在大型交通枢纽突发事件应急管理中可以用于掌握"灾害预报""脆弱性分析""损失评估""人力资源""资源储备""基础设施""大众关爱或避难场所状况"等。[②] 目前在群体性中毒、传染病疫情以及交通运输这三个领域已经成为地理信息系统技术广泛应用的重要领域,地理信息系统在这些领域的使用为突发事件处理、监测网络运作等方面提供了直观准确的图像表达,完善的分析模型为突发事件应急管理者的决策有了详细的理论依据。

地理信息系统在传染病疫情和群体性中毒研究领域中的应用方向包括:人群疾病的时空分布规律、疾病成因分析、疾病的预防控制,即指在认识人群疾病发生的时空规律或者确定疾病发生的危险因素后,通过风险人群的回避、疫苗的接种、患者隔离、医疗资源有效配给等手段进行疾病的防御。[③] 所以,在大型交通枢纽发生传染病疫情和群体性中毒的情况下,可以利用地理信息技术对它进行监测与预警,监测枢纽内可能存在的传染病疫情和群体性中毒的发展演变情况,以便及早做出警示。

此外,地理信息系统也被广泛应用在交通运输领域。例如,计算机通过地理

① 姜涛,曹水,席开梦.地理信息系统概念、技术和发展[J].网友世界·云教育,2014(2).
② 姜平.突发事件应急管理[M].北京:国家行政学院出版社,2011:150.
③ 刘伟,刘卫东.地理信息系统在公共卫生研究及管理中的应用[J].中国公共卫生管理,2006(1).

信息系统软件可以把火车、地铁的实时位置显示在电子地图上,并按设计要求发出相邻列车间近距离警告[①],提醒列车司机调整控制车速,从而能够有效预防列车追尾或列车相撞事故的发生。可见,地理信息系统为大型交通枢纽突发事件的监测与预警提供了强大的技术支撑,在面对许多突发事件的监测工作时,都能够提供有力的帮助。

(三)全球定位系统

全球定位系统(Global Positioning System,简称 GPS)是美国军队 20 世纪 70 年代初在"子午仪卫星导航定位"技术上发展的具有全球性、全能性(陆地、海洋、航空与航天)、全天候性优势的导航定位、定时、测速系统。[②] 目前,全球定位系统已经被广泛应用于生产和生活的各个领域,在交通运输行业的应用更是星罗棋布,如车辆监控、船舶导航、物流管理等。

随着我国轨道交通及航空运输行业的高速发展,交通安全的监测预警与保障问题也越来越被重视,对先进技术的诉求也越来越高。全球定位系统以其独特的位置锁定优势,在大型交通枢纽突发事件的应急工作中发挥着重要的作用。如,大型交通枢纽指挥中心通过 GPS 可以对所有区间列车一目了然,可以了解测算出车与车之间的距离,发挥监测的作用,可随时向列车长发出调度指令或报警信号,这样就实现了机车语音通信与 GPS 报警双保险功能,能够有效避免列车追尾、相撞等惨剧的发生。

(四)信息系统

信息系统(Information System 简称 IS)是人类在生产活动中进行信息交流的过程中产生的,是 5S 技术中应用得最广泛的技术。信息系统是由计算机硬件、网络和通信设备、计算机软件、信息资源、信息用户和规章制度组成的以处理信息流为目的的人机一体化系统,以便及时、准确地收集、整理、加工、存储、传输数据,进而为行动提供决策信息。[③]

随着人类改造自然和社会的脚步不断加快,社会日益处于一个既复杂又脆弱的人工系统中。作为城市心脏的大型交通枢纽日渐形成并完善,但是大量人口借助于各种交通工具向城市聚集,人口和交通运输工具数量的增加导致交通枢纽运营繁忙,交通枢纽的危险因素增多,发生突发事件的概率增大,尤其是大型交通枢纽,一旦发生突发事件,可能对整个大型交通枢纽乃至整个城市的交通

---

① 邵汉军,汪登峰.全球卫星定位系统(GPS)在铁路铺轨运输中的应用[J].中国西部科技,2003(4).

② 于海明,庄圣贤.全球定位系统(GPS)在铁路中的应用[J].中国铁路,2005(7).

③ 许成刚.大学信息技术基础[M].北京:中国水利水电出版社,2010:284.

运输产生极大的影响和挑战。而在计算机技术和通信技术高速发展的时代背景下,信息系统在突发事件应急管理领域应用的最为广泛,在整个突发事件应急管理监测与预警中提供着最主要的技术支持。从某种程度上来看,信息系统的好坏直接关系到突发事件的发现与解决。构建一个全面科学的大型交通枢纽突发事件应急信息系统,能够提供整个大型交通枢纽完整的布局信息,及时发现某些风险源、致灾因子的入侵,方便应急管理者对枢纽内的各种威胁安全的动态信息进行全方位的、实时的观察监测,及时发布有效的预警信息,增加应急管理者对突发事件的反应时间,提升应急管理者控制突发事件的能力。

（五）数据采集系统

数据采集系统(Data Acquisition System,简称 DAS)起始于 20 世纪 50 年代,1956 年美国首先研究了用在军事上的测试系统,目标是测试中不依靠相关的测试文件,由非熟练人员进行操作,并且测试任务是由测试设备高速自动控制完成的。由于该种数据采集测试系统具有高速性和一定的灵活性,可以满足众多传统方法不能完成的数据采集和测试任务,因而得到了初步的认可[1]。

数据采集系统的关键工具——数据采集器,是一种具有现场记录、分析功能的设备或现场记录、离线分析机器设备等状态数据功能的便携式分析仪器。它能够把安装在机器设备上的传感器所测得的信号进行信号输入,配合使用各种测量分析技术以及多样化的显示格式,从而组成一个监测系统,主要应用于对机器设备进行定期巡回状态监测和故障诊断等方面。数据采集器能和计算机一起组成一个独立的监测诊断系统,这是机器设备的计算机辅助诊断手段之一[2]。通过数据采集系统,相关专家能够迅速监测查询出交通运输设备存在的故障,避免操作人员在不知情的情况下盲目操作运输设备而造成一些事故灾难。

三、突发事件监测与预警系统设计

突发事件发生之前一般会有不同程度的前兆性风险信息,通过监测与预警系统的设计实施和应用,监测与预警系统可以在突发事件发生之前监测出某些与风险相关的信息,并做出预警警报。突发事件监测与预警系统主要是由信息采集、加工、存储子系统,预测子系统,预警决策子系统和突发事件警报子系统四个子系统组成[3](见图 4 - 3)。

① 王琳,商周,王学伟.数据采集系统的发展与应用[J].电测与仪表,2004(8).
② 王琳,商周,王学伟.数据采集系统的发展与应用[J].电测与仪表,2004(8).
③ 寇莉平.应对危机——突发事件与应急管理[M].北京:中国人民公安大学出版社,2013:53.

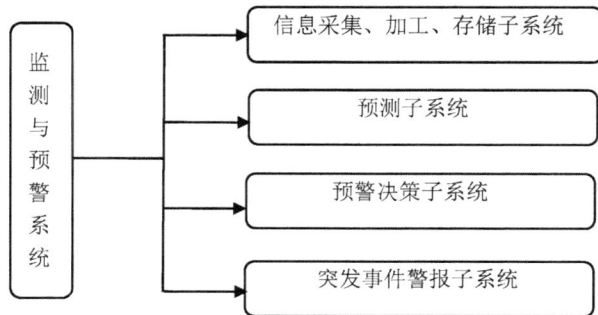

图 4 - 3   监测与预警的系统组成

（一）信息采集、加工、存储子系统

信息的时效性、准确性和全面性是建设大型交通枢纽突发事件监测与预警系统的关键因素之一，进行准确有效的信息采集、加工、储存，并将有效的信息加以传递、利用和反馈，及时获取具备决策价值的信息，从而对引发各种风险的致灾因子进行防范、控制和疏导，对于应急管理者处置大型交通枢纽突发事件具有重要作用。

信息采集子系统主要是对有关突发事件的风险源、致灾因子和突发事件的某些征兆等信息进行收集。大型交通枢纽信息采集子系统应收集以下信息：首先，收集与预警对象相关的信息，确保第一时间发现预警对象的不正常行为或出现的异常现象；其次，收集与预警对象相关的突发事件信息，帮助大型交通枢纽准确判断预警对象可能引发的突发事件类型及影响程度；最后，收集重点预警对象的信息，通过上述两方面信息的收集，筛选出大型交通枢纽突发事件的重点预警对象。采集的信息不仅来源于对某一个大型交通枢纽突发事件的直接监测，还应该重视来自其他城市或国家的大型交通枢纽突发事件的相关信息，只有拓宽信息的来源渠道，才能采集较全面、完整的大型交通枢纽突发事件相关信息。

信息加工子系统的主要工作是通过一系列现代化信息处理技术及手段，对信息采集子系统采集的信息进行筛选、分析、整理、研究，进而得出某一重点预警对象导致大型交通枢纽突发事件发生的概率及潜在的危害，以便大型交通枢纽应急中心尽可能早的做好预防措施及解决办法。值得注意的是，在信息收集渠道多元化的背景下，还需要信息加工领域专业技术人员的指导作用，结合大型交通枢纽突发事件监测与预警系统信息的特有属性，及时筛选出有价值的信息，并对信息进行整理加工,研究大型交通枢纽突发事件发生的根本原因,从而进行有效预测,得出正确的解决思路。

信息收集子系统收集的大量有关大型交通枢纽突发事件的观测数据,以及信息加工系统加工的所有信息都需要较好的存储,以便为大型交通枢纽突发事件应急管理中心及其他相关领域突发事件的预防和研究提供便利。因此,信息存储就变得异常必要。信息存储是收集和加工的与大型交通枢纽突发事件相关的重要信息持续存在的一种方式。信息存储子系统主要是将信息采集子系统观测到的原始数据域,经信息加工子系统整理、加工,将加工后的数据信息有效地保存起来以供当前和将来利用。

（二）预测子系统

预测子系统是利用各种方法对信息采集、加工、存储子系统提供的各种有效数据进行分析,对与风险和致灾因子有关历史数据与现实数据进行对比,然后采用合理的预测方法,如定性分析法、定量分析法、定性定量综合分析法、网络分析法和定时分析法等,建立相应的数理模型,以预测在特定情况下大型交通枢纽突发事件爆发的概率、爆发的等级及危害程度,预测突发事件的演变、发展和趋势等,尤其还要重视对预测到的结果进行评估,避免出现严重的误差引起不必要的麻烦,从而为预警指挥决策提供科学的依据。

（三）预警决策子系统

预警决策子系统要根据信息加工子系统及预测子系统输出的结果,判断某些突发事件的监测指标是否达到阈值以及可能突破阈值的时间,并将结果报告给应急指挥中心。决策子系统的主要任务是辅助应急指挥中心做出是否发出危险警报和发出警报级别的决策,以及警报信息的发布对象、发布时间、发布范围和发布的具体方式等,并将决策结果反馈给预警系统,通过突发事件警报子系统发出总体指令,具体执行,并立即将指令下达给突发事件警报子系统。

（四）突发事件警报子系统

突发事件警报子系统的工作是根据事先设定的指标或阈值,判定某一预警对象的相关数据或指标是否临近或突破了大型交通枢纽突发事件的警戒线,一旦发现此类现象,则即刻根据突发事件可能造成的不良后果,以恰当的方式发出相应等级的预警警报。同时,对于发生概率不高、但是具有较大危险性的大型交通枢纽突发事件,突发事件警报子系统要定期向枢纽内的特定受众发出预报,提醒枢纽内特定受众注意,并尽早采取防范措施;对那些发生概率较高、危害程度较大的突发事件,则需要立即进行警报,并尽快告知枢纽内的旅客、相关部门工作人员及其他潜在受众,准备需要采取的一系列应对措施,获得群众的配合,便于应急工作的顺利开展。

四、突发事件监测指标的设计

对大型交通枢纽突发事件进行有效监测的前提是设定监测指标。设定监测指标是监测与预警系统实现有效运行的一个不可缺少的环节,也是发现某些风险和致灾因子突破临界值向突发事件演变的关键环节。

(一)监测指标的阈值

对监测指标设定阈值是构建监测与预警系统的基础性工作。事实上,不是所有的风险、致灾因子都能够造成突发事件,只有当风险、致灾因子在突破一定临界值之后才有可能演变成突发事件。对于可直接监测的突发事件则通过相关监测系统进行监测,而对于不能获得直观监测指标的突发事件,则可以通过分析突发事件发生的根源,获得与突发事件相关的间接指标。

根据现有的技术,可以先对大型交通枢纽监测与预警系统内所属的各种具体的有针对性的监测指标或相关数据,在经过专家的有效测算之后,采用定性、定量、综合等方法进行分析,设定安全阈值,如地震、火灾、水灾等突发事件都是可以通过具体的指标和数据测算其阈值,然后对各种风险、致灾因子进行实时监测,当监测指标超过阈值时,就立即对监测指标的准确性进行评估,并迅速启动警报子系统。

对于那些不是通过监测直观地获得相关的数据信息,而是由于长期存在的尖锐的社会矛盾造成的突发事件,例如恐怖袭击,它的发生往往是由深刻的社会矛盾、民族矛盾演化而来,也或许是由于社会贫富悬殊、不公平现象严重、种族歧视等问题造成的,应急管理者可以通过设定基尼系数、恩格尔系数、CPI指数变动的正常范围,然后对这些与社会矛盾信号相关的指数进行实时的调查监测,从而达到监测风险和致灾因子的演化发展可能性和变化性的目的。

除此之外,针对像踩踏事故、传染病疫情、群体性中毒等突发事件的监测技术尚不完善,也没有经过准确测算评估的突发事件的指标阈值,应急管理者可以采用某些相关联的指标,比如考虑这些事件都是以人为主导的特点,根据人的活动情况,在大型交通枢纽各个出入口和一些重要地点安装监控设备,同时也要在各个出入口安装安检设备,并在某些重要或关键的地方安装毒气体探测器、报警器等仪器,以实现对某些重点旅客和可疑分子及其活动进行全方面的监测和检查,必要时可以派相关工作人员进行跟踪调查。而且,采用视频智能分析技术可以实现人群非正常聚集、非法入侵、人包分离等异常行为监测[①]，大大提升大型交通枢纽突发事件监测与预警的水平。此外，通过上述这些设备仪器，应急管理者也能够达到对监测技术尚不完善的突发事件的各种风险和致灾因子进行实时监测的目的。

（二）监测指标的核准

监测指标核准是大型交通枢纽突发事件应急管理的前哨，有时甚至决定着突发事件应急管理成功与否。对于监测指标的核准，主要是由相关专家学者负责完成，对所监测到的各项指标的合理性、准确性进行分析，从而判定所监测到的各项指标是否突破了一早设定的阈值，进而判断各种风险和致灾因子是否即将或已经演变成为突发事件这一情况。

之所以要对监测指标进行核准是因为系统监测到的风险指标有时候会因为时间地点的不同而不同。而且，事先设定的监测阈值并不一定就毫无偏差错误，所以为了谨慎处置突发事件，对监测指标进行调整是一个不可缺少的环节。核准的主要目的就是为了能够确保监测到的信息准确无误，保证大型交通枢纽应急指挥中心能够根据真实有效的数据信息做出正确的决策。同时也可以考察监测与预警系统是否能够真正起到监测的目的，防止出现系统失灵的情况。此外，核准还有利于随时根据外界环境的变化调整监测指标的阈值，确保阈值的相对准确性。

第三节　大型交通枢纽突发事件预警系统

监测指标的科学设定、监测与预警系统的组织体系以及各子系统的有效构建和现代科学技术的高度发展使得大型交通枢纽突发事件监测与预警系统能够实现协调有序的运行。大型交通枢纽突发事件预警系统主要包括对突发事件的风险评估、各类大型交通枢纽突发事件监测与预警工作的开展和预警信息的传递三个部分。在突发事件预警系统有效运行的过程中，各个环节需要紧密配合，协调运转，才能保证整个监测与预警系统的有效性，最终达到维护大型交通枢纽的安全稳定、减少突发事件的发生及不良影响的目的。

一、对突发事件的风险评估

在开展监测与预警工作之前，首先必须对大型交通枢纽突发事件进行科学

---

① 宁利君.人员密集场所人群聚集风险监测与预警系统研究[J].安全,2013(11).

的风险评估。大型交通枢纽突发事件的危险要素及大型交通枢纽的脆弱性共同决定大型交通枢纽突发事件的风险,其中,危险要素是指可能对大型交通枢纽造成损失或者阻碍大型交通枢纽正常运行的突发事件;脆弱性是衡量大型交通枢纽本身以及相关人员在危险要素产生作用的条件下是否会遭受危害的指标。在现实中,突发事件的监测与预警相关部门可以通过先进的监测技术,对各种危险要素以及相关信息进行持续动态的跟踪调查,采用信息收集子系统不断地获取数据,采用信息加工子系统不断地处理数据,为风险评估奠定坚实的基础。

在大型交通枢纽突发事件的风险评估的过程中,同样可以参照对一般突发事件的风险评估办法,如可以借鉴石化企业的 HVC(Hazards、Vulnerability、Capacity)评估法,将可能导致突发事件的危险要素、枢纽的脆弱性和枢纽的承受能力综合起来加以考察的方法(见表 4 - 1)[①]。具体做法是:首先,对可能导致大型交通枢纽突发事件的风险要素评估和大型交通枢纽脆弱性进行评估并得出风险矩阵,根据风险矩阵,判断大型交通枢纽突发事件风险的总体水平;其次,进行大型交通枢纽承受能力评估,将突发事件风险的总体水平与大型交通枢纽的承受能力进行比较。

表 4 - 1　突发事件风险 HVC 评估内容表

项　目	评 估 内 容
危险要素	类型、征兆、频度(可能性)及持续时间等
脆弱性	影响程度、枢纽的具体位置、人的防范能力、发生原因、公众意识等
承受能力	可利用的资源、响应能力等

对于突发事件风险的危险要素与脆弱性评估,其重点内容包括两个方面:一是对可能性进行评估,见表 4 - 2;二是对风险的严重程度进行评估,见表 4 - 3。

表 4 - 2　突发事件风险的可能性评估

可能性	分值	描　　述
几乎确定	5	发生概率几乎为100%,一年或几年发生一次
很可能	4	发生概率为75%以上,近年来经常发生,频率较高

---

① 殷达华.石化企业基于 HVC 的应急管理风险评估研究[J].安全、健康和环境,2012,12(09).

（续表）

可能性	分值	描 述
可能	3	发生概率为40%～74%,在1～2年内发生,偶尔会遇到
不确定	2	发生概率为10%～39%,今年未发生,但5年以后有可能发生
可能性小	1	发生概率小于10%,几乎不会发生,或者在极端条件下才可能发生

表4-3 突发事件风险的严重程度

严重程度	分值	描 述
特别重大	5	枢纽运行完全中断
重大	4	枢纽运行受到严重影响,可能会使枢纽运行中断
较大	3	枢纽受到较为严重的影响,但不会造成枢纽运行中断
一般	2	枢纽运行的效率受到一定的影响,但不会对枢纽运行造成威胁
较小	1	枢纽运行受到的影响可以忽略不计,风险可以用常规手段排除

在此基础上,可以参考以下风险矩阵表来判断突发事件风险的总体水平,见表4-4。

表4-4 突发事件风险矩阵

幅度	可能性分值	可能性小	不确定	可能	很可能	几乎确定
		1	2	3	4	5
特别重大	5	5(低)	10(中)	15(高)	20(高)	25(高)
重大	4	4(低)	8(中)	12(高)	16(高)	20(高)
较大	3	3(低)	6(中)	9(中)	12(高)	15(高)
一般	2	2(低)	4(低)	6(中)	8(中)	10(高)
较小	1	1(低)	2(低)	3(低)	4(中)	5(高)

大型交通枢纽突发事件的风险同样可以划分成三个等级:①可接受风险(acceptable risk),即该风险基本不会对大型交通枢纽造成威胁,但需要监测与预警系统持续监测,防止其演变为较大程度的风险;②可容忍风险(tolerable risk),即大型交通枢纽会受到一定程度的损坏,但可以依靠枢纽内相关人员或

设备加以消减;③不可容忍风险(intolerable risk),即大型交通枢纽会受到严重影响,需要立即采取方法措施紧急处置。

最后,参考社会对突发事件风险的承受能力对大型交通枢纽突发事件风险的承受能力进行评估,并将评估的结果与突发事件风险水平进行比较。[①] 突发事件风险的承受能力评估是一个值得深入探讨的问题,可以从以下指标进行初步考查(见表4-5)。

表4-5　突发事件风险承受能力指标

项　目	主要指标
控制能力	可以调度的人力、物力、医疗资源,枢纽的恢复能力等
制度能力	枢纽可采取的预防措施,响应计划,有关的组织机构建设,应急联动情况等
技术能力	现有的技术水平,信息共享情况,设备的配置等
公众能力	风险意识,承受心理,基本技能,人口密度等

二、预警信息的传递

预警信息的传递,简单地说,就是指信息发布主体将与突发事件相关的信息以及应采取的措施传播给相关受众的行为。预警信息的传递有利于及时疏散大型交通枢纽内的社会公众,使得大型交通枢纽以最快的速度采取应对突发事件的措施,并尽早转移重要财产。大型交通枢纽突发事件应急管理指挥中心要建立健全突发事件预警信息传递机制,充分利用各类传播方式,准确、及时地向广大受众发布灾害预警预报信息。

预警信息的传递机制主要包括以下几个部分:

(一)传递主体

对于大型交通枢纽而言,突发事件的预警信息传递的主体,即预警信息发布主体,主要是由枢纽的应急指挥中心、监测与预警管理部门和执行部门三者构成。由应急指挥中心作出预警信息发布决策,然后交由监测与预警管理部门和执行部门借助各种有效手段及时向广大受众传递预警信息。

(二)传递内容

预警信息的传递内容主要包括突发事件的种类及可能产生的其他灾害性的

---

① 姜平.突发事件应急管理[M].北京:国家行政学院出版社,2011:60-63.

连锁反应、突发事件的级别范围、突发事件可能开始的时间、可能影响的范围、需要警示的事项、应采取的措施和发布机关等。[①] 需要注意的是，预警信息的内容必须简洁明了、通俗易懂，确保专业突发事件应急处置人员和普通社会公众都可以理解，并清楚表述突发事件可能带来的灾害和威胁，提出针对性强、可操作的、科学的应急措施和建议，使得社会公众可以跟随预警信息的提示在应急救援队伍到达之前采取适当的自助互助应急措施。具体而言，突发事件预警信息的有效传递，必须遵循以下几个主要原则[②]：

1. 可信性原则

警报的内容必须容易取信于人。为了增强警报内容的可信程度，警报发布的部门必须具有权威性。同时，采用多种渠道发布警报时必须注意各渠道之间相互的一致性和连贯性，相互冲突、矛盾的警报往往会遭受人们的质疑。此外，警报的语言必须合乎逻辑，内容必须合情合理。

2. 及时性原则

在突发事件发生之前识别存在的各种威胁，并通过发出警报或其他途径及时将预警信息传递给相关机构和部门，敦促应急管理中心相关工作人员采取预防和应对可能发生的突发事件的措施，指导枢纽内的公众准备采取相应的行动，尽量避免大型交通枢纽突发事件的发生发展或最大限度地减少突发事件造成的损失和影响。监测与预警机制如果不能及时发现潜在风险并传递相关的警情，也就不能为提前采取响应措施赢得宝贵的时间，其存在也就失去了意义和价值。

3. 重复性原则

通常，枢纽内的旅客和相关工作人员只有在反复接收到警报信息之后，才能够相信报警信息的真实性和突发事件严重性，从而引起高度重视，然后迅速按照警报信息采取响应行动，尽最大可能减少人员伤亡和财产损失。

4. 易懂性原则

预警信息的受众只有清楚理解信息的内容，才会接受信息，配合应急管理工作的开展。因此，警报信息必须采用通俗易懂的语言、文字或图片。如果警报信息不遵循易懂性原则，其作用会大打折扣，达不到预想的目标。因此，预警信息的传播需要以受众为导向。比如，可以采用中文、英文、法文、韩文等多种语言文字，满足枢纽内不同国籍公众的需要。

---

① 申稳稳，李华，俞书伟.突发事件应对的动态监测与预警系统[J].山东经济，2008(5).
② 王宏伟.公共危机管理[M].北京：中国人民大学出版社，2011：122-123.

（三）传递手段

预警信息的传递手段是多种多样的，主要包括文字手段、声音手段和图像手段等，其中包括了传统手段和依托科学技术发展的现代化手段，它们各自的具体方式以及优缺点具体表现为以下内容[①]（见表4-6）。

表4-6　预警信息的传递手段及各自的方法、优缺点

手段	方法	优点	缺点
文字手段	显示屏幕、短信、微博、网站	说明性强；用户数量；受众精确，信息抵达率高；移动性强；传播速度快，效率高	文字表现形式单一，立体感不强，篇幅易受限制，难以进行全面宣传和深度报道
声音手段	奔走相告、高音喇叭、电话、广播以及各种报警器	能刺激人的听觉器官，便于预警宣传；受众极广，群众性强，对文化程度没有要求	声音转瞬即逝，在听众没有心理准备的情况下，必须反复播放；且极易受到信号中断或设备故障的影响
图像手段	信息屏幕、电视、网络视频	集字、声、像、色于一体，既有视觉效果，又有听觉功能，具备直观形象性和动感性，富有极强的冲击力和感染力；覆盖面广，枢纽内人员的接触率高	受收视环境的影响较大，器材质量、信号接收等都会影响预警效果

对于预警信息的传递手段而言，虽然每一种手段都存在自身的不足，但是预警信息的传递者不能因为某一方面的缺点，而忽视它的作用；也不能仅仅依靠一种手段单独地发挥作用，应急管理者必须综合运用各种手段，以期在有限的时间内把相关的预警信息尽可能传递给多数人员，保证信息的覆盖面尽可能大，从而扩大群众的知情权，实现预警信息传递的核心目标。

（四）传递对象

预警信息的传递对象不应该仅针对枢纽内的旅客和相关工作人员，也要重视信息的对外传递，考虑其他的受众，具体包括其他潜在受灾群众、新闻媒体、政府机关等，充分体现坚持以人为本、居安思危的思想，建立健全突发事件监测与预警系统，从总体上增强人们对大型交通枢纽突发事件的防灾减灾能力，维持社

[①] 张成福，唐钧，谢一帆.公共危机管理理论与实务[M].北京：中国人民大学出版社，2009：143-144.

会的安定和谐。

预警信息首先要保证被枢纽内的旅客和相关工作人员知晓,他们可能是突发事件的主要受害者或防范者。将预警信息传递给他们,便于他们立即做出应急反应,采取保护性措施,降低危害程度。

而且,如果预警信息仅仅在大型交通枢纽这个范围内传递,那么就无法控制某些不知情的潜在受灾群众进入枢纽地区,这无疑增加了受灾群众的数量,也加大了应急处理的难度,所以预警信息一定要对外传递,告知那些不知情的潜在受灾群众,避免出现疏漏,导致顾此失彼、因小失大的情况发生。每一个社会公众都有可能成为潜在的受灾群众,相当一部分人缺乏对突发事件的了解和基本的防灾避险知识。加强对预警信息的传播,有利于提高广大群众在发生突发事件时的自救和施救能力,减少人员伤亡。

新闻媒体在信息传播中发挥着重要作用,往往是信息迅速广泛传递的中坚力量。近些年来,很多突发事件都是由于新闻媒体的介入并广泛报道,才引起社会公众和政府机关的高度重视,从而使得突发事件得到妥善处理。借助于现代新闻传媒,预警信息能够在短时间内扩大其传播范围,也能够提高预警信息的传播速度,增加社会公众的知情度,所以,新闻媒体既是群众获取信息的渠道,也是大型交通枢纽应急管理信息发布主体发布预警信息、影响群众的重要渠道。但是,某些新闻媒体也会存在捏造事实,虚报或隐瞒事实真相,发布虚假新闻的现象,这就需要对它们发布的信息事先进行有效监督与核实。而且,新闻媒体在发布大型交通枢纽突发事件预警信息时,切忌"有闻必报",必须综合考虑到法律法规、人们的心理承受能力、社会的和谐稳定等方面的因素,以体现以人为本,彰显人本关怀为主。[①]

预警信息还必须要上报给政府机关,由政府机关备案,并由政府这一最具权威的机关统一向社会公众报告突发事件的原始预警信息和各种相关的应对举措。而且,必要时候需要由政府机关统一领导,集中管理,调集急需的各种人力、物力、财力,集中应对可能发生的突发事件。此外,针对预警信息的传播,政府还必须制定相关的法律法规,禁止信息传播主体借助于传播媒介故意发布虚假信息或故意夸大或缩小突发事件真相的预警信息,趁机混淆公众视听。

三、各类突发事件监测与预警工作的实施

借助于以现代 5S 技术为主要手段的信息采集子系统,可以实现对枢纽内与

---

① 朱华桂,曾向东.监测预警体系建设与突发事件应急管理——以江苏为例[J].江苏社会科学,2007(3).

各种风险和致灾因子相关的数据、信息进行全面的收集整合,交由信息加工子系统对这些数据信息进行筛选、甄别和加工,得出风险和致灾因子的特征属性,由预测子系统进一步完成判断这些风险和致灾因子可能演化成为何种突发事件的任务,做出应急管理决策的同时发布预警信息,根据突发事件的种类,分别开展监测与预警工作。

(一)由自然因素引起的突发事件的监测与预警

大型交通枢纽突发事件中地震、火灾(无论是自然或人为)和水灾的监测与预警工作,可以根据大型交通枢纽内配备的某些专门的监测设备,以及事先设定的具有针对性的监测指标的阈值,将某些隐患以数据信息的形式监测到。

1. 火灾

针对火灾这类事件,大型交通枢纽的信息收集子系统根据专门的监测设备反馈的信息,例如通过某些烟雾报警器、火灾报警器、温度报警器等工具,在火灾发生并且各项指标突破阈值时,这些报警器会迅速拉响警报,将火灾信息直接报送给预测子系统、相关专家和预警决策子系统,然后由应急指挥中心根据各系统反馈的信息统一做出应急指挥决策。

2. 地震

针对地震这一突发事件,可以采用传统方法和现代技术手段相结合的方法,既要记录太阳黑子的活动周期,还要监测某些动物的异常活动,也要重视对地震磁场、地下水体等方面的监测,若有明显的地震征兆,并且有突破阈值的趋势,则要迅速上报应急指挥中心,向群众发布预警信息,立即启动地震灾害应急预案。

3. 水灾

而对于水灾这一突发事件,事先设立防水防汛治理系统。由信息搜集子系统在暴雨发生时,重点对枢纽地段的雨量、水位、变形缝的变形情况以及潜水泵工作时的运行指标等进行实时的收集,再将收集到的各种有效指标进行加工、计算和分析,在水灾可能发生并且各项指标突破阈值时,将潜在的水灾隐患信息直接报送给预测子系统、相关专家和预警决策子系统,然后由应急指挥中心启动防水防汛系统,争取在短时间内将积水排除,消除潜在的水灾隐患。

(二)由人为因素引起的突发事件的监测与预警

相对于自然灾害造成的突发事件,人为灾害引发的突发事件更加种类繁多,其监测指标也更加复杂多变,这无疑对监测与预警工作的实施开展更具挑战性。

1. 交通安全事故和设备事故

在交通安全事故和设备事故这两类突发事件中,通过重点监控区域内的监测设备和定期的设备检测工具,采集区域内的交通流量、车速、路况、交通管制情况、紧急交通事件以及运输设备本身零部件的好坏状况等信息,相关人员根据监测数据或人工报送数据,并结合地理信息系统的显示和标绘功能,对监测信息进行分析识别,由信息加工子系统对数据信息进行处理,再由预测子系统进行预测、分析和评估,及时掌控监控区域内的动态情况以及运输设备的好坏情况[①]。如果发现重点监测的运输工具出现异常情况,则应该迅速上报信息加工子系统或应急指挥中心,必要时发布预警信息,从而完成整个监测与预警工作。

2. 建筑安全事故

在建筑安全事故的监测中,可以由相关的建筑专家和配备的相关监测工具定期对建筑本身的质量、承载力、抗灾性等因素进行监测,避免由于这些因素造成建筑垮塌事故的发生。大型交通枢纽本身是一个工程浩大的建筑群,并且对建筑物本身的质量、承载力、抗灾性等要素的要求极高,采用现代技术设备、物理知识和数学分析手段,可以利用预测子系统对这些因素进行预测评估,及时发现建筑物可能存在的风险隐患,如天花板坍塌等事故,要迅速上报预警决策子系统和应急指挥中心,尤其要采取有效措施,尽快转移建筑物内的人民群众,对存在安全隐患的建筑物进行修整,以达到监测与预警的目的,防止建筑物由于自身问题和外力的综合作用之下导致建筑物垮塌,危及枢纽内群众的生命安全。

3. 踩踏事故

在监测由于人流集中可能引发的踩踏事故这一突发事件的过程中,监控设备、安检设备等往往成为最有效的信息采集子系统,由它们完成信息采集工作,并将数据信息交由信息加工子系统和相关专家进行分析判断。可以通过监控整个大型交通枢纽人群流动状况,实时得到表征大型交通枢纽人群运动状况及安全程度的主要数据,如:机场、火车站、地铁站等场所的人数,整个大型交通枢纽的人数总量,关键路段及公交和地铁站点等重要位置的人群密度,将智能识别得到的行人参数相关的数据信息输入信息加工子系统,实时分析判断人群流动通畅、拥挤或局部阻滞等状况,对短时人群聚集态势进行未来 10 分钟尺度的预测[②]。并通过特定监控位置的专家对该子系统相关数据信息经过科学的分析和判断,直观简要地显示当前人群风险状况,然后采用预测子系统,得出实时的状态判断与短时预测结果,接着由预警决策子系统根据预测结果,提供分级预警信

① 石磊.交通运输应急指挥系统架构研究[J].现代交通技术,2011(4).
② 宁利君.人员密集场所人群聚集风险监测与预警系统研究[J].安全,2013(11).

息和处置建议。同时在系统中以适当形式表现实际的人群风险拥挤控制和疏散处置措施[①]，最后由预警信息发布子系统将信息对外发布，提请人们注意采取应对措施。

4. 群体性中毒

对于像群体性中毒一类的突发事件，大型交通枢纽应加强对地铁、车站、机场等场所的水质、食品以及空气的实时动态的卫生安全监测，一旦发现来源不明的毒烟、毒雾，出现可疑气味或液体，食物、水的味道或气味异常等情况，应立即启动信息收集子系统，并配备相关的信息采集人员，搜集含有可疑危险化学品的样本，及时送实验室检测。若发现危险化学品的浓度或强度超过国家标准规定限量[②]，应即刻上报预警决策子系统和应急指挥中心，并及时查明原因，协调各部门，采取有效措施，发布防范预警信息，进行及时布控。

5. 传染病疫情

在传染病疫情这一突发事件中，地理信息系统可以应用于对传染病的监测，可以实时、动态地显示发病变化情况，展示疾病的时空分布，确定疾病在枢纽内的传播领域以及高危人群，探索疾病的病因或危险因素。大型交通枢纽传染病疫情预警可以在枢纽电子地图上进行操作，设定预警区域、传染病病种、时间及预警人数，一旦这段时间内该选定区域的发病人数超过设定的人数，系统就会自动进行预警，在地图上显示预警区域及疫情状况[③]，然后交由预警指挥子系统和应急指挥中心统一决策部署，迅速启动应急预案，调集相关医疗部门、卫生防疫中心等，控制疫情，同时对外界发布预警信息，避免疫情扩大。

6. 恐怖袭击

在恐怖袭击这一突发事件中，通过接入大型交通枢纽各区域视频监控信号，以某监控设备、安检设备作为监测与预警的信息采集子系统，实现对大型交通枢纽辖区内可疑分子、基础设施、危险品源、重点防护目标等监测目标的全天候监控。一旦出现异常情况，则立即将异常情况反馈给监测与预警信息加工子系统和相关专家，并由预测子系统对加工评估过的信息进行分析预测，如果确实存在恐怖袭击这类恶性事件发生的隐患，就要由决策子系统和应急指挥中心做出应急决策，立即控制住可疑人员和可疑物品，必要时发布预警信息。

① 宁利君.人员密集场所人群聚集风险监测与预警系统研究[J].安全,2013(11).
② 刘家发,朱建如.化学恐怖袭击的应急救援策略[J].公共卫生与预防医学,2004(3).
③ 白廷军,水黎明,孙灵英,王俊.GIS在突发公共卫生事件应急处理中的应用[J].海峡预防医学杂志,2007,13(2).

第五章

大型交通枢纽应急疏散与救援

应急疏散与救援作为大型交通枢纽突发事件应急管理中的关键一环,对于减少突发事件所造成的人身、财产的损失,防止事态升级扩大具有重要意义。

第一节　大型交通枢纽突发事件应急疏散概述

一、大型交通枢纽突发事件应急疏散的概念及特征

大型交通枢纽突发事件应急疏散是在大型交通枢纽突发事件影响枢纽的正常运营,并威胁到乘客和站内工作人员时,为保证乘客和工作人员的生命、财产不受损害或少受损害,将枢纽内的乘客和工作人员引导至枢纽外安全地带的组织工作。

由于大型交通枢纽人流量大,一旦发生突发事件,将受灾人群转移至安全区域迫切而必要。大型交通枢纽处突发事件的应急疏散工作主要有以下特征:

(1)应急疏散的急迫性。应急疏散是一项具有很强时间约束性的工作。大型交通枢纽应急疏散有助于减少人员伤亡和财产损失。一旦大型交通枢纽发生突发事件,应急管理部门需要迅速做出反应,紧急启动应急预案,并迅速进行应急疏散,力求在最短的时间内将受威胁人群转移至安全地带,以降低突发事件造成的危害。

(2)疏散信息的透明性。为了维持社会秩序、稳定公众情绪,应急疏散管理者要通过媒体向社会公众实时传递应急疏散措施、疏散进度以及疏散人员安置等信息。通过公开大型交通枢纽应急疏散的信息,一方面可以保障公民的知情权,另一方面可以维护大型交通枢纽应急管理部门的组织形象,以安抚公众情

绪,稳定社会秩序。

（3）疏散方式的灵活性。大型交通枢纽应急管理机构要根据突发事件的类型、事件的规模、事件危害程度、人员受事件直接影响状况、建筑物构造状况、人员规模和疏散距离等因素进行综合考虑、灵活选择疏散方式,以保障应急疏散的实施效果。

二、大型交通枢纽突发事件应急疏散的原则

大型交通枢纽是多种运输方式交汇的场所,是大宗客货流中转、换乘、换装与集散的场所。当大型交通枢纽发生突发事件时,应急疏散应遵循以下原则:

（1）以人为本,安全至上。大型交通枢纽应急疏散要把保障人民群众的生命安全和身体健康列为首要目标,最大限度地减少突发事件造成的人员伤亡。既要对受突发事件影响的人员进行疏散,也要切实加强应急疏散人员的安全防护。

（2）统一领导,综合协调。依据大型交通枢纽应急管理组织体系,由枢纽应急领导小组负责大型交通枢纽应急处置工作。一般情况下,大型交通枢纽突发事件应急疏散涉及多个部门、人员构成比较复杂,应急疏散人员要坚持统一领导的原则,听从应急领导小组组长的统一指挥,坚持统一行动,以提高应急疏散的效率。

（3）科学管理,依法规范。国内大型交通枢纽突发事件应急疏散既要借鉴国外先进的应急疏散经验,又要结合国内实际,根据枢纽的构造和突发事件的状况,制定科学的应急疏散路线、采用合理的应急疏散方式,并依法开展大型交通枢纽应急疏散工作,确保应急疏散的科学性和规范性。

（4）预防为主,平战结合。贯彻落实"安全至上,预防为主"的方针,坚持大型交通枢纽突发事件应急与预防工作相结合,做好应急疏散的预防、预测、预警和预报工作,做好常态下的风险评估、物资储备、队伍建设、完善装备、疏散演练等工作,确保突发事件爆发时,应急疏散工作顺利开展。

三、大型交通枢纽突发事件应急疏散的目的

大型交通枢纽突发事件发生后,有序、高效的应急疏散一方面可以减少人员伤亡和经济损失,维护社会秩序;另一方面可以为应急救援奠定基础,确保救援工作顺利进行。大型交通枢纽突发事件应急疏散的目的主要体现在以下方面:

（1）减少人员的伤亡。大型交通枢纽应急疏散的作用是极其明显的,它对

于维护受影响人员的生命、财产安全有直接作用。大型交通枢纽突发事件无论是由自然灾害造成的还是由人为因素引发的,都会对枢纽内人员及财产构成威胁,及时的应急疏散可以在短时间内将受突发事件影响的人员有序转移至安全地带,降低突发事件造成的直接危害。

(2)降低应急管理的成本。高效的应急疏散可以降低人员伤亡程度、减少经济损失、降低社会不良影响,进而可以节约大型交通枢纽突发事件应急管理的成本。有效的应急管理是一种低投入、高回报的行为。管理部门要高度重视大型交通枢纽突发事件应急疏散的作用,制定应急疏散的方案、策略,提高应急疏散的效率,减少善后恢复和人员伤亡补贴的成本投入。

(3)维护枢纽的良好形象。应急疏散集中反映了大型交通枢纽应急管理能力,关系到交通枢纽的运营安全。应急疏散中,枢纽应急领导小组通过社会媒介及时向社会公众公布疏散的进程及其结果,有助于稳定公众情绪,树立高度负责的组织形象,从而转危为安,赢得公众对大型交通枢纽的信任。

第二节　大型交通枢纽突发事件人群疏散的技术与策略

一、大型交通枢纽突发事件人群疏散的分类

在大型交通枢纽突发事件人群疏散中,普遍采用的疏散方式有两种:一种是直接把人群疏散到枢纽外安全地带。这种方式适用于影响范围较小的突发事件且距离突发事件中心较远的人群。另外一种方式是在枢纽内设置避难场所,当突发事件爆发时,将人群疏散至规定的避难所[①]。此种疏散方式可在情况紧急且被疏散人员规模小的状况下使用。如果突发事件规模大、事态严重且影响人员数量多的,这种疏散方式将会面临较大的安全威胁,并造成更大的人员伤亡。

此外,根据大型交通枢纽突发事件的严重程度和影响范围,将人群疏散方式分为步行疏散和借助交通工具疏散,其中借助交通工具疏散以借助车辆疏散为主[②]。步行疏散是指当大型交通枢纽突发事件影响范围较小时,将交通枢纽内的乘客和附近居民步行转移至安全地带。借助交通工具疏散是指在大型交通枢纽突发事件性质严重,单靠步行疏散已经难以保证乘客和附近居民的安全时,需要借助交通工具将人群转移至安全地带。

①　肖国清,廖光煊.建筑物火灾中人的疏散方式研究[J].中国安全科学学报,2006(02).
②　杨鹏飞.突发事件下应急交通疏散研究[D].湖南大学,2013:26.

大型交通枢纽突发事件应急疏散无论采用何种疏散方式,其目的都是要减少人员伤亡和财产损失,降低突发事件造成的不良影响,恢复大型交通枢纽的正常运营。

案例 5 - 1

2017 年 4 月 14 日 8 时 10 分,地铁 9 号线松江大学城至佘山站上行发生触网失电故障,造成松江南站至中春路站区间部分列车运行受到影响。为做好大客流管控和人员疏散,申通地铁联系属地启动"四长"联动应急机制。9 号线临时调整运行交路:松江南路站至松江新城站小交路运行,松江新城站至中春路站单线双向运行,松江南站至中春路区段列车限速运行,松江大学城至九亭站只出不进。松江区、市交通委等部门启动地面公交预案,调派近 80 辆公交车,从松江南站至中春路沿线重点站点安排临时接驳车辆,同时还开通中春路站到松江南站站的临时接驳线,疏散车站客流。①

二、大型交通枢纽突发事件人群疏散时间的构成

从突发事件的爆发到应急疏散的实施,留给应急疏散组织者的时间很短。一般情况下,大型交通枢纽突发事件人群疏散时间分为预警时间、响应时间和行动时间。

(1)预警时间。预警时间是从大型交通枢纽突发事件发生到警报发出的时间,可分为感知出突发事件的时间和警报发出的时间。其中感知突发事件的方法有两种,一种是人工感知方法,主要是群众通过感觉器官来感知突发事件,例如在大型交通枢纽处的群众可以通过看到火焰、烟雾,闻到烟味等来判断是否发生火灾;另一种是自动感知系统,通过在大型交通枢纽处安装自动感知装置,利用科学技术来评估突发事件。警报装置包括人工报警装置和自动报警装置,分别由人群和自动装置发出警报,当前大型交通枢纽处使用的主要是自动报警装置。

(2)响应时间。响应时间是指大型交通枢纽处的人群在接到报警信息后,开始具体的疏散行动之间的时间,包括确认信息发生的时间、行为反应时间。应

① 上海应急网.地铁 9 号线突发触网失电故障,经抢险修复全线运营恢复[EB/OL].
http://www.shanghai.gov.cn/shanghai/node2314/node2319/n31973/n31993/u21ai1222911.shtml.

急响应时间的长短和报警发出装置有关。对于当下的大型交通枢纽处使用的自动报警装置来说,应急响应的时间是比较短的,一般就发生在一瞬间。

（3）行动时间。行动时间是从人员做出疏散行动到疏散至安全地带的时间,包括做出逃离行动、逃离危险区域、到达安全地带的时间。行动讲究的是效率,行动时间越短,突发事件对人身财产的危害程度就越小,造成的人员伤亡就越少、经济损失就越低。

三、大型交通枢纽突发事件人群疏散路线的选择

（一）疏散路线的定义及形式

1. 疏散路线的定义

大型交通枢纽突发事件发生时,从突发事件现场逃生至安全区域的路线被称为疏散路线。在交通枢纽外部的人员可以直接转移至安全区域,形成的疏散路线比较短;对于交通枢纽内部人员而言,在突发事件发生时,需要先确定自身的位置,而后寻找距离自己最近的应急避难所,并选择合适的逃生路线,尽量使自身免受突发事件的影响。选择疏散路线需基于对自身处境的判断,遵循的是"分层分区"的战略。

2. 疏散路线形式

根据不同的标准,疏散路线可以划分为不同形式。综合考虑在疏散路线花费的时间、人员在疏散过程中受到的直接影响以及危险指数等因素,可以将疏散路线分为三种类型:安全的疏散路线、可行的疏散路线和危险的疏散路线。

表 5 - 1　大型交通枢纽突发事件疏散路线类型及特点

疏散路线分类	特　点
安全疏散路线	花费时间最短,受突发事件直接影响最小,危险指数最低
可行疏散路线	花费时间较短,受突发事件直接影响较小,危险指数较低
危险疏散路线	花费时间最长,受突发事件直接影响最大,危险指数最高

（1）安全的疏散路线。安全的疏散路线是指大型交通枢纽发生突发事件时,人员在疏散过程中花费的时间最短,突发事件对自身没有造成直接影响或造成影响最小、对自身的危害程度最轻的路线。选择安全疏散路线的条件是突发事件没有发生在交通枢纽的出入口,选择安全疏散路线的人员距离突发事件中

心较远,即不在同一个区域或不在同一个层面。

(2) 可行的疏散路线。可行的疏散路线是指大型交通枢纽突发事件发生时,人员在突发事件威胁到自身生命安全之前,选择的能够帮助自己在较短时间内转移到安全地带,且对自身危害程度较小的疏散路线。选择可行疏散路线的人员一般与突发事件中心同处一个区域或一个层面但距离较远,且对交通枢纽处的疏散路线较为熟悉,对应急逃生能够做出迅速准确的反应。

(3) 危险的疏散路线。大型交通枢纽突发事件发生时,逃生人员在危险疏散路线上面临的威胁最大,甚至直接影响其生命财产安全。选择危险疏散路线的人员一般处在突发事件中心或距离突发事件中心距离较近。另外,因突发事件事态升级扩大而错过了最佳逃生时间的人员,无奈之下会选择此条疏散路线。

(二) 大型交通枢纽突发事件人群疏散路线的设计要求

大型交通枢纽建筑结构复杂,人员密集,且衔接餐饮、购物等商业设施。在突发事件发生以后,枢纽内人员面临的威胁程度不同,离事发地点的距离也不相同。为了最大程度保障枢纽内人员生命财产安全,需要对大型交通枢纽处的紧急疏散路线进行合理设计,具体要求如下:

(1) 减少人与人之间的作用。合理的设计可以减少人与人之间的相互作用;相反,不合理的而设计会增加人与人之间的相互作用,从而可能导致疏散时发生拥挤、踩踏事件[1]。突发事件发生后,枢纽内人群会出现心理恐慌,在进行人员疏散时难免会行为失范而造成混乱局面。为了减少疏散时人群拥挤,可以在疏散通道处增加一个流动间隔物,将人群分成两部分,从而减少疏散时人与人之间的作用力,避免踩踏等次生事件的发生。

(2) 合理设计应急出口。合理安排应急出口可以避免人群在出口处滞留造成阻塞。通常情况下,主要出口会远离疏散通道的门,这样有利于人员的疏散。如果主要出口距离疏散通道的门比较近,则不利于人员的疏散[2]。因此,为了保证人员的安全,在应急出口设计时,主要疏散通道的门与主要出口应该有一定的距离。同时,也要调节好疏散人员到达出口的时间,避免出口处人员的拥挤;或者可以开放不同的应急出口,在保证人员可以到达安全区域的前提下减少主要出口的人流量。

(3) 增加安全疏散的辅助设施。心理学研究表明,人在正常情况下和紧急

① 田玉敏,张伟,马宏伟,贺小宇.人群应急疏散[M].北京:化学工业出版社,2014:167.
② 田玉敏,张伟,马宏伟,贺小宇.人群应急疏散[M].北京:化学工业出版社,2014:169.

情况下心理和行为表现有很大的不同。紧急情况下人更容易产生恐慌、惊惧等心理,行为会因缺乏理性思考而表现得较为盲目。因此,常规的应急疏散设施在大型交通枢纽突发事件人群疏散中,可能不能满足实际需求。如果能够在交通枢纽内部和外部的适当部位增加安全疏散的辅助设施,那样就会增加逃生的可能性,从而增大人员获救的概率。

四、大型交通枢纽突发事件人群疏散影响因素及心理状况

(一) 大型交通枢纽突发事件人群疏散影响因素

大型交通枢纽发生突发事件时,为了减少人员的伤亡,需要将站内的乘客和工作人员疏散到安全区域。在疏散的过程中,交通枢纽的建筑结构特点、突发事件的基本情况以及交通枢纽处人员的构成等因素都会对应急疏散造成一定程度的影响。

1. 突发事件的基本情况

大型交通枢纽突发事件发生的时间、类型和等级程度会影响应急疏散的效果。以地铁突发事件发生的时间为例,有学者研究发现,将工作日与周末乘客行动能力进行比较,其结果显示周末行动能力障碍者占比达 2.17%,比工作日高 1.05%;工作日独自出行的人数偏多,独自乘坐地铁者占 57%,有人陪同的乘客占43%,而周末独自乘坐地铁者 44.5%,有 55.5% 的乘客有人陪同[①]。由此发现,如果地铁在工作日发生突发事件会比在周末发生突发事件造成的人员伤亡更大、损失更多,与此同时,应急疏散的难度也会更大。

2. 交通枢纽的建筑结构特点

大型交通枢纽建筑物结构以及突发事件发生时人员移动速度是影响人员疏散的重要因素。尤其是建筑物结构对人员的安全疏散至关重要,疏散设备布局是否合理将直接影响人员能否迅速、安全地离开。此外,车辆、线路、信号标志等应急疏散设备也对人员疏散产生一定的影响。例如应急疏散车辆所使用的阻燃材料是否合格、安全装置是否充足有效、车辆是否符合运行要求、车辆技术状况的好坏,都将影响到应急疏散效率和应急疏散结果[②]。

3. 交通枢纽人群构成

大型交通枢纽的人群构成,如性别、年龄、受教育程度等也会对突发事件应

---

① 田娟荣,周孝清,郑志敏.地铁一般人员特性的观测分析[J].设计参考,2007(02).
② 卢文龙.城市轨道交通应急疏散的研究[D].中国铁道科学研究院,2012:33-34.

急疏散产生影响。大型交通枢纽处人员构成比较复杂,一旦发生突发事件,不同类型的人对突发事件的反应也不同。比如,年轻且文化程度高的男性,在应对突发事件时反应会比年老且文化程度低的女性更加敏捷。而且,一旦突发事件爆发,年轻人会选择迅速、有序地撤离事件发生场所;而年龄高的老人会选择留在原地等待救援,这在无形中就加重了疏散的难度和人员的伤亡程度。

总之,大型交通枢纽突发事件的应急疏散是各种因素相互作用的结果,相关人员在应急疏散时要综合考虑突发事件的基本情况、交通枢纽的建筑特点和交通枢纽人群构成等因素,高效、有序地开展应急疏散。

(二)大型交通枢纽突发事件人群安全疏散心理状况特点

大型交通枢纽突发事件应急疏散行动不仅受到突发事件基本情况、交通枢纽处建筑特点以及交通枢纽处人群构成等客观因素的影响,还受到突发事件发生时人群心理特征的主观因素影响。人的心理,是人们通过感官刺激形成的对客观事物的反映,并且经过思维间接地认识客观事物的内部本质和规律的活动。当人们在大型交通枢纽处遇到对自身生命、财产有威胁,具有破坏性的突发事件时,通常情况下人们会产生恐惧和慌乱,进而难以进行科学的判断和理性的思考。

通过对大型交通枢纽突发事件发生时人员心理状况的特征分析,发现受威胁人员有如下心理表现:

(1)惊慌心理。惊慌心理是人员受到威胁时表现出来的一种应激的心理状态。在这种惊慌心理的作用下,人们的理性判断能力和科学思考能力往往会急剧下降,同时求生的欲望还可能会促使人们做出一些偏激、对自身不利的行为,产生更为严重的事故。

(2)恐惧心理。当大型交通枢纽突发事件事态严重时,人们的心理会由惊慌演变为恐惧。这种恐惧来源于突发事件爆发时,周遭环境的陌生和突发事件的威胁,面对这种突如其来的状况,一时之间人们无法适应,变得手足无措,主要表现为恐惧意识增强,求生意志减弱。在恐惧心理的影响下,应急疏散行动可能会遇到种种问题。

(3)盲从心理。在对大型交通枢纽突发事件的受威胁人员进行疏散时,恐惧心理作用下人们会失去理性的判断能力,这个时候如果出现人员跑动,无论其跑动方向是否是逃生方向,后边的人群都会选择跟随在其身后,出现盲从的行为。这种盲从行为更容易造成拥挤、摔倒、踩踏等次生事故,为大型交通枢纽人群的安全疏散造成更大的阻碍。

（4）返回心理。大型交通枢纽突发事件应急疏散时，有的已经被疏散至安全区域的人员，在安全区域没有看到自己的亲属或朋友时，会选择回到突发事件中寻找自己的亲属，这一方面增加了应急疏散的难度，另一方面也会将自己置身于危险的环境中。

成功的应急疏散有赖于枢纽应急管理部门的路线设计和科学组织，也有赖于枢纽受威胁人员良好的心理素质和应急意识。因此，一方面，枢纽管理部门在日常生活中要积极宣传突发事件应急逃生知识，提高人们的应急意识，从而使受威胁人群在遇到突发事件时能够保持冷静，做出正确的行为；另一方面，大型交通枢纽应急疏散人员在突发事件爆发后要立即组织应急疏散，制定科学的应急逃生路线，选择合适的应急疏散方式，指挥人员有秩序地进行疏散。

五、大型交通枢纽突发事件人群疏散中的问题

大型交通枢纽突发事件人群疏散时面临客货流量大、人群安全意识缺乏、交通枢纽建筑结构复杂的挑战，这些问题增加了应急疏散的难度。

（一）客货流量大

小型交通枢纽只是为乘客提供交通方式的中转，而大型交通枢纽不单是客货量的集散地，还衔接多种交通方式，同时集商店、饭店、娱乐功能为一体，人流量大、客货量多。以上海虹桥综合交通枢纽为例，其每年大约有3000万名乘客乘坐飞机，高峰时期每小时3.7万名乘客乘坐高速火车，每天约20万名乘客乘坐地铁。客货流量大无形中加重了应急疏散的负担，一旦突发事件爆发，人员若得不到及时有效的疏散，很有可能造成严重的人员伤亡和经济损失。

（二）应急意识薄弱

当前，随着人们生活水平的提高和生活方式的转变，人们出行次数增多，对大型交通枢纽也更加熟悉。但是由于缺乏危机意识，人们通常只关心交通运输枢纽正常运营时乘客的进出站和货物的集散状况，而很少留意交通枢纽的应急疏散提示和应急逃生路线。当突发事件发生时，由于受威胁人员缺乏自救与协防知识，且处于恐慌状态，可能会采取一些非理性行为，并衍生群体性事件。

（三）交通枢纽结构复杂

大型交通枢纽应急疏散除了受到客货流量和受威胁人群的应急意识影响外，还受到大型交通枢纽构造的影响。随着现代科学技术的发展与应用，大型交通枢纽构造更加复杂。以上海虹桥综合交通枢纽为例，它集民航机场、城际铁路、高速铁路、磁浮线路、长途客运等于一体，各个交通运输方式都要在枢纽中换

乘、衔接,建筑物环环相接,层层相连。一旦突发事件发生,容易发生连锁反应从而增加应急疏散的难度。

六、大型交通枢纽突发事件人群安全疏散策略

保证人员安全是大型交通枢纽应急疏散的主要目标。人群的安全疏散是指在大型交通枢纽处发生突发事件时,整个应急管理系统能够为在枢纽处的所有人员提供足够的疏散时间和安全的疏散地点,且保证在整个疏散过程中人员不受或少受突发事件的影响。为了对大型交通枢纽中受突发事件影响的人员进行安全疏散,需要从以下几个方面着手:

(一)加强应急预案的制定与审查

根据大型交通枢纽人流量多,客货量大以及突发交通事件危害性大、影响范围广的特征,科学制订应急预案,明确各个部门在大型交通枢纽突发事件应急疏散中的职责及应该采取的合法措施;了解大型交通枢纽应急疏散的问题,合理制定突发交通事件后密集人群疏散的方式方法,形成统一领导、分工明确、功能完备、操作性强的应急策略体系[1]。

(二)合理设置疏散设施

通过合理设置疏散设施可以有效疏散被困人群。对于大型交通枢纽的外部广场,要保持人员流动的有序;对于枢纽内的换乘大厅,应设有灭火器和自动报警装置。此外,应尽量设置直通室外安全区的楼梯和出口,合理增加疏散路线的宽度,保障疏散路线的畅通,还应加强疏散诱导并制定人员疏散的应急预案。利用其他交通空间设置的准安全区,人员在紧急状态下可首先向准安全区疏散[2]。

(三)分区域引导人员疏散

大型交通枢纽处,换乘乘客选择的交通方式各不相同,其所在的换乘区域也不一致。在大型交通枢纽突发事件发生时,可以先将突发事件危险区的人员转移至缓冲区,该区域暂时未受到突发事件的直接波及。因此,先将人员疏散至缓冲区,既可以减少大批量疏散人群带来的负担,又可以保证人员的安全。

(四)分阶段引导人员疏散

大型交通枢纽人员密集,尤其是在节假日期间。当发生突发事件时,针对大型交通枢纽处人员密集情况,可以采取分阶段疏散策略,即首先将位于突发事件

①　陶李华,徐亮.大规模密集人群安全疏散策略探讨[J].消防科学与技术.2010(09).
②　刘伟,陈应南.大型交通枢纽人员疏散设计[J].消防科学与技术,2011(10).

中心的乘客和工作人员疏散到安全区域,然后将可能受到突发事件影响的乘客和工作人员疏散到安全区域。分阶段将受突发事件影响的人员进行疏散,一方面可以提高应急疏散的效率,另一方面可以最大限度地减少人员的伤亡。

（五）人工管理促进人员疏散

大型交通枢纽是乘客换乘的场所,人员构成复杂、人群密集。通常情况下,当乘客密度超过临界值时会发生踩踏事件。目前采取的数字图像处理过程的方式可以提取个人特征并对人和背景加以分析,得到人员的具体数量,通过分析得出整个人群的密度,或者可以通过智能监控对大型交通枢纽处的人员密度进行实时观察分析,当某些地方的人员密度超过给定的界线时,可以采用人工管理的方式进行管理,促使人员分散。

（六）加强应急疏散培训与演练

一方面,交通枢纽管理部门应该对枢纽日常运营人员加强应急知识培训和应急演练,模拟突发交通事件爆发时的应急疏散工作,并进行总结,从日常模拟中汲取经验,为突发事件爆发时人员的安全疏散做好准备。另一方面,相关部门也要积极宣传大型交通枢纽突发事件应急疏散知识。在逢年过节和节假日出游期间,更要为出行的乘客配备突发事件应急疏散指导手册,利用社会媒体加强宣传,强化乘客应急疏散的意识。

第三节　大型交通枢纽应急救援行动

大型交通枢纽应急救援行动主要是在突发事件爆发后,枢纽应急管理部门为营救被困人员和控制灾情而采取的一系列积极援助行动。目的在于控制、处理和消弭突发事件带来的不良影响。

大型交通枢纽突发事件应急救援是由交通枢纽应急管理部门应对的,必要时上报上级部门和地方政府,突发事件严重时甚至需要请求国务院相关应急管理部门进行紧急救援。

一、大型交通枢纽突发事件应急救援组织机构及人员构成

完善的应急救援机构是成功实施应急救援行动的组织保障。参照国务院颁发的《国家突发公共事件总体应急预案》,可将我国大型交通枢纽突发事件应急救援组织机构分为应急救援领导机构、应急救援办事机构、应急救援工作机构和专家组四类。

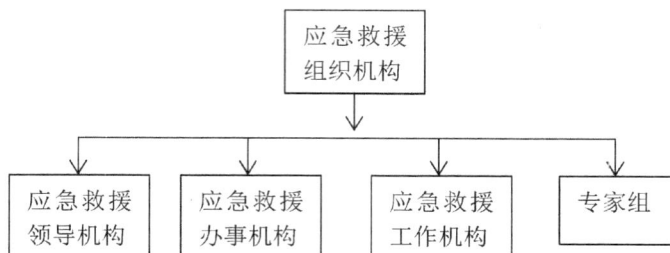

图 5 - 1   大型交通枢纽突发事件应急救援组织机构构成

（1）应急救援领导机构。政府是突发事件应急管理工作的最高行政领导机构。在总理或省（市）委书记的领导下，中央由国务院常务会议和国家相关突发事件应急管理机构领导人成立领导机构，负责重大大型交通枢纽突发事件应急救援领导工作；地方由省（市）应急管理机构成立领导机构，负责地方大型交通枢纽突发事件的应急救援领导工作。

（2）应急救援办事机构。为了保证应急救援工作的顺利开展，应该在应急救援领导机构下设立应急救援办事机构，作为突发交通事件应急救援的常设机构。应急救援办事机构在突发事件爆发后，要履行信息汇总和综合协调的职责，发挥运转中枢的作用；负责接收和办理向上级领导机构报送紧急重要事项，并根据领导机构的要求向工作机构传达上级的指示。

（3）应急救援工作机构。应急救援工作机构是直接实施救援行动的机构，主要构成为交通枢纽工作人员、消防部队、专业应急救援队伍、生产经营单位的应急救援队伍、社会力量、志愿者队伍及有关国际救援力量等。他们在上级机构的领导下，按照上级的指示，依法高效的开展应急救援工作。

（4）专家组。国家、地方政府建立各项专业人才库，根据突发事件的类型、性质、机理等实际情况聘请相关领域的专家组成专家组，为应急救援工作的开展提供建议，必要时专家组可以直接参加大型交通枢纽突发事件应急救援指挥工作。

二、大型交通枢纽突发事件应急救援资源

应急救援资源泛指在突发事件处置过程中为减少人员伤亡和社会经济损失、减少社会和生态环境危害所需要的一切相关资源，包括物质资源和人力资

源等。

（一）大型交通枢纽突发事件应急救援资源需求特性分析

应急救援资源的需求特性不同于常规资源需求特性，准确把握突发交通事件应急救援资源的需求特性，对于提高应急救援效率具有重要作用。大型交通枢纽突发事件应急救援资源需求主要呈现以下几个特性：

（1）需求的不可预测性。大型交通枢纽突发事件造成的社会影响较大，突发事件爆发时，枢纽运营机构在短时间内很难对所需的应急救援资源做出准确的判断。由于空间的限制，大型交通枢纽处不可能大规模地放置各种应急物资。突发交通事件一旦发生，对应急救援物资的需求在短时间内达到最大值，交通枢纽处的储备物资就会出现供不应求的状况。随着突发事件的持续发展，对物资的需求量不断增加。当然，应急救援物资的不可预测性并不是一成不变的，随着救援工作的开展，突发事件逐渐得到控制，对物资的需求数量也会逐步明确。

（2）需求的多样性。大型交通枢纽应急救援活动的目的是通过开展救援行动，尽可能减少人员伤亡。因此，应急救援行动要及时、救援物资要充分。突发事件的爆发对应急救援资源的需求在短时间内骤增，这些应急救援资源种类多样，包括救援车辆、救援人员、检测设备、通讯仪器、救护车队、医疗服务人员、卫生装置、生活必需品和临时休息场所等等。大型交通枢纽突发事件的类型和级别不同，对上述应急救援资源的需求也不同。

（3）需求的变化性。大型交通枢纽突发事件应急救援资源需求会根据突发事件事态发展和应急救援行动进展不断变化。主要表现为：一方面，当突发事件没有有效控制，事态趋于严重时，对应急救援资源的需求量会随之增加，甚至产生新的需求；反之，当突发事件事态逐步被控制时，对应急救援资源的需求会随之减少。另一方面，随着救援工作的开展，应急管理者对突发事件的状况有了进一步了解后，会对应急资源数量和种类进行调整，应急救援资源的数量和种类呈现一定的变化。

（二）大型交通枢纽应急救援资源的配置

大型交通枢纽应急救援资源配置直接影响到突发事件爆发时应急救援的效果。由于大型交通枢纽突发事件具有不确定性，突发事件爆发前配置的应急救援资源不一定能满足突发事件爆发后救援工作的实际需求，因而需要对应急救援资源进行动态配置，以降低突发事件的损失和影响。

1. 大型交通枢纽应急救援资源配置形式

大型交通枢纽突发事件应急救援资源配置主要分为静态配置和动态配置两

种形式。其一,应急救援资源的静态配置。大型交通枢纽都日常配置了各种应急救援资源,例如灭火器、消防栓等。在火灾爆发后,使用这些物资能够及时灭火,减少人员伤亡和财产损失。静态配置的应急救援资源主要用于规模小、易控制的突发事件。一旦发生重大突发事件,静态配置的应急救援资源难以应对复杂状况。其二,应急救援资源的动态配置。大型交通枢纽突发事件动态配置的应急救援资源主要是从相关单位和附近区域临时调集的各种应急物资,这些物资的调集和启用是由突发事件的影响范围和危害程度决定的。应急救援资源的动态配置适用于影响范围广、危害程度高的突发事件。

2. 大型交通枢纽应急救援资源的动态配置

由于大型交通枢纽安全风险较高,为了保障应急救援行动的实施,大型交通枢纽应急救援资源配置多采取动态配置形式。即从多个部门抽调相关人员组成应急救援小组,从附近区域调集各种与应急救援相关的物质资源。应急救援资源的动态配置通过以下工作机制实现:

(1)应急救援的联动机制。为保障人员生命安全,提高大型交通枢纽应急救援效率,需按照供需原则,为突发事件现场配置应急救援资源。因为应急救援的人力来自不同部门,所以要促进应急救援机构的沟通协调,协调内容包括:各级管理部门自上而下的统一执行规则与职能划分,以及自下而上的救援响应与反馈。此外,除了各级管理部门内部自上而下和自下而上的联动外,在涉及管理部门外部联动时,应该考虑采用合适的方式进行沟通,促进各个部门之间信息的互联互通,以保障应急救援资源的充分供给。

(2)运输组织的区域协调机制。大型交通枢纽突发事件具有突发性和不确定性,枢纽内部的应急救援资源可能不能满足实际需求,因此需要对应急救援资源进行优化配置,包括:车辆资源调度、多资源应急多点出救的合理分配、区域内与跨区域资源调用的平衡,以及针对应急需求程度划分优先级调配等。同时也需要对大型交通枢纽突发事件进行监测,对应急救援车辆、应急救援物资进行协调。处理好跨区域运输组织关系,使得附近区域应急救援资源能够发挥好救灾作用。

(三)大型交通枢纽突发事件应急救援的技术保障

科学技术的应用对于大型交通枢纽应急救援十分必要。高新技术的引入改变了过去通信信息技术落后的局面,无线网络、卫星监测、全球定位系统、遥感系统等一系列技术极大地提高了应急救援的效率,在大型交通枢纽突发事件应急救援中起到了减少损失、提高效率和节约成本的功效①。在大型交通枢纽突发事件应急管理中,应急救援技术(见图 5-2)主要包括以下几个方面:

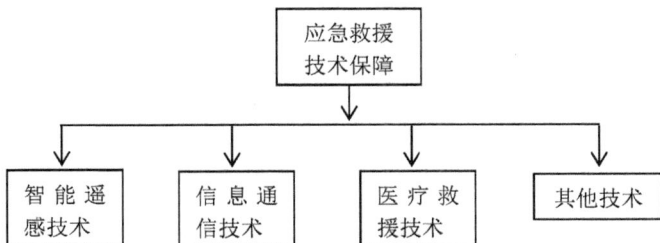

图 5-2　大型交通枢纽突发事件应急救援技术保障

(1) 智能遥感技术。遥感是从远距离、高空或外层空间的平台上,利用可见光、红外、微波等探测仪器,通过摄影或扫描、信息感应、传输和处理,从而识别地面物质的性质和运动状态的现代技术系统。若大型交通枢纽突发火灾,可以利用智能遥感技术监测火灾的发展状况,根据对火势的掌握状况,科学制订救援计划,合理安排救援队伍,并快速调派救援资源开展救援。

(2) 信息通信技术。信息通信技术是信息技术与通信技术相融合而形成的一个新的概念和新的技术领域。信息通信技术的应用可以保障救援信息快速、高效、通畅且准确的传递,实现应急领导小组和现场指挥人员、指挥人员和救援人员之间信息无障碍沟通。

(3) 医疗救援技术。医疗救援技术可以为遭受大型交通枢纽突发事件影响的人员提供及时医治。高超的医疗技术和充足的医疗准备,可以使伤员得到及时的医治,减少人员的伤亡。医疗救援的不及时可能会引发次生灾害,造成人员的更大伤亡。我国曾经发生过因为医疗保障不及时而造成的次生灾害(见案例 5-2)。

(4) 其他技术保障。除了上述技术保障之外,大型交通枢纽突发事件应急救援还需要交通技术、沟通技术的保障。交通技术保障能够缩短应急救援队伍到达事发现场的时间,有助于受威胁人员的疏散和救援。此外,大型交通枢纽突发事件应急救援技术还涉及与媒体、公众的沟通技术,通过正确的方式和渠道传达突发事件应急救援信息,既能保障公众知情权,又可以安抚公众情绪。

① 张成福,唐钧,谢一帆.公共危机管理理论与实务[M].北京:中国人民大学出版社,2009:332.

案例 5 - 2

1979 年温州氯气中毒事件中的技术保障支持①

1979 年 9 月 7 日 13 时 55 分,温州电化厂发生液氯钢瓶爆炸事件,大量液氯气化并迅速扩散,共有 32 个居民区和 6 个生产队受到污染,1 208 人受到氯气危害,779 人中毒。该市的 11 个医疗单位都键入到对患者救治的工作中,但它们普遍缺乏中毒救治经验。邻近省市组织了 90 余位医务人员组成 12 支医疗队陆续到达现场,参加了抢救工作。当时温州没有职业中毒防治机构,没有专职医生,各医院都缺乏氯气中毒的抢救知识。短时间内,上千名中毒患者被送到各个医院,医务人员没有思想准备,抢救药品、器械不足,工作秩序混乱,治疗效果差,在短短几个小时内就有几十名中毒病人死亡。经过从中央到地方的各级行政和技术人员组成的专门的指挥部协调救援工作后,厂区周围人员全部疏散,共有 8 万人撤离了危险区。本事故共死亡 59 人,其中现场死亡 18 人,另外 41 人均为氯气中毒死亡。

三、大型交通枢纽突发事件应急救援流程

大型交通枢纽突发事件应急救援要做好充分的救援准备工作,主要做好机构、人员和装备的落实,并制定切实可行的工作制度,使救援工作规范化。大型交通枢纽突发事件应急救援流程如下(见图 5 - 3):

(1) 应急救援方案的制定。大型交通枢纽突发事件应急救援实行逐级报告制度,突发事件发生后,有关部门按照规定程序向上级单位和部门报告突发事件的基本状况,由上级单位、部门根据突发事件的类型、规模制定相应的应急救援方案。应急救援方案主要包括管理部分、指挥部分、救护部分和消防部分。上级部门在接到报告之后,根据突发事件的类型、等级、人员伤亡状况成立领导小组,由部门领导担任小组组长,领导机构下设指挥机构,直接对突发事件的救援进行指挥,并安排救护设施,对现场的伤员进行救护,同时派遣消防员赶赴突发事件现场进行救援。

(2) 救援实施。大型交通枢纽突发事件应急救援实施主要包括资源配置和人员疏散两部分。其一,资源配置。为保证大型交通枢纽应急救援行动的顺利开展,需要对各种应急救援资源进行配置,必要时还会对附近资源进行调度,调

---

① 肖鹏军.公共危机管理导论[M].北京:中国人民大学出版社,2006:213.

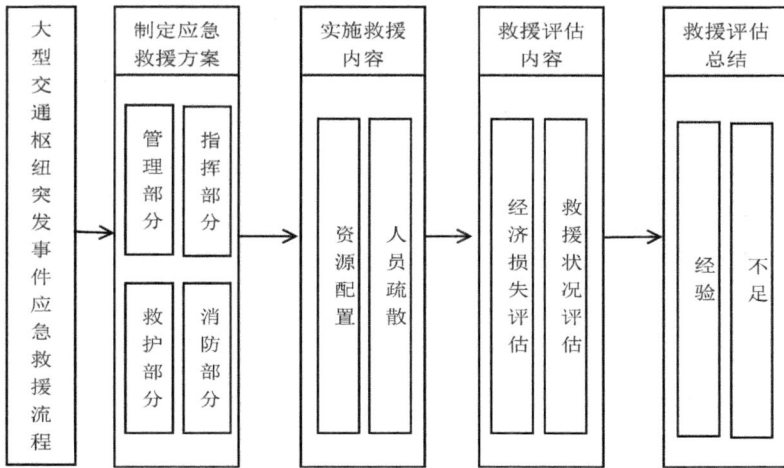

图 5 - 3　大型交通枢纽突发事件应急救援流程

度内容包括专家资源、专业救援力量、后勤物资保证等①。其二,人员疏散。为了降低突发事件造成的损失,减少人员的伤亡,应急救援人员需要对现场的乘客进行疏散,将人员转移至安全地带。此外,枢纽应急管理部门应及时通过媒体向社会公众公布突发事件的信息和救援实施状况,满足公众信息需求。

(3)救援评估。在整个大型交通枢纽突发事件应急救援工作结束之后,领导机构和指挥机构以及相关人员要对此次突发事件进行评估。一方面,要对此次突发事件造成的经济损失(包括直接经济损失和间接经济损失)进行准确的评估,为后续的恢复、重建工作奠定良好的基础;另一方面,要对此次突发事件应急救援状况进行评估,包括应急救援资源调动的效率、开展救援的效率、人员疏散的效率等。

(4)救援总结。在对大型交通枢纽突发事件应急救援工作进行评估之后,要及时总结此次救援的经验和不足。首先,要表彰此次救援行动中的先进事迹,在给予必要物质和精神奖励的同时,进行适当宣传,激发大家学习的热情;其二,对应急救援工作的不足之处进行反思,例如对应急救援的路线选择、资源调配和人员疏散方面存在的问题进行总结,从中汲取教训;最后,撰写大型交通枢纽突发事件应急救援工作报告并进行存档,供日后查阅分析。

---

① 王富章.铁路灾害风险评估与应急救援策略研究[D].北京:北京交通大学,2012:30.

四、大型交通枢纽突发事件应急救援信息共享

大型交通枢纽突发事件应急救援信息要在枢纽应急管理部门之间、枢纽应急管理部门与社会公众之间、枢纽应急管理部门与媒体之间共享。信息在枢纽应急管理部门之间的共享可以提高救援效率,减少突发事件造成的损失;信息在枢纽应急管理部门与社会公众之间的共享可以维护民众知情权,赢得公众对大型交通枢纽的信任;信息在枢纽应急管理部门与媒体之间的共享有助于准确、及时地传递突发事件信息,稳定社会秩序。

（一）枢纽应急管理部门内部应急救援信息共享

为了提高救援效率,大型交通枢纽有必要建立一个开放的、基于标准的信息交互平台,以实现救援主体横向间信息的交换和资源的共享,同时在纵向上也可以进行跨部门、跨行业、跨系统、跨地区的信息资源重组共享,以增强信息的透明度,促进各部门之间的沟通交流。[①] 大型交通枢纽应急管理部门间信息的互联互通,有助于突发事件应急救援主体做出及时、关键且准确的救援决策,以控制突发事件发展情势,减少突发事件造成的损失。

（二）枢纽应急管理部门与社会公众之间的应急救援信息共享

大型交通枢纽突发事件发生时,应急管理部门要本着公开、透明的原则,及时向社会公众公布突发事件信息,包括突发事件的起因、造成的伤亡、财产损失、救援进展以及后续的安排等。应急管理部门及时向社会公众公布大型交通枢纽突发事件应急救援的目的有两个:一是满足公众信息需求、保障公众知情权;二是减少小道消息和谣言传播带来的负面影响,避免出现对社会稳定不利的舆论导向。

（三）枢纽应急管理部门与媒体之间的应急救援信息共享

媒体是对外传达突发事件信息,与社会公众进行沟通的重要载体。大型交通枢纽突发事件爆发时,枢纽应急管理部门要通过社会主流媒体将突发事件救援信息传达给公众。媒体也可以收集和反馈民众对突发事件的态度以及对突发事件应急救援工作的看法。媒体还可以持续追踪突发事件的后续发展,监督应急救援行为。

---

① 胡税根.公共危机管理通论[M].杭州:浙江大学出版社,2009:158.

案例 5 - 3

快速处置 2011 年"9·27"地铁 10 号线追尾事故①

2011 年 9 月 27 日 14 时 37 分,上海地铁 10 号线 1005 和 1016 号列车在豫园站至老西门站下行区间百米标 176 处发生一起追尾事故。事故发生后,微博等新媒体上最先出现 10 号线追尾的信息和现场乘客受伤的图片,很快在网络上形成热点,随之出现大量猜测、谣言,甚至言语攻击。地铁方面第一时间用"上海地铁 shmetro"官方账号发布事故信息和救援进展,采取"主动说、及时说、连续不断说"等措施,连续发布事实信息,同时在微博上诚恳道歉,得到了广大网友的理解,有效阻断了谣言的滋生蔓延。此外,上海市政府当天晚上就召开新闻通气会,及时向媒体通报了事故处置和后续情况,掌握了网络舆论的主动权。

五、大型交通枢纽突发事件应急救援的社会动员

我国在应对突发事件方面,总体上呈现"政府动员强、社会动员弱"的特点,注重组织化动员而缺乏社会化动员,往往突出以政府为单一主体的应对,强调的多是政府自身应对突发事件的责任和职能。② 当今社会,信息技术日新月异,公众参与意识增强,单靠政府一方的力量应对突发事件是远远不够的,需要建立应对突发事件的社会网络以改善应急救援的效果。

（一）重视大型交通枢纽突发事件应急救援志愿者队伍的作用

志愿精神是一种以关爱、互助为核心的价值取向,体现了和谐社会的核心价值观,是促进社会和谐的精神力量。在国外,有很多的志愿组织,它们成为突发事件应急响应的重要力量。例如,以色列国民自卫队是以色列最大的民间志愿组织,建于 20 世纪 70 年代,主要是为了协助警察反恐怖犯罪与维护国家安全。还有如日本在 1995 年阪神大地震后建立起来的"防灾市民组织"、美国在"9·11"以后建立和执行的"市民梯队联邦计划"以及新加坡的"民防志愿者队伍"等。在目前开展大型交通枢纽突发事件应急救援的行动中,大批经过专业训练的志愿者组织积极响应,成为应急救援的重要力量。

为了鼓励志愿者积极参与应急救援,促进志愿行动的可持续化发展,政府首先要在社会中积极营造一种"志愿氛围"。其次,政府要为志愿行动提供一些便

---

① 上海应急网.快速处置 2011 年"9·27"地铁 10 号线追尾事故[EB/OL]. http://www.shanghai.gov.cn/shanghai/node2314/node2319/n31973/n32033/u21ai858422.shtml.

② 胡税根.公共危机管理通论[M].杭州:浙江大学出版社,2009:186.

利条件,比如组织志愿者培训、明确志愿服务流程等。再次,规范志愿者的管理体制和运行机制。只有对志愿者队伍进行规范化管理,才能使志愿者队伍在大型交通枢纽突发事件应急救援中发挥其专业优势。

（二）加强大型交通枢纽突发事件应急救援的公众参与

大型交通枢纽突发事件的应急救援是一项复杂且难度较大的工作,需要广泛动员社会力量,吸纳公众参与。随着经济社会的发展,突发事件正越来越多地与人为性危机相交而引发对社会以及人的安全危害。在这种状况下,社会公众的参与就显得更加重要。例如,2011 年 7 月甬温线发生特大铁路交通事故之后,社会公众积极响应,不仅捐款捐物,还自愿前往事故发生地点提供援助。社会公众的参与可促进了大型交通枢纽突发事件应急救援工作的顺利开展,在短时间内挽救更多的人财物,提高救援的效率;另一方面,社会公众的参与可以形成一股强大的救援力量,这股力量在一定程度上可以减少突发事件给公众造成的心理恐慌,维持社会稳定。

第六章

大型交通枢纽应急恢复与调查评估

应急恢复与调查评估作为大型交通枢纽突发事件应急管理中的最后一环，意在突发事件逐步平息之后，政府及社会各界力量将枢纽设施、交通秩序和社会心理恢复到正常状态。

第一节　大型交通枢纽应急恢复概述

大型交通枢纽突发事件应急恢复是整个应急管理中的必不可少的环节，其主要目的是：①解决与大型交通枢纽突发事件有关的各种各样的问题，并对处置的成果进行巩固；②对大型交通枢纽突发事件造成的社会的损失、物质的损害和心理的创伤等各个方面进行恢复和重建；③对大型交通枢纽突发事件产生的原因、处理的过程和结果进行详细的分析，从中汲取经验教训，以促进大型交通枢纽应急管理水平的提高。

一、恢复的理论

在汉语中，"恢复"一词表示"使变成原来的样子"，带有"复原"之意。而在应急管理中，恢复的意义不但要使之变成原来的样子，更要在此基础上得到发展和优化，更强调"复兴"之意。总体来讲，恢复包含两方面的内容，即物质上的复原和心理上的痊愈。

目前，国外对"恢复"的定义有多种：英国内政部（Home Office）在《公共安全危机恢复指南》中指出：恢复是危机发生后的社区复原和重建。[①] 美国国土安

---

① Cabinet Office. Recovery：an emergency management guide[R].2006

全部(DHS)2008年发布的《国家反应框架》中认为"在恢复的范畴内,就是采取行动使社区、个体、国家回到正常状态"。① 新西兰民防和应急管理部认为,危机发生后,恢复是在短期和中长期内对社区整体进行有效再造。②

通过上述内容,我们可以看出,无论是国内的理解还是国外的研究,恢复都不仅仅是使事物变成原来的样子,它更需要对危机进行评估,从危机处理中汲取经验和智慧,以促进事物的发展。结合上述观点,我们认为大型交通枢纽应急恢复为是在大型交通枢纽突发事件发生后,由政府、社会各方利用各种措施对该枢纽进行的复原重建和改进振兴。既包括对交通枢纽运行、管理的恢复,也包括对受到影响的组织、团体、个人的物质和精神权益的恢复。当前,学术界关于应急恢复的理论以系统论和脆弱性理论为主。

(一)系统论

系统理论(Systems Theory)认为③:灾害就是物理环境(如大气)的致灾因子对建设环境(如建筑物、道路、桥梁、港口、设施等)产生影响,对人的生存构成威胁。物理环境、建设环境与人的环境是三个相互依赖,相互促进的系统。如果这三个系统不协调,就会产生灾害。所以在恢复重建阶段,要实现这三个系统的协调统一,以促使事物恢复到原来的平衡状态。

在大型交通枢纽的应急恢复过程中,我们要正视和尊重物理环境、建设环境与人的环境三者之间的关系,建立更加优化的物理环境和人的环境,即在对大型交通枢纽进行改建或优化的同时要加强运营管理和维护,以提高抵抗突发事件的能力。恢复重建不仅要调整规划,全面消除危机对社会、环境、经济乃至公众心理的影响,还要分步骤实施,突出对大型交通枢纽复原至关重要的生命线系统。大型交通枢纽与人们的生活息息相关,首先要做好交通枢纽的恢复运营,使得危机对外生受灾人群的范围减少到最小。其次,要做好受灾群众的生理、心理的恢复工作,保障其人身及财产安全。

在大型交通枢纽突发事件的应急恢复过程中,不仅仅是消除某一次突发事件带来的不良影响,还应该总结经验,汲取教训,增强大型交通枢纽的防灾、防险、减灾、减险的能力,要化危为机,放眼未来,通过应急恢复使得物理环境、建设环境、人的环境三个系统进入新的协调统一状态,使大型交通枢纽的发展进入新

① The Department of Homeland Security (DHS).National Response Framework[J]January 2008:45.
② Sarah Norman. New Zealand's holistic framework for disaster recovery [J].The Australian Journal of Emergency Management,Vol. 21 No. 4.November 2006:16.
③ Brenda D. Phillips. Disaster Recovery [M], Taylor & Francis Group,2009:45 - 46.

阶段。

(二) 脆弱性理论

脆弱性(Risk-hazards) 理论模型的代表人物包括 I.Burton 等,他们认为区域自然灾害是致灾事件与人类相互作用过程的产物①。脆弱性是指人们十分容易受到自然灾害的影响及其受到影响的程度。在灾难面前,人类的生命、健康和财产安全面临着最大的风险挑战,此时的人群最脆弱。但是,不同的人群面对风险的反映是有差异的。在应急恢复阶段,我们就要针对这些差异,进行不同的恢复重建工作。这样既能使每一类受灾人群都能得到最有效的帮助,也能使有限的资源得到最大程度的利用。

在大型交通枢纽突发事件发生中,每一个在场的人员都是潜在的受害人。但不同的人面对同样的危害,其脆弱性不一,受损程度也不同。在大型交通枢纽应急恢复阶段,我们要根据受灾人群的收入、性别、种族等特征,有差别地进行恢复重建工作。一方面,针对老人、儿童、残疾人等弱势群体和经济欠发达且危机事件严重的地区,在恢复重建中的救助应该适度偏重。既要保证应急恢复工作的顺利进行,又要与遭受突发事件人员的家属进行有效沟通,注意安抚家属的情绪,避免衍生事件的产生。另一方面,在大型交通枢纽应急恢复阶段,要注意应急恢复资源的合理分配。既要安排好物质资源,又要合理调配人力资源,鼓励相关人员积极参与到恢复过程中来。在资源的调配中,当地政府要起到主导作用,通过协调有关部门,调动各种资源,尽快恢复大型交通枢纽的运行,消除突发事件带来的不利影响。同时,积极开展社会动员,鼓励交通枢纽中的受灾群众开展灾后的自救互救,同时也号召社会公众、社会组织积极参与大型交通枢纽的恢复、重建工作。

二、大型交通枢纽应急恢复的计划

古语说"凡事预则立,不预则废。"它强调做任何事情都要未雨绸缪,否则将很难达到预期的效果。由此可见,计划对人们生产生活的重要性。计划和管理二者相辅相成、密不可分。计划是管理的先导,是管理的重要组成部分。计划的目的就是使管理顺利实施,管理的目的就是实现计划的目标。因此,在大型交通枢纽应急恢复的过程中,要有效地把握计划和管理的关系。以计划为指导,在管

① Burton I, White G F. The Environment as Hazard [M]. 2nd Edition. New York: The Guilford Press, 1993:125.

理的过程中不断地修订、改正计划，促使大型交通枢纽应急恢复目标得以实现。

　　具体而言，大型交通枢纽应急恢复计划应该符合以下要求：有利于实现恢复过程管理的正规化；有利于加快恢复的进程；有利于确定恢复活动的组织网络，明确每个组织的责任和任务；有利于将各方面的资源、力量吸纳到恢复工作之中，确保社会参与；尽量简洁，但联系方式、资源列表要详细；由提供恢复服务的各项机构共同制定；以各机构的日常职能为基础；经常进行评估；明确恢复管理的结构和过程；规定适当的资源安排制度①。

　　按照上述的要求，应急恢复计划应该有条理、有步骤地开展，表6－1详细地列述了大型交通枢纽应急恢复计划设计步骤。

表6－1　大型交通枢纽应急恢复计划设计步骤表

大型交通枢纽应急恢复计划设计步骤	备　注
1.确定大型交通枢纽的关键部位，并按照重要性程度来分层	该步骤使得管理者能够按照顺序恢复大型交通枢纽的重要功能设施
2.列出应急恢复计划任务项的关键人员名单及其功能	在第一步的基础上，确定必须率先恢复的内容和可稍后恢复的内容
3.列出关键人员需要的设备	详细记录恢复所需要的工具及设施，确保恢复工作顺利实施
4.确定恢复地点和内容	明确恢复的地点和内容，使得负责人员有效进行恢复工作
5.建立恢复任务清单	每一个分配任务须具体分配到个人
6.识别出可能产生衍生危机的恢复项目	应识别出恢复过程潜在的危险
7.建立应急恢复计划实施负责小组	负责小组要做好应急恢复计划的制定工作，并具体负责应急恢复任务
8.建立应急管理的媒介工具	及时向公众发布应急恢复工作的进度和成效
9.建立更新该计划的日程表	过期的计划毫无价值，应根据具体情况修改计划

　　以下将对大型交通枢纽应急恢复计划步骤进行概括性介绍：

---

①　王宏伟.公共危机管理[M].北京：中国人民大学出版社，2012：170.

（1）了解大型交通枢纽应急恢复的基本情况。要对大型交通枢纽的突发事件进行恢复，就要了解突发事件的基本情况，包括突发事件发生的地点、突发事件的类型、事件发生的严重程度以及对社会财产和基础设置造成的损害程度等。

（2）明确应急恢复人员及设备。根据大型交通枢纽应急恢复的基本情况，尤其是事件的等级和造成的影响或损失，配备相应的应急恢复人员和设备。其中应急恢复人员包括管理人员、指挥人员和具体实施人员，应急恢复设备包括交通运输工具、通信设施、测量工具等。

（3）确定应急恢复的内容及清单。明确应急恢复的任务有利于更好地开展恢复计划。应急恢复的内容不仅涉及社会财产、基础设施、社会秩序等物质方面的恢复，同时也要对在大型交通枢纽处遭遇突发事件的人员心理进行恢复。此外，要将物质恢复和人员心理恢复的任务进行详细的记录，形成任务清单，方便应急恢复工作有秩序的开展。

（4）建立恢复计划实施小组。大型交通枢纽是众多人员换乘的地区，人流众多，一旦发生突发事件，其造成的人员伤亡必然极大，所损害的基础设施必然众多。因此，为了保证大型交通枢纽应急恢复计划的顺利进行需要相关的人员进行落实，以确保恢复计划的顺利进行。

（5）明确应急恢复的媒介工具。大型交通枢纽应急恢复计划关系到该枢纽的运营状况，同时也涉及枢纽的形象。因此，在应急恢复工作中，要通过社会媒体进行及时的播报，一方面可以加强社会公众对大型交通枢纽应急恢复进度的监督和检查，另一方面也可以避免社会混乱，维护社会秩序。

三、大型交通枢纽应急恢复的实施

大型交通枢纽应急恢复的实施，是将大型交通枢纽应急恢复计划付诸行动的过程。任何计划和管理都要付诸实践才有可能实现目标。应急恢复实施过程因其计划重点、实施人员以及政治环境等因素的不同而表现出不同的形式。由于国家体制的不同，应急恢复实施流程的侧重点也有所不同。

结合恢复重建的特点和主要内容等，美国建立了比较完善的工作流程，重点强调恢复重建的方案编制、评估、实施和总结四个过程，并对每个过程中的承担主体、参与人员、工作内容、工作程序等均做出了明确而细致的规定。[①] 在应急恢复和重建的过程中，美国联邦政府会提供大量的资金来保护公民的财产权。

---

① 钟开斌.中外政府应急管理比较[M].北京：国家行政学院出版社，2012：295－331.

这些资金受到美国国会、审计署的严格监督,用于灾民的生活保障、基础设施、公共服务设施的恢复重建。

与美国灾后恢复重建流程不同,日本的灾后恢复重建采取重建(Building)、恢复(Back)、复兴(Better)的BBB政策,要求灾后建造的房子要比过去更好,生活质量要比灾前高①。日本在灾后重建的过程中非常注意总结抢险救灾过程中的经验和教训。这一点值得我国在大型交通枢纽应急恢复过程中学习和借鉴。

按照我国《突发事件应对法》的相关规定,突发事件"事后恢复与重建"的内容与措施主要包括五个方面:停止应急处置措施;进行损失评估;制定恢复重建计划,支援恢复重建工作,恢复正常社会秩序和公共设施,制定优惠政策;开展救助、补偿、抚慰、抚恤、安置、心理干预等工作;进行事后调查与总结报告等。②

大型交通枢纽应急恢复的实施也应当按照我国《突发事件应对法》的要求,从上述五个方面开展。大型交通枢纽突发事件应急恢复主要包括大型交通枢纽恢复重建、突发事件损失补偿、受灾人群心理重建和大型交通枢纽形象管理。这些工作直接影响到大型交通枢纽突发事件的恢复效果,因此需要进行重点研究。

(一)大型交通枢纽恢复重建

一些重大突发事件往往会使大型交通枢纽受到破坏或重创,因此,大型交通枢纽就面临着突发事件后基础设施的重建问题。重建主要有两种类型,一是在原交通枢纽的基础上进行修复和改进;二是重新选址再建。一般情况下,人们会单从成本方面考虑,更多选择在原来的基础上重建,而米莱蒂(Mileti)和帕萨里尼(Passerini)则从政治、文化、经济和心理四个方面阐述了在原交通枢纽的基础上进行修复和改进的合理性。③ 具体原因包括:①政治原因。政治家希望尽快重建,消除灾害的影响。公众渴望恢复到正常的状态,所有事物复原如初。②文化原因。公众习惯于自己以往的社区生活。从某种意义上讲,变化带来社会扰动。③经济原因。主要考虑到迁徙成本高,为了减少成本,故而选在原址上进行重建。④心理原因。人们往往回避受到灾害这一事实。迁徙导致社会关系网络遭到破坏。综合考虑以上四种因素,大型交通枢纽的恢复重建工作应尽可能选择在原枢纽所在地进行。

① 钟开斌.中外政府应急管理比较[M].北京:国家行政学院出版社,2012:295-331.
② 中华人民共和国中央人民政府.中华人民共和国突发事件应对法[EB/OL]. http://www.gov.cn/ziliao/flfg/2007-08/30/content_732593.htm.
③ 王宏伟.公共危机管理[M].北京:中国人民大学出版社,2012:173.

（二）突发事件损失补偿

大型交通枢纽处人群密集，一旦发生突发事件，对人员的身体和心理产生巨大的影响。如果补偿工作不到位，就可能会引起群众的不满，甚至会被不法分子利用，造成社会秩序混乱。因此，要对大型交通枢纽突发事件的受害人员进行一定的补偿。关于补偿，一方面要确保补偿的公平公正，另一方面要多方位地弥补受害者的损失。

日常生活中，最常见的损失补偿方式是政府补偿和意外保险。政府是应急管理的行为主体。在大型交通枢纽的恢复补偿过程中，政府发放救灾款，这是突发事件损失补偿的主要手段。同时，保险公司会根据投保者的投保状况和受灾程度分担风险。除了上述两种补偿方式之外，也经常会有来自国内外社会各界的捐助。突发事件发生后，国内外社会各界出于人道主义的立场，自发地捐款捐物。此外，一些非政府组织在灾害捐助中也发挥着独特作用，是补偿和恢复重建不可忽视的力量。所以，在大型交通枢纽突发事件补偿当中应该注意利用救灾款、灾害保险、社会救助等多种方式进行补偿。

（三）受灾人群心理重建

世界卫生组织（WHO）的调查显示①：自然灾害或重大突发事件之后，约20%～40%的受灾人群会出现轻度的心理失调，这些人不需要特别的心理干预，他们的症状会在几天至几周内得到缓解；30%～50%的人会出现中度、重度的心理失调，及时的心理干预和事后支持会帮助症状得到缓解。而在灾难发生后一年之内，20%的人可能出现严重心理疾病，他们需要长期的心理干预。

在大型交通枢纽应急恢复中，我们应该重视受灾人群的心理重建问题，建立多元化的灾害心理救助和干预体系。最重要的手段就是需要建立专家小组，对受害人群进行心理评估，并及时组织心理咨询专家就诊，以降低突发事件发生后心理疾病的发生率，努力减少突发事件造成的精神创伤。此外，也可以通过组织心理救助志愿者，建立援助共同体，来辅助专家对受害人群进行心理辅导和心理康复。大型交通枢纽还可以利用自身的资源优势传播应对心理危机的有效策略和健康行为，增进公众对大型交通枢纽突发事件心理影响的认识，提升公众面对突发事件的应急能力和心理素质。

（四）大型交通枢纽形象修复

良好形象的维护是转"危"为"机"的关键。大型交通枢纽的服务群体众多，

---

① Saxena，S.Mental Health and Psychosocial Support in Crisis Situation［R］.Geneva：WHO，2005.

影响范围大,如果在突发事件发生后,相关管理主体不能有效地对大型交通枢纽的形象进行修复,就会引起一系列的联动反应,如对大型交通枢纽安全的质疑和对枢纽管理人员的不信任等。这不但会降低该大型交通枢纽的运营效率,而且也会影响正常的社会秩序。大型交通枢纽的形象修复需要各方的共同努力。一方面,大型交通枢纽运营主体要提高突发事件后枢纽的安全保障水平;另一方面,要借助一系列应急公关的措施增强社会公众对大型交通枢纽的信任。

在应急恢复实施中,管理者要维护好大型交通枢纽的形象。突发事件发生的第一时间,管理者要及时处理,减少事件给公众出行带来的不便。首先,管理者要以积极的态度应对突发事件,对应急措施的科学性和合理性做出详细说明。既展示负责任的组织形象,也给公众吃"定心丸",让公众认识到这次突发事件只是偶然事件,大型交通枢纽管理者有足够的能力应对突发事件造成的损害,且该枢纽整体上仍然是安全可靠的。其次,要做好应急公关工作。一方面要尊重事实,尽快把突发事件的原因、受灾情况和处理进度告知公众;另一方面,要维护枢纽安全便捷的形象。最后,在突发事件发生后,管理者应该对该交通枢纽的建造隐患进行全面检查,对大型交通枢纽应急管理的管理体制、机制进行优化,避免危险的再次发生。

第二节　大型交通枢纽突发事件损失调查与评估

在"非典"事件之前,我国针对突发事件调查评估方面的法律法规很少,而仅有的规定也局限于对事件处置行动方面,即对事件中的渎职行为和其他违法行为给予否定性评价、对事件责任主体和存在违法行为的主体给以严重的法律惩罚。① 2003 年,胡锦涛总书记在全国防治非典工作会议上深刻指出:"总结经验,有利于我们更好地推进各项工作。汲取教训,也是我们改进工作的重要途径,而且往往是更重要的途径。"对突发事件进行调查与评估是总结经验和汲取教训最有效的方式之一。国务院办公厅分别在 2004 年、2005 年和 2006 年连续三年颁布了《做好突发公共事件应对工作评估分析的通知》。这些文件涵盖了各年自然灾害、事故灾难、公共卫生事件和涉及社会安全的突发事件情况、应对工作以及分析评估等内容。

可以说,调查评估对我国应急管理体系的改进起着重要的作用。突发事件

---

① 钟开斌.中外政府应急管理比较[M].北京:国家行政学院出版社,2012:323.

调查评估从突发事件的产生开始,按照其进行的顺序,可以分为突发事件损失调查评估、突发事件过程调查评估、突发事件绩效评估。本节将从大型交通枢纽损失调查评估入手,阐述其评估模型、主体和实施程序。

一、大型交通枢纽突发事件损失调查评估模型

评估一项突发事件的损失,可以了解突发事件的危害程度、涉及范围及对社会治安的影响。同时,损失调查评估也是恢复重建工作的基础和前提。但是,突发事件所造成的损失往往多样而复杂,不易评估。依据大型交通枢纽突发事件造成损失的特点,我们将损失分为经济损失和非经济损失两大类,利用系统研究和系统设计的方法建立了大型交通枢纽突发事件经济损失评估模型。

(一)大型交通枢纽突发事件损失分类

对大型交通枢纽突发事件损失的分类是对突发事件损失定量计算的基础。在突发事件应急与救援工作完成之后,就开始对突发事件所造成的损害情况以及恢复重建的需求进行评估。突发事件对我们造成的损失是多种多样的,比如人员伤亡、财物损失、建筑物破坏、社会骚乱等。我们一般把这些损失分为经济损失和非经济损失,具体分类如图 6-1。

1. 直接经济损失

直接经济损失是指由于大型交通枢纽突发事件所造成财产损失以及对伤亡人员的救助、赔偿的费用。

1) 财产损失

财产损失是指突发事件现场造成的交通枢纽、车辆、货物、道路交通设施等财物损毁的实际价值。

交通工具损失。交通工具直接损失主要与突发事件涉及的交通工具数量、损坏程度以及实际价值有关。

货物损失。货物直接损失主要受货物的市场价格、损毁数量和运输费用等因素影响。与交通工具损失价值相比,货物损失的影响因素更易于理解和确定,且用于损失价值估算的数据更易于获取。

交通枢纽设施损失。交通枢纽设施损失指突发事件导致交通枢纽及其有关设施损坏而产生的费用状况。

2) 人员救助赔偿损失

人员救助赔偿损失是指在救助伤亡人员期间发生的急救、医疗费用等经济损失以及由此引起的各项赔偿费用等经济损失。在此项分析计算中,将其分为

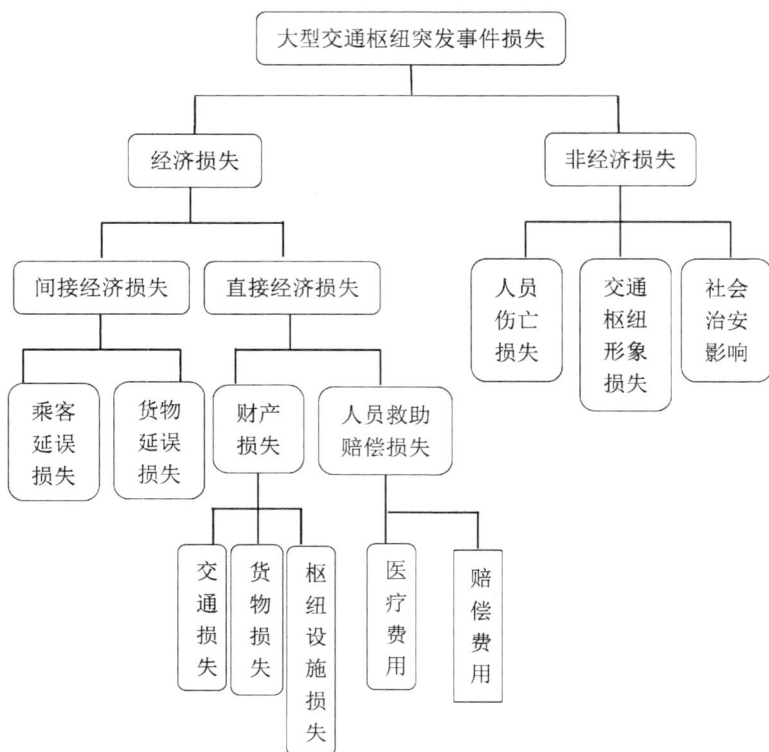

图 6 - 1　大型交通枢纽突发事件损失分类

医疗费用和赔偿费用两部分。

医疗费用。包括医疗费、误工费、护理费、住院伙食补助费、交通费和住宿费。

赔偿费用。包括残疾者生活补助费、残疾用具费、丧葬费、死亡补偿费和被抚恤人员生活费。

2．间接经济损失

大型交通枢纽突发事件发生后，因轨道、飞机航班等交通工具发生不同程度的延期所导致的乘客或货物在途时间增长而额外增加的运输费用，包括乘客延误损失和货物延误损失两部分。

1）乘客延误损失

突发事件引起交通设施延误，致使乘客在途时间增加，使其创造的国民收入相应减少，这部分因时间延误使国民收入减少的份额就是乘客延误损失。

2）货物延误损失

突发事件导致交通线路发生时间延误，使得在途货物占压的资金的利息增加，这部分增加的资金就是货物延误损失。

3．非经济损失

非经济损失指大型交通枢纽突发事件所带来的无法直接用货币体现其价值的损失。包括：人员伤亡损失、交通枢纽形象损失、社会治安影响损失。

1）人员伤亡损失

人员伤亡损失包括：死亡人数、受伤人数、死伤者家属的精神损失。突发事件造成的人员死亡、受伤会导致社会劳动力资源的损失，同时伤亡人员家属也会遭受精神上的极大痛苦，影响其生活质量。

2）交通枢纽形象损失

大型交通枢纽发生突发事件后难免会影响公众对该交通枢纽的信任和使用，如果突发事件应对事件较长、造成的后果比较严重就会导致交通枢纽形象受损，公众可能会减少甚至放弃使用该交通枢纽。

3）社会治安影响

大型交通枢纽人员密集且结构复杂，容易发生突发事件。而突发事件一旦爆发，就会导致公众心理的恐慌和不法分子的嚣张气焰，对社会安全构成威胁，对社会治安造成不良影响。

（二）建立大型交通枢纽突发事件经济损失模型

经济损失模型的建立首先需要进行系统分析，将问题状况的分析过程过渡到系统目标的确认过程。其次需要进行系统设计，从系统结构上确定系统环境因素与系统部件之间的关系、数据流的特征，进而建立损失评估模型。

1．系统研究

根据大型交通枢纽突发事件系统的特征，建立大型交通枢纽突发事件经济损失评估的系统研究框图（图 6 - 2）。致险因子通过孕险环境系统会产生突发事件，大型交通枢纽处发生突发事件会造成不同程度的损失，通过易损性分析得出损失率，从而评估直接经济损失。最后，将直接经济损失和间接经济损失加总，以评估整个突发事件的经济损失。

2．系统设计

根据上述系统研究，建立大型交通枢纽突发事件经济损失评估系统的结构图（见图 6 - 3）。大型交通枢纽的环境参数和突发事件发生频率等因子相互作用，生成突发事件生成过程模型，从而得出突发事件的危害情势，再结合交通枢

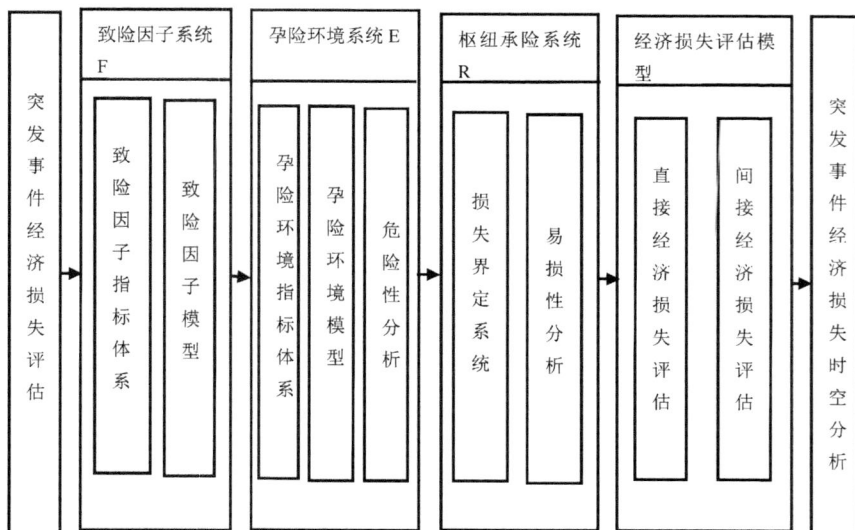

图 6 - 2　大型交通枢纽突发事件经济损失系统研究框图

纽特征参数进入突发事件损失界定系统,得出损失率后通过直接经济损失模型得出大型交通枢纽突发事件直接经济损失。间接经济损失由乘客延误损失和货物延误损失组成,这两类损失因顾客配合等原因很难通过调查小组进行全面而准确的调查,故不在此赘述。

3. 经济损失评估模型

在大型交通枢纽突发事件的损失中,经济损失可以用损失率估算,即:

$$D_i = CT_i * f_i$$

其中: D_i 为第 i 项财产的突发事件经济损失, CT_i 为第 i 项财产的灾前财产价值, f_i 为第 i 项财产的损失率。影响损失率的影响因素有突发事件的严重程度、持续时间、预警时间、财产实体的新旧程度等。

二、大型交通枢纽突发事件损失调查评估主体

不同的损失评估主体因其应用不同的评估方法或评估过程的侧重点不同,得出的损失评估结果也会不同,从而会影响突发事件的恢复重建工作。突发事件损失调查评估主体主要有政府评估和第三方评估两种。

(一) 政府评估

在我国,大型交通枢纽突发事件发生之后,一般由地方政府或者相关应急管

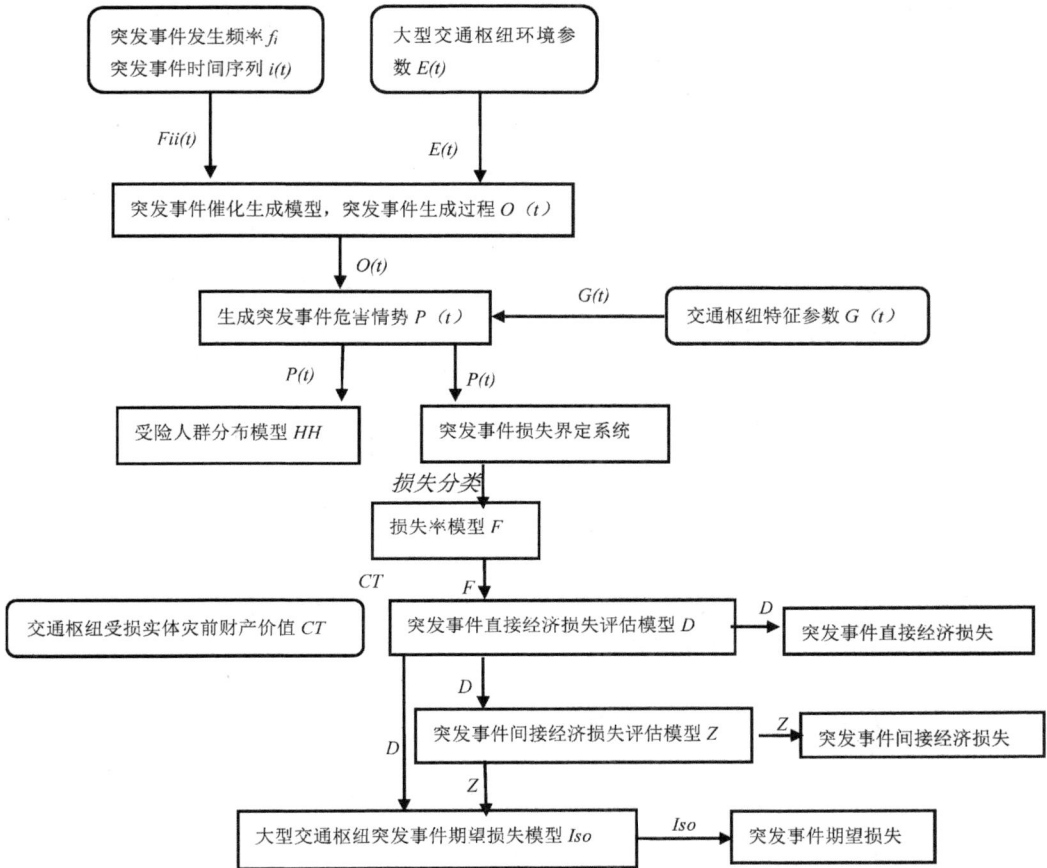

图 6-3　大型交通枢纽突发事件损失评估结构图

理机构指派评估小组，进入现场进行损失评估工作。评估小组进入现场后会立即了解突发事件的情况，确定损失最严重的地区并界定受灾范围。评估小组同地方有关部门，准备损失评估所需要的基础资料，收集了解大型交通枢纽的规模、分布、结构。调查小组首先要对人员伤亡的具体情况进行统计和评估，再对交通枢纽的破坏情况进行评估，统一破坏等级的具体标准。在对直接损失评定之后，根据恢复重建的投入等级评估间接损失。

（二）第三方评估

第三方评估是指由独立于政府及其部门之外的第三方组织实施的评估，也称外部评估,通常包括独立第三方评估和委托第三方评估。[①] 第三方评估作为一种必要而有效的外部制衡机制,评估主体与突发事件的责任主体既没有隶属关系也没有利益关系,并且评估要做到独立、专业和权威。有利于提高评估结果的客观性和公正性。大型交通枢纽突发事件损失调查第三方评估可分为高校专家评估模式和专业公司评估模式。

1. 高校专家评估模式

该模式是高校的专家学者接受政府委托进行损失调查评估的模式。该模式有利于集结在损失评估方面最专业的人员来进行评估工作,可以保证损失评估过程的科学性以及评估结果的准确性和客观性。同时,也有利于高校专家深入突发事件现场,将知识与实践相结合,促进突发事进调查评估的发展。

2. 专业机构评估模式

这是政府委托专业的评估组织来进行大型交通枢纽突发事件损失评估的模式。这种模式采取市场化的方式,一方面可以保证损失评估的独立性、专业性和准确性;另一方面政府部门可以将节省下来的人力物力投入到突发事件的恢复和重建工作当中,加快恢复重建的进程。

三、大型交通枢纽突发事件损失调查评估工作的实施

为了能够高效率、高质量地对大型交通枢纽突发事件造成的损失进行调查评估,我们应该明确大型交通枢纽突发事件损失调查评估的工作程序,具体如下:

(一)建立独立调查机构

在大型交通枢纽突发事件发生后,应该设立一个独立于利益相关方、相对来说具有权威性的独立的调查机构,开展全面细致的调查工作。这一调查机构应该包括相关专家和专业调查评估人员,以确保评估结果的科学性和可靠性。

(二)调查损失情况

评估小组进入现场,深入调查大型交通枢纽突发事件的损失情况。评估小组进入现场后应立即了解突发事件造成损失的严重程度和影响范围。评估组可以向地方有关部门索取与评估有关基本资料,进行深入调查。为了保证调查结果全面和准确,应该对调查的内容进行有效分类,按类别、分步骤进行

---

① 包国宪.绩效评估:推动地方政府职能转变的科学工具——甘肃省政府绩效评价活动的实践与理论思考[J].中国行政管理,2005(07).

调查。

（三）对调查结果进行评估

突发事件具有突发性的特点，但其背后隐藏着深刻的原因。这需要在深入调查之后，做深刻的评估工作。应该评估出受灾最严重的群体和地域，并安排相应的救助资源。同时，要根据评估结果，指导大型交通枢纽的恢复重建工作，改进大型交通枢纽的预警设施等。

（四）撰写评估报告

撰写评估报告，为整改重建措施提供建议。在损失调查评估工作完成后，就要根据调查情况撰写评估报告。报告应该包括调查人员、调查内容、调查结果、调查评定和对整改重建措施的指导意见。在找到大型交通枢纽突发事件发生的根本原因之后，应该加强防范和整改措施，使其他大型交通枢纽类似突发事件发生的可能性降到最低。

第三节　大型交通枢纽突发事件应急管理的绩效评估

大型交通枢纽突发事件应急管理的绩效评估是应急管理持续改善的关键。在突发事件的预警、应对、恢复的过程中，是否做到了高效、节约；相关部门的应急管理措施和做法是否需要改进；社会公众对突发事件中相关行为主体的表现是否满意，这些问题都要属于突发事件应急管理绩效评估的范畴。

一、对应急管理绩效评估的认识

"绩效"这一概念在经济学、管理学中广泛使用。它主要通过可测量的、可量化的、可计算的、可比较的结果指标来衡量一个经济活动的效益。随着企业管理和经济学的不断发展，"绩效"这一概念被广泛运用于各个领域，例如人力资源管理、组织效用评价等。

近年来，各类突发事件爆发越来越频繁，造成的后果越来越严重，产生影响越来越深远，相关部门在应对突发事件时所投入的人力和物力也越来越多。在效用理念的影响下，人们对应急资源的投入产出比产生了更多的关注。在此背景下，应急管理绩效评估的重要性日益受到政府、专家学者和公众的重视。突发事件应急管理绩效评估成为应急管理的新视点。

所谓应急管理绩效评估，是指对以政府为主体包括非政府公共组织在内的公共部门在实施应急管理的过程中，在讲求内部管理与外部效应、数量与质量、经济因素与伦理政治因素、刚性规范与柔性机制相统一的基础上，获得的应急危机管理的产出进行的评审界定①。大型交通枢纽突发事件应急管理绩效评估不但是评估交通枢纽应对突发事件效果的依据，而且是提高交通枢纽应急管理能力的指导框架，它明确了大型交通枢纽应急管理的目标和方向，同时也指出了完善应急管理的具体工作内容。

二、大型交通枢纽突发事件应急管理绩效评估的主体和客体

应急管理绩效评估必须要有明确的主体和客体。没有明确的主体，绩效评估工作就无法实施；没有明确的客体，评估主体就不知道要对谁评估，评估工作就会陷入混乱。目前，我国在大型交通枢纽突发事件方面的应急管理绩效评估尚不完善，因此，明确绩效评估的主体和客体，对于促进大型交通枢纽突发事件应急管理就显得尤为重要。

（一）应急管理绩效评估的主体

应急管理绩效评估的主体主要包括社会公众、专业化评价机构和大型交通枢纽的自我评价，具体如下：

（1）社会公众。社会公众是大型交通枢纽应急管理的有力监督者。社会公众通过获取大型交通枢纽应急管理绩效方面的相关信息，对大型交通枢纽突发事件管理提出建议，实现大型交通枢纽与社会公众之间的良性互动。应急管理绩效评估中引入公众参与机制，将事实与价值取向结合起来，可以增加评价模式的社会相关性，提高大型交通枢纽应急管理效益②。

（2）专业化评价机构。专业化评价机构是大型交通枢纽应急管理绩效评价的基本主体之一。它作为评价的外部机构在评价过程中发挥着重要作用，在事后对突发事件进行总结时，可以利用自身信誉度高、独立性强的优势开展评估。

（3）大型交通枢纽的自我评价。自我评价即大型交通枢纽自身充当评价主体对突发事件的处置工作绩效进行评价。自我评价有特定的优势，相关部门本身更了解自我的运作机制，与局外人参与的评价相比更容易简化评价程序，真正把握业绩、寻找差距、确定方向③。自我评价具体到大型交通枢纽内部，应包括

① 卓越.公共部门绩效评估[M].北京：中国人民大学出版社.2004：2.
② 马梦砚.创新地方政府公共危机管理绩效评级体系[C].中国行政管理学会会议论文集.2010：354－362.
③ 马梦砚.创新地方政府公共危机管理绩效评级体系[C].中国行政管理学会会议论文集.2010：354－362.

对组织的每一位应急管理者和工作人员的工作成绩进行定期评价,最终使大型交通枢纽应急管理的绩效得到较大幅度的提升。

（二）应急管理绩效评估的客体

根据处理突发事件的流程,应该将大型交通枢纽突发事件应急管理绩效评估的客体设定为:突发事件应急规划与演练情况、突发事件检测与预警的情况、突发事件应急疏散与救援情况和突发事件应急恢复与调查评估情况。调查评估人员应该根据这四部分详细内容,进行深入、细致的评估,在确保各部分应急管理绩效评估提高的基础上,促进大型交通枢纽应急管理绩效评估整体的提高。

三、大型交通枢纽突发事件应急管理绩效评估的指标体系

大型交通枢纽应急管理绩效涉及的内容众多,为了对其开展更好的评估,需要构建全面的、系统的、具有大型交通枢纽特色的绩效评估指标体系。

（一）大型交通枢纽突发事件绩效评估指标体系的构建

大型交通枢纽应急管理绩效评估的指标要能够体现出评估主体在大型交通枢纽监测与预警、应急疏散与救援、恢复调查与评估等各个方面的表现情况,要对大型交通枢纽应急管理工作进行全方位的评价。在对工作进行全面评估时需要遵循一定的原则,具体原则如下:

（1）可操作性原则。绩效评估指标必须具有可行性和操作性。为了确保指标的可操作性需要开展以下工作:其一,通过对整个大型交通枢纽突发事件的评估获得对应的数据;其二,将获得的数据进行量化,尽量选择定量指标或者已经被专家赋值的定性指标;其三,指标设定要简洁、精确,方便测量。

（2）可比性原则。绩效评估是评估相关主体在突发事件中的表现,所以,评价指标必须具有可比性,包括纵向的可比性和横向的可比性。通过横向的对比要能够反映出大型交通枢纽应对突发事件的方式和特点,通过纵向的对比要能反映出随着管理水平的提高,应对突发事件的能力也不断地在增强。

（3）系统性原则。科学有效的评价体系必然是能够全面反映和衡量应急管理的水平。这一评价体系要对大型交通枢纽突发事件进行全面的、整体的评估,同时,此体系在体现突发事件应急管理绩效评估体系的普遍性的基础上,又要体现出大型交通枢纽的特殊性。

（4）独立性原则。指标体系是一个系统的、相互渗透的体系,各指标都分属不同的层次和类别,是相互独立的。如果某两个指标不是相互独立的,就在某种

程度上增加了该项指标的权重，会影响最终绩效评估效果的科学性和有效性。当然，两条相互排斥的指标也不能放在同一个系统当中，否则评价工作将无法有效继续进行。

（5）动态性原则。大型交通枢纽突发事件应急管理绩效评估过程本身就是一个不断发展、不断完善的过程，应急管理绩效评估指标并不是一成不变的，要根据实际情况进行适当的调整，以适应时代的发展。

根据大型交通枢纽应急管理的过程，将应急管理绩效评估指标进行如下设置，其中包括五项一级指标，分别是应急预警系统绩效、决策指挥系统绩效、应急处置系统绩效、资源保障系统绩效和信息管理系统绩效（考虑到资源的保障和信息的沟通对应急管理的作用）。此外，在这五项一级指标下还设置了二级指标和三级指标。下面对这五项一级指标进行详细的介绍。

应急预警系统绩效指标，意在考评大型交通枢纽的应急意识是否到位，应急预防工作是否充分，即包含两方面的内容：一方面对公众的应急意识教育力度进行评估，包括宣传教育和应急知识；另一方面对大型交通枢纽自身的预警措施进行评估，包括应急预防、应急培训与应急演练等三级指标。

决策指挥系统绩效指标，是评估在应急过程中，应急组织是否决策有力，决策的执行是否迅速、准确，沟通协调是否通畅快速。有效的决策指挥离不开专业的应急机构和顶级的专家团队。同时，日常的有效管理和通畅的决策、协调和信息反馈渠道是提高决策效益的重要保障。

应急处置系统绩效指标，是对应急处置进行系统的评估，涉及应急动员、应急反应、处置措施和物资调度等等内容。在应急处置时要进行应急动员，要求应急者做到快速反应、尽快处置，保障人身和财产安全，之后要做好恢复重建和总结整改工作。

资源保障系统绩效评估指标，评估应急工作中的人员、物资、资金、医疗等保障是否充分，是否能保障应急工作的顺利进行。除了以上保障之外，还应该做好辅助性保障工作，包括交通保障、通讯保障、装备保障和技术保障等。

信息管理系统绩效指标，意在评估在应急管理过程中信息的采集、处理、传输等工作是否迅速，信息的内容是否准确。信息系统的各项工作对信息人员的专业、能力和经验都有很高的要求。

在遵循可操作性、可比性、系统性、独立性和动态性原则下，运用科学的方法，制定大型交通枢纽突发事件绩效评估体系，如表 6-2 所示。

表 6 - 2　大型交通枢纽突发事件绩效评估体系

目标层	一级指标层	二级指标层	三级指标层
大型交通枢纽突发事件应急管理绩效 A	应急预警系统绩效	宣传教育	宣传内容
			宣传方式
			宣传周期
			宣传范围
		应急意识	公众对各种突发事件的了解程度
			公众对突发事件预防的意识与措施
			公众对风险的感知能力
		应急预防	交通枢纽应急预案体系
			交通枢纽应急规划
			交通枢纽安全防范措施
			制定和实施安全管理制度
			针对易发生的突发事件制定预案
			对人员超密集区域制定预案
		应急准备	人员准备的措施
			物力准备的措施
			财力准备的措施
			单位组建的应急救援队伍
			单位为救援人员购买保险和防护设备
			单位对突发事件的宣传教育和应急演练
			社会疏导与组织能力
			应急管理专业人才培养
			应急管理研究
		突发事件检测	监测范围
			台网密度
			监测对象
			检测周期
			检测数据分析
			前兆观测手段
		突发事件预警	事件发生概率
			发生时间估算
			持续时间预测
			政府发布警报
			与预警级别对应的政府措施
			警报的调整、发布与解除
			预警期的终止和有关措施的解除
		培训与演练	培训内容
			培训范围
			培训周期
			演练周期
			培训与演练效果评估

（续表）

目标层	一级指标层	二级指标层	三级指标层
大型交通枢纽突发事件应急管理绩效A	决策指挥系统绩效	应急机构	机构设置
			职能配置
			岗位设置
			人员素质
			队伍建设
		日常管理	应急管理内容
			预案制定、调整和执行
			法规制定和宣传
			部门规章制定和执行
			规范性文件指定和执行
		专家组成	专业结构
			年龄结构
			能力结构
			整体水平
		辅助决策	专家提供决策方案
			专家提供专业指导
			专家提供信息支持
		决策效率	充分讨论决策问题
			敢于承担决策责任
			每次都有决策结果
		预案启动	预案选择
			预案生成
		指挥调度	建有指挥信息系统
			指挥调度熟练程度
			现场指挥变动能力
			调度效率
		综合协调	全面统筹应急管理工作情况
			决策指挥系统与事故现场指挥实时沟通
			各部门合作协调情况
		信息反馈	信息反馈制度
			应急情况通报
			执行偏差与纠正

（续表）

目标层	一级指标层	二级指标层	三级指标层
大型交通枢纽突发事件应急管理绩效 A	应急处置系统绩效	应急动员	应急动员力度
			媒体介入程度
			社会各界关注程度
			社会各界响应程度
		快速反应	政府、军队等投入救援所需时间
			应急指挥中心投入救援所需时间
			救援人员到达现场救援所需时间
		处置措施	对突发事件的应急处置措施
			对经济性影响的处置措施
			对物资生产、运输、供给的要求
			对事态发展和处置信息的发布
		救援培训	处置前培训
			处置前演练
			救援知识和技能掌握情况
		物资设备调度	物资设备供应
			物资设备运输
			物资设备分发
		人员抢救	自救情况
			互救情况
			搜救情况
			伤亡情况
		财产抢救	救物情况
			施救控制
			损失情况
		灾害控制	灾害控制措施
			有效力量投入
			灾害蔓延或恶化控制
		恢复重建	综合评估
			制定重建计划
			制定优惠政策（救助、补偿、抚慰、抚恤、安置）
			获得上级对恢复重建的支持程度
			获得社会各界对恢复重建的支持程度
			恢复枢纽秩序
			恢复枢纽设施
			解决矛盾和纠纷
			展开心理辅导
		总结整改	政府及其部门对恢复重建政策的落实情况
			有关单位对恢复重建政策的落实情况
			公民个人对恢复重建政策的落实情况

（续表）

目标层	一级指标层	二级指标层	三级指标层
大型交通枢纽突发事件应急管理绩效A	资源保障系统绩效	人员保障	专职应急人员
			兼职应急人员
			应急技术专家
		物资保障	选址
			物资储备
			物资供给
			物资输送
			物资调度
		资金保障	应急储备金
			社会捐款
			资金到位情况
			资金支出情况
		医疗保障	医疗人员数量
			医疗药物数量
			医疗设备数量
			病床数量
		设施保障	交通枢纽受损程度
			交通枢纽抢修情况
			交通枢纽新修情况
			交通枢纽运输情况
		通信保障	有线通信
			网络通信
			卫星通信
			微波通信
		装备保障	应急装备供应
			应急装备采购
			应急装备开发
		技术保障	专业救援技术
			新技术开发
			新技术应用
		避难场所保障	疏散避难场所数量
			疏散避难场所面积
		保险保障	人均承保额
			保险深度

（续表）

目标层	一级指标层	二级指标层	三级指标层
大型交通枢纽突发事件应急管理绩效A	信息管理系统绩效	信息管理人员	管理人员数量
			管理人员专业
			管理人员能力
			管理人员经验
		信息系统建设	应急联动系统
			信息系统先进性
			信息系统数据更新
			信息系统操作演练周期
		信息报送	对信息的收集、报送、通报、分析、评估和向上级报告
			建立信息报告员制度
			专业机构和监测网点的信息报送
		信息采集	信息采集范围
			信息采集网络
			信息采集分辨率
			信息采集精度
			信息采集概率
		信息处理	信息汇总与整合
			综合信息查询
			对比分析
			事前评估
			风险评估
			事件预警
			个性化需求
		信息传输	监测信息传输
			预警信息传输
			救援信息传输
			恢复信息传输
			信息传输渠道
			信息传输效率
			信息传输质量

（本指标体系在参照廖洁明的突发事件应急管理绩效评估指标的基础上修订提出）

（二）大型交通枢纽应急管理绩效评估的程序和应用

1. 大型交通枢纽应急管理绩效评估的程序

绩效评估是一个动态的过程，需要详尽的计划和具体的步骤，评估程序的设计会直接影响评估的结果。大型交通枢纽应急管理绩效评估程序包括确定评估目标、实施评估方案、撰写评估报告和分析评估结果。

1）确定绩效评估的目标

确定评估目标有利于明确评估方向，开展后续工作。在确定评估目标时，首先要通过咨询、调查等方式确定大型交通枢纽决策者的需要；其次要实地考察了解大型交通枢纽评估的问题和范围；最后要运用科学、合理的方式确定评估方法，确保这些评估方法能够实现大型交通枢纽绩效评估的目标。

总的来说，大型交通枢纽突发事件绩效评估的目标就是大型交通枢纽运营主体在面对突发事件时能够进行全面、准确、系统的判断，以提高自身的应急管理水平。

2）实施评估方案

（1）收集相关资料。资料的收集是开展绩效评估的前提，要保证绩效评估的准确性、可靠性，就要确保信息来源的真实性和信息内容的全面性。因此，可通过分发问卷、实地走访、收集报纸、网络搜索等方式进行资料搜集。同时要对资料的来源进行明确的标注和归类，以备之后的调查。

（2）划分评估项目。在绩效测定之前，要把总体绩效按照表6-2的绩效指标分为五个不同的项目。每一个项目要安排总负责人和评估小组，负责人对该评估项目的评估结果负责，确保评估的客观性。

（3）绩效测定。绩效测定人员需要具备专业的评估知识和丰富的评估经验，并且熟知大型交通枢纽的评估体系和各个评估项目。成立评估小组做好任务分配，保证每个小组成员熟知自己的评估内容。

（4）开展评估。评估人员在评估工作的开展中要实事求是、认真负责，严格按照评估要求，做好调查评估工作。遇到问题及时向评估小组负责人汇报。另外，要做好评估的影像资料记录等工作，以备日后检查使用。

3）撰写评估报告

评估报告体现了评估的成果，要在调查工作完成之后进行。评估报告需要包括评估目的、评估程序、评估标准、评估依据、评估结论和评估结果等内容。首先将调查的信息进行分类整合，通过计算机对数据进行处理，制成图表。由评估小组对图表信息进行分析和讨论评估信息的客观、公平和公正。其次，要对评估方案的设计和评估过程进行再次复核。最后,按照评估报告的内容、格式等要求撰写评估报告。

4) 分析评估结果

评估报告撰写完成后,要向社会公开评估结果。公众在获取评估信息后可以更好地对大型交通枢纽应急管理进行监督。同时根据评估结果,科学评价突发事件应急管理工作的成就和不足,并将评估结果作为对应急管理相关人员奖惩的依据。

2. 大型交通枢纽应急管理绩效评估结果的应用

绩效评估的结果只有应用于今后的大型交通枢纽应急管理工作中才会发挥其应有的作用,否则绩效评估将失去意义。大型交通枢纽应急管理绩效评估的应用主要表现在以下两个方面:一方面,重视应急管理绩效评估结果的公布。要提高大型交通枢纽相关管理部门的应急管理能力,就要将应急管理绩效评估的结果进行公开,各部门通过横向的对比,从而了解到自身的不足,为改进自身的缺点奠定基础。同时,将评估结果通过大众媒体尽快传递给相关部门及社会公众,保证相关部门和社会群众的知情权,同时也能够加强部门内部的监督和群众对相关主体的外部监督,确保绩效评估结果的公正。另一方面,将大型交通枢纽绩效评估结果与相关管理部门的奖惩制度衔接。在奖惩制度的作用下,相关部门会对自身的不足之处进行反思,同时借鉴其他部门的优势和经验,相互取长补短,切实提高应急管理能力,改善应对突发事件的效能,提高应急效率,使得应急管理绩效评估结果发挥其真正的作用。

第七章

国外大型交通枢纽突发事件应急管理分析与启示

灾害和各类突发事件一直伴随着人类文明发展的脚步。进入 21 世纪以来，全世界范围内由各类自然灾害、事故灾难、恐怖袭击导致的大型交通枢纽突发事件频发，造成了巨大的人身伤害和经济损失。西方发达国家的城市化发展较早，大型交通枢纽的建设、运营及突发事件应急管理也相对完善。本章主要通过对纽约、莫斯科、大邱、尼崎、伦敦等城市大型交通枢纽突发事件应急管理体系介绍和分析，归纳总结其应对大型交通枢纽突发事件的典型经验，为我国大型交通枢纽突发事件应急管理提供借鉴。

第一节　自然灾害引发大型交通枢纽突发事件应急管理分析

一、自然灾害引发大型交通枢纽突发事件概况

自然灾害指自然界存在的危险因素所产生的影响，自然灾害具有不可控性、周期性和广泛性等特征。飓风、地震、洪水、泥石流等自然灾害都可能引发大型交通枢纽突发事件。常见的对大型交通枢纽影响较大的自然灾害包括两类：一是气象灾害，具体包括飓风、洪水等。2005 年 8 月底，来自加勒比海的五级飓风"卡特里娜"在佛罗里达州东南部登陆，随后，飓风"卡特里娜"引发了高能量风暴潮，使美国七个州遭受洪水灾害，受灾地区房屋损毁、道路被淹、交通系统几乎完全瘫痪，截至 9 月底，受飓风直接影响而死亡的人数达 1 209 人，经济损失超过一千亿美元。二是地质灾害，主要包括地震、泥石流等。1995 年 1 月 17 日凌晨日本阪神地区发生了 7.2 级强烈地震，地震波及日本关西地区 2 府 5 县，使几万栋房屋化为废墟，路面开裂，地基变形，铁道弯曲，列车脱轨，再加上地震引发的

火灾,阪神•淡路大地震中共计死亡人数超过 5 400,受伤人数超过 2.7 万,造成经济损失超过 960 亿美元。① 自然灾害是造成大型交通枢纽突发事件的因素之一。

二、纽约交通网络受飓风影响紧急关闭事件概况及分析

纽约市(New York City)作为美国第一大都市和商港,拥有全世界最庞大、复杂的地铁交通网络。纽约市地铁交通网络始建于 1904 年,发展到今天共包含 26 条运行线路,运行里程超过 370km,共有 468 个地铁站,是世界上地铁站最多的地铁交通网络之一。纽约市地铁交通网络的几乎所有线路都是 24 小时全天运营,日吞吐客流量超过 800 万,年吞吐客流量不少于 20 亿。受特殊的地理环境和地缘政治因素影响,纽约市地铁交通网络经常受到风灾、水灾、火灾等自然灾害以及恐怖袭击等人为灾祸的威胁,造成严重的经济损失和恶劣的社会影响。因此,纽约市政府对纽约市地铁突发事件的应急管理工作十分重视。

(一)纽约交通网络受飓风影响紧急关闭事件概况

2011 年 8 月 20 日,大西洋上第九个热带风暴"艾琳"生成。两天后,"艾琳"加强成为飓风并登陆波多黎各,随后,"艾琳"又吹袭了多米尼亚、海地等国,在加勒比海地区造成至少 3 人死亡,多人受伤,万人无家可归。8 月 25 日,联合国灾害警报和协调系统发布信息称,飓风"艾琳"已经从加勒比地区转移,将沿美国东岸向北移动,强度逐渐加强,美国东部多个地区将受影响。同日,美国国家飓风中心发出警报,称"艾琳"在北卡罗来纳登录时可能会升级为四级飓风。美国东部地区迅速做出反应,纽约州、新泽西州、弗吉尼亚州、马里兰州和北卡罗来纳州五州州长当天相继宣布各州进入紧急状态。8 月 27 日晚,"艾琳"抵达纽约。百老汇的所有表演取消,纽约所有 468 个地铁站和 840 英里的地铁轨道关闭,上千辆公交车停驶,全城施工现场停顿。纽约三大机场肯尼迪机场、纽瓦克几场和纽约拉瓜迪亚机场全部关闭,美国东部共 1 万趟航班取消。纽约市长布隆伯格感慨地说:"大自然要比我们强大太多。"②

为了应对飓风,纽约市宣布于 8 月 27 日中午关闭地铁系统,这是该市历史上第一次因为应对自然灾害而宣布地铁停运。纽约市市长布隆伯格命令,全市开放 91 个疏散中心和庇护所,为紧急疏散无法回家的人提供临时住宿。除检查

---

① 赵成根.国外大城市危机管理模式研究[M].北京:北京大学出版社,2006:309-310.
② 毕振山."艾琳"肆虐北美沿海[N].工人日报,2011-9.

建筑工地和施工设备安全的人员外,所有建筑施工队停止工作,直到 29 日 7 时。

(二)纽约市大型交通枢纽突发事件应急管理分析

为了应对大型交通枢纽突发事件,纽约市政府在过去的半个多世纪中不断摸索,建立了一套较为完善的突发事件应急管理体系,该体系在应对纽约交通网络受飓风影响紧急关闭事件中显示出了明显优势。

1. 纽约市大型交通枢纽突发事件应急管理组织机构

纽约市危机管理办公室是纽约市大型交通枢纽突发事件应急管理的常设机构,其前身可以追溯到第二次世界大战期间罗斯福总统成立的联邦市民防御办公室。危机管理办公室下设四个工作单元:健康和医疗科主要负责对可能影响到纽约市市民身体健康和人身安全的各种大型交通枢纽突发事件进行充分的准备;人道服务科的职责是与其他政府部门、社会组织通力合作,为大型交通枢纽突发事件中的受害者提供看护等人道主义服务;危机复苏和控制科主要负责损失评估、设施重建等与大型交通枢纽灾后重建相关的事务;国土安全委员会负责协调市政府、州政府和联邦政府大型交通枢纽应对恐怖袭击等方面的计划与行动。

纽约市危机管理办公室作为大型交通枢纽突发事件应急管理的最高指挥协调机构,与纽约市警察局、消防局、医疗服务机构等纽约市政府相关职能部门,非政府组织、志愿者组织,州危机管理办公室、联邦紧急管理署、国家气象服务中心、公平正义部、能源部等州、联邦机构通力合作,共同参与应急管理。(见图 7-1)

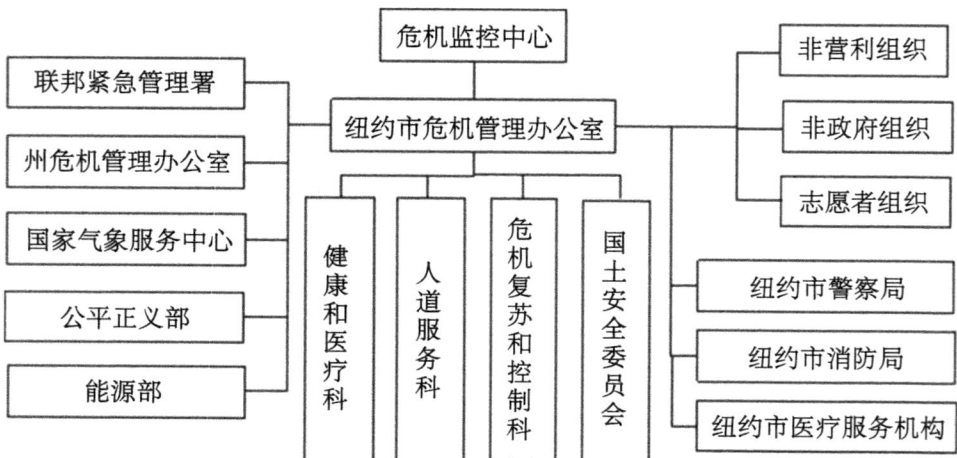

图 7-1　纽约市应急管理办公室工作网络图

纽约市危机管理办公室设有 24 小时专业人员轮值的危机监控中心,危机监测人员通过计算机支持网络等途径,时刻关注着涉及大型交通枢纽突发事件应急管理的各部门、组织提供的实时信息;当大型交通枢纽发生突发事件时,及时告知危机处理室或危机指挥中心,根据突发事件的规模统筹各部门、组织和机构共同参与应急管理。纽约市危机管理办公室的主要目标是增进市民对大型交通枢纽突发事件的认知,统筹各方为应对大型交通枢纽突发事件做好充分的准备。具体职责包括:①为可能发生的大型交通枢纽突发事件做好必要的准备,降低突发事件可能产生的影响;②塑造应急文化,开展大型交通枢纽突发事件自救、互救技能培训,帮助公众充分认识突发事件,增强公众应对突发事件的能力;③统筹和协调各类资源进行大型交通枢纽突发事件灾后恢复与重建;④收集、分析、传播与大型交通枢纽突发事件相关的重要的信息;⑤统筹参与大型交通枢纽突发事件应急工作的多元主体和各种资源,为纽约市大型交通枢纽可能遭遇的突发事件做好准备。

美国原本就是建立在地方自治联合基础上的国家,在这种背景下强调社会公众参与大型交通枢纽突发事件应急管理工作容易形成传统。2005 年,"卡特里娜"飓风灾害后,美国开始强调"市场"角色的重要性,尝试以更具弹性的合作框架将私人部门纳入国际应急管理体系。2011 年,美国联邦紧急事务管理署,又提出"全社区方法",培育社区各公众的应急能力。① 美国政府在突发事件应急管理方面的一系列政策为非政府组织、志愿者组织等以及私人部门参与大型交通枢纽突发事件应急管理拓宽了渠道。

2. 纽约市大型交通枢纽突发事件应急管理反应体系

纽约市大型交通枢纽突发事件应急管理反应体系是纽约市大型交通枢纽应对由自然灾害、技术灾害、恐怖袭击等致灾因子引发的突发事件的指南,是纽约市大型交通枢纽突发事件应急管理机构构建的指导性工具。

纽约市大型交通枢纽突发事件应急反应以"建立协作伙伴关系,分级应急反应,能力可扩展性、灵活性和适应性,统一指挥、统一行动,常备不懈"② 五项原则为指导。通过组建大型交通枢纽突发事件现场指挥部、分区指挥部和地方应急反应中心,组织实施大型交通枢纽突发事件应急准备、应急反应、恢复重建等工作。应急准备工作的具体内容包括:预案制定、购置执行现有标准的装备、对各

---

① 张海波,童星.中国应急管理结构变化及其理论概化[J].中国社会科学,2015(03).

② 苗崇刚,黄宏生,谢霄峰,范增节.美国国家应急反应框架[M].北京:地震出版社,2011:9.

团队和组织进行系统培训、收集情报与预警。精确地掌握致灾因子发生、发展的相关信息并根据评估结果发出预警是完善应急准备工作的重要基础。面对飓风"艾琳"的威胁,美国气象部门根据飓风预警系统检测到的信息,第一时间向全美发出飓风灾害预警,纽约市市长布隆伯格先后 7 次召开新闻发布会向市民发布飓风警报、公布纽约应急管理工作的最新进展,这些都为纽约市面对飓风"艾琳"及其引发的大型交通枢纽紧急关闭事件开展应急准备工作的开展奠定了基础。应急反应工作具体包括:动员部署人力和物力资源、协调应急反应行动。及时有效的应急反应行动是群众生命安全和财产安全的保护伞,也是应急反应工作的关键关节,为了应对飓风"艾琳"及其引发的大型交通枢纽紧急关闭事件,美国联邦、州、市政府及相关职能部门、社会组织在收到预警信息后,迅速结成了密切的合作关系,通过组织紧急救援、提供救援物资、提供紧急避难所等方式共同参与到应急反应行动之中。恢复重建工作具体包括:防止次生事件的发生、社会秩序恢复、公共设施的恢复、生产和经济的恢复。飓风"艾琳"及其引发的大型交通枢纽紧急关闭事件结束后,纽约市政府在恢复重建工作上花费了大量的资金和时间。

三、日本上越新干线列车受地震影响脱轨事故概况及分析

上越新干线大宫—新泻区段于 1971 年 12 月开工,1982 年 11 月 15 日建成并正式开通运营,是连接东京和本州岛上越地区最大港口城市新泻市的一条准轨双线高速铁路。上越新干线从东北新干线的大宫站出发,至新泻全长 303.6km,工程总投资 16 300 亿日元,沿途设有熊谷站、高崎站、上毛高原站、越后汤泽站、浦佐站、长岗站、燕三条站七个停靠站,是日本第一条横贯本州岛东西的新干线,图定开行列车 80 余对,平均每天运送旅客约 10 万人次。

(一)日本上越新干线列车受地震影响脱轨事故概况

2004 年 10 月 23 日,JR(Japan Railway)东日本铁路公司的 325C 次列车由东京站始发开往新泻方向,17 时 49 分正点通过浦佐站后,车速由 210 km/h 降至 200 km/h,准备到达前方停车站——长冈车站。当列车驶出距大宫站 205.701 km 的谷隧道并进入直线区间时,17:56 左右新泻县中越大地震发生。列车顿时剧烈左右摇动和上下起伏震动,并且牵引网停电,几乎与此同时司机实

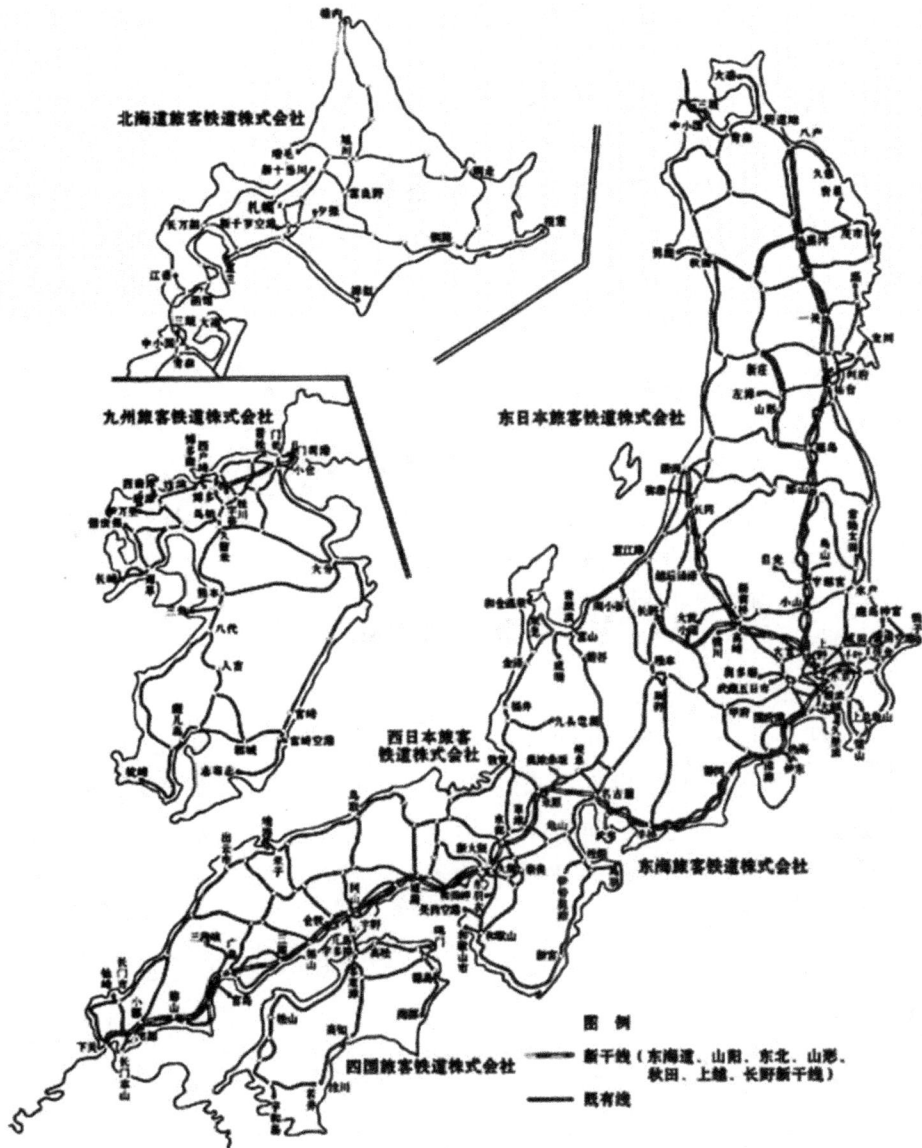

图 7-2　日本新干线高速铁路及既有铁路的分布图[①]

施了列车紧急制动,前行约 2km 后停在距大宫站 207.828km 处的高架桥上,此时列车距长冈车站大约有 5km。列车编组的 10 节车厢中除了 4、5 节车厢外,其

---

① 钱立新.世界高速铁路技术[M].北京:中国铁道出版社;2002:5.

余 8 节车厢悉数脱离轨道,第 1,6,7,9 和 10 节车厢的部分车轮轮缘几乎消失或有较大的撞痕;第 7,8,9 和 10 节车厢的车底部有被钢轨造成的线状损伤;第 10 节车厢右后侧面下部被轨道板和排水沟划伤,其前转向架第 1 轴的牵引电机底部被撞出一个直角形的深坑;除第 6,7 节车厢外,其他车厢的门窗外侧玻璃共计 20 余处均有不同程度的损坏。[①] 所幸列车车厢在地震引发的脱轨事故中没有发生颠覆,没有后续列车到来,上行线此时也没有列车经过,列车上的 154 名乘客没有伤亡。这是日本自 1964 年 10 月建成并开通运营世界上第一条高速铁路——东海道新干线的 40 年以来发生的第一次列车脱轨事故。

（二）东京都大型交通枢纽突发事件应急管理分析

东京都受地理位置和自然环境的影响,时常面临地震、台风、火山喷发、水灾等自然灾害的威胁,导致大型交通枢纽突发事件发生的频率较高。在自然灾害引发的大型交通枢纽突发事件的应急管理过程中,日本大型交通枢纽突发事件专业应急人员及社会民众形成了牢固的灾害意识,建立了一套从中央到地方全面应对各种因素引发的大型交通枢纽突发事件的应急管理体制,积累了大量值得借鉴的经验。

1. 东京都大型交通枢纽突发事件应急管理宣传教育

东京都通过建设多种多样的防灾资料物馆及富有特色的防灾中心,开展多种类型的大型交通枢纽突发事件应急演练和应急能力培训,播放各种灾害及大型交通枢纽突发事件应急工作宣传片,构建资源丰富、功能强大的大型交通枢纽突发事件应急管理网络平台等方式,把大型交通枢纽突发事件应急管理的宣传教育融入市民的日常生活之中。

东京都设有许多防灾资料馆和防灾中心,虽然建筑规模不大,但在培养东京市民的应急意识方面发挥了至关重要的作用。东京都要求市民时常到这些防灾资料馆和防灾中心学习和体验应对自然灾害或人为灾祸引发的大型交通枢纽突发事件的方法。防灾资料馆和防灾中心通过先进的设备,运用高科技手段模拟大型交通枢纽突发事件现场,让市民在虚拟现实中身临其境,通过虚拟程序指引市民实施自救与互救,并根据其行为的有效性和科学性打分。这种寓教于乐的方式给市民留下深刻印象的同时,更提升了市民应对大型交通枢纽突发事件的能力。

1995 年东京地铁沙林毒气事件之后,东京都对中、小学教育中的大型交通

---

① 阳建鸣,刘春雨.日本上越新干线列车脱轨事故研究[J].中国铁路,2006(08).

枢纽突发事件应急管理宣传教育愈发重视。在中小学教材中添加了大量培养危机意识和突发事件应对能力的内容,如《思考我们的生命和安全》等。此外,学校还通过经常性的各种类型的突发事件演习演练培养学生应对突发事件的能力。

在东京都的大型交通枢纽、道路交通设施等公共场合随处可见各式各样的防灾标识,许多地方还设有简易的应对大型交通枢纽突发事件的逃生装备。此外,市民防灾手册也是东京都大型交通枢纽突发事件应急管理宣传教育的重要工具,防灾手册通过日语、英语、汉语等几种语言,借助生动可爱的卡通人物形象介绍东京都常见的引发大型交通枢纽突发事件的致灾因子、自救方法和紧急逃生路线等。掌握了这些应急知识,不论是市民还是旅客,在面对大型交通枢纽突发事件时不至于惊慌失措。

正是由于东京都对大型交通枢纽突发事件应急管理宣传教育的重视和努力,上越新干线列车受地震影响脱轨事故中大部分乘客能够做到从容面对,实施自救和互救,避免了事故导致人员死亡的悲剧。

2. 东京市大型交通枢纽突发事件应急管理的技术支持

新干线在建设发展的过程中非常重视轨道交通安全技术的开发与应用,也因此持续保持了新干线旅客运输零死亡的安全记录。这一记录的保持除了凭借其高质量的线路基础、先进的动车装备和完善的控制技术之外,完善的自然灾害预防机制也是新干线高安全性的基础。日本铁路部门根据本国的实际情况,在铁路沿线和海岸线上安装风速和地震测试仪等相关设备,一旦有台风或地震等灾害发生,测试系统可以及时发出灾害报警,迅速切断新干线的电网供电,迫使列车停止运行,从而最大限度地降低灾害所带来的损害。[①] 同时,在 JR(Japan Railway)东日本新干线区域内,为了防范可能发生的大雪灾害,新干线网路上设置喷水融雪装置、快速除雪装置,还使用耐寒、防雪结构车辆等。在车辆的定期维护保养上,新干线也是运用了多种新技术及方法。新干线设有 8 个车辆中心相互构成维护保养网络,结束一天行程的车辆进入各车辆中心接受检查、进行保养。为保证 200 公里以上时速运行的新干线线路及触网的安全工作,日本设计了新干线电气、轨道综合检测车"East-i"、多振轨枕捣固车、钢轨探伤车、接触网跟换作业车、钢轨打磨车、结构物检车、作业车及确认车,对行车设备的状态实施严密的监控。正是由于新技术的运用,新干线实现了大密度、大运量、高准确

---

① 吴强.日本高速铁路考察报告[J].铁道经济研究,2006(02).

性的安全、稳定运行。[①]

通过对上越新干线列车受地震影响脱轨事故的调查和技术分析,JR 公司在改进地震早期检测预警系统、强化轨道结构、改进车辆、加固道路和桥梁四个方面进行了技术改进,进一步完善了大型交通枢纽突发事件应急管理的技术支持。

第二节　人为原因引发大型交通枢纽突发事件应急管理分析

一、人为原因引发大型交通枢纽突发事件概况

在大型交通枢纽突发事件的原因中,人为原因是重要因素之一。人为原因引发的大型交通枢纽突发事件可以分为三类:人为事故导致的大型交通枢纽突发事件、人为紧张引发的大型交通枢纽突发事件、人为破坏导致的大型交通枢纽突发事件。

(1) 人为事故导致的大型交通枢纽突发事件,即由于人的不自觉行为导致的大型交通枢纽突发事件,是人们按照正常动机与行为力求避免的由于不可抗因素引发的大型交通枢纽突发事件。2005 年 4 月 25 日上午 9 时 18 分,日本铁路公司的一辆市郊往返列车在尼崎市内脱轨后撞向一幢公寓的底层停车库。该班次列车在前一站停站时超越了停车线,从而导致列车比预定时刻晚点 90 秒,列车长为了弥补列车晚点所造成的时间损失,在下一站(尼崎市)提高了列车速度。事故现场弯曲路段的建议速度为 60 公里每小时(35 英里每小时),但列车脱轨时的速度已超过 120 公里每小时(75 英里每小时)。此次事故导致 107 人死亡和 549 人受伤。[②]

(2) 人为紧张引发的大型交通枢纽突发事件,是某些人因为不满个人权利或利益受损而产生某些过激行为所导致的大型交通枢纽突发事件。2017 年 2 月 10 日 19 时 15 分左右,港铁荃湾线 A113/A192 列车由金钟站开出不久,一名 60 岁男子突然于第一节车厢内语无伦次地表示儿子被人害死,决定与乘客同归于尽。男子随即放火自焚,火势迅速蔓延至往后的数节车厢,事件共造成 19 人受伤,其中 4 人重伤危及性命,为港铁通车 38 年来最严重事故。

(3) 人为破坏导致的大型交通枢纽突发事件,是某些人因特定的破坏动机,

① 王富章.铁路突发事件应急管理研究[M].北京:中国铁道出版社,2010:31.
② 王富章.铁路突发事件应急管理研究[M].北京:中国铁道出版社,2010:198.

蓄意破坏社会秩序、引发社会骚乱而导致的大型交通枢纽突发事件。1995 年 3 月 20 日上午 8 时左右,一群奥姆真理教教徒在日本东京市中心 3 条地铁线的 5 列地铁列车及 16 个车站投放了麻痹中枢神经的沙林毒气和其他剧毒溶剂,引发了几千人的毒气中毒事件。众多乘客突然受到不明气体的刺激,出现瞳孔缩小、咳嗽、晕眩、呼吸困难等症状。① 此次事件造成 12 人死亡,5 000 多人受伤,14 人终身残疾,几条地铁主干线被迫关闭,几十个地铁站受到影响。

二、莫斯科市地铁恐怖袭击事件概况及分析

莫斯科地铁全称为"列宁莫斯科市地铁系统",开通运营于 1935 年,被公认为世界上最完善、使用效率最高的地铁。莫斯科地铁日均客流量超过 800 万人次,整个地铁系统包括 197 个地铁站,73 个换乘站,693 个自动扶梯,复线地铁运营总里程达到 329 km,每天的地铁列车运行次数达到 1.05 万辆,平均时速 41.24km/h,最大的换乘站为"列宁图书馆""亚历山大公园""阿尔巴特站"。② 由于地理位置、气候条件等引发的水灾、火灾、地震等自然灾害频繁,再加上恐怖袭击等人为事故的影响,莫斯科大型交通枢纽突发事件应急管理面临着巨大的考验。

（一）莫斯科市地铁恐怖袭击事件概况

2004 年 2 月 6 日上午 8 时 32 分,在扎莫斯克沃列茨卡娅地铁线上,一列载满乘客的列车从巴维列茨卡娅站驶向汽车厂站。驶离站台不过 300 米,恐怖分子在列车上引爆炸弹,车头的第二节车厢内发生爆炸,随即列车内燃起大火,隧道里浓烟滚滚。据俄罗斯内务部副部长切卡林宣布,截至莫斯科时间 6 日 15 时 15 分,共有 39 民无辜市民在恐怖袭击中丧生,另有 122 人受伤住院治疗,其中 16 人伤势严重。④ 2010 年 3 月 29 日 7 时 56 分,惨案再次发生,恐怖分子在一列即将驶入卢比卡杨地铁站的列车上引爆炸弹,列车第二节车厢发生爆炸,爆炸的威力相当于 3 千克的 TNT 炸药,约 40 分钟后,另一列地铁列车在文化公园站发生爆炸。导致 41 名无辜市民在恐怖袭击中丧生,超过 25 名市民受伤。⑤

①　王新斋,霍鲁鹏,王惠敏.日本东京地铁沙林毒气事件回顾及教训[J].人民军医,1999(07).
②　郑翠玲.完善的莫斯科地铁消防安全保障体系[J].国际消防,2016(12).
③　万多龙,李得伟.莫斯科地铁的特点及对我国地铁的启示[J].都市快轨交通,2011(05).
④　吕岩松.莫斯科地铁又遭恐怖袭击[N].人民日报,2004-4.

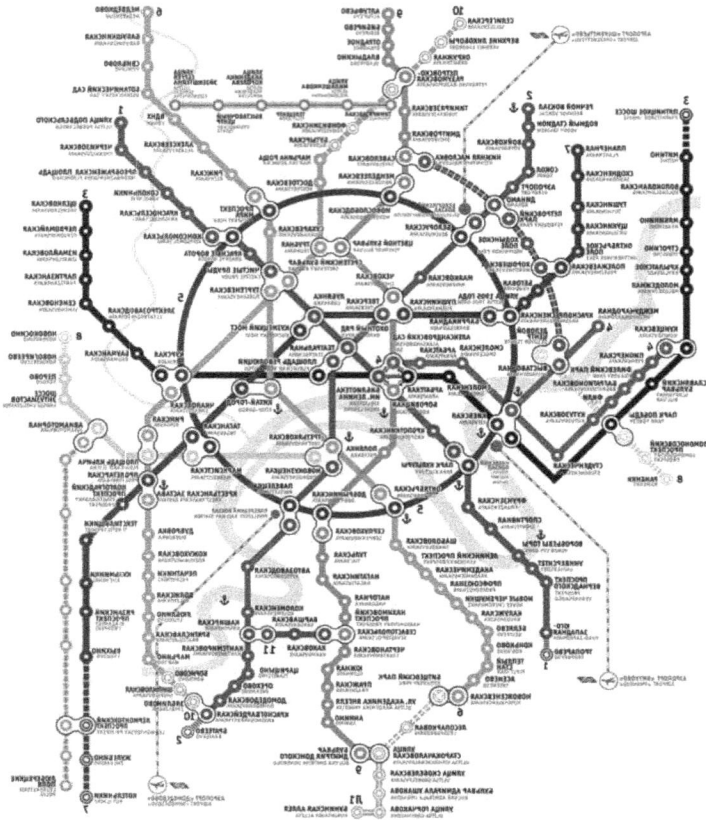

图 7 - 3 莫斯科地铁线网[①]

表 7 - 1 2000—2010 年俄罗斯大型交通枢纽遭遇的恐怖袭击事件

恐怖袭击事件发生时间	恐怖袭击事件发生地点	恐怖袭击事件造成伤亡
2003 年 12 月 5 日	斯塔夫罗波尔边疆区	至少 44 人死亡,超过 150 人受伤
2004 年 2 月 6 日	莫斯科	至少 39 人死亡,超过 100 人受伤
2004 年 8 月 31 日	莫斯科里加地铁站	10 人死亡,51 人受伤
2007 年 8 月 13 日	"涅夫斯基"特快列车	60 人受伤

---

① 聂运鹏,谢荣,卢敬利.莫斯科地铁遭恐怖袭击[N].新华社,2010 - 3.

（续表）

恐怖袭击事件发生时间	恐怖袭击事件发生地点	恐怖袭击事件造成伤亡
2009 年 11 月 27 日	博洛戈耶市附近	至少 26 人死亡，超过 100 人受伤
2010 年 3 月 29 日	莫斯科	41 人死亡，超过 20 人受伤

2004 年 2 月 6 日，莫斯科地铁发生恐怖袭击事件，莫斯科市政府接到报警后，迅速采取应急管理措施，按照跨部门反恐委员会制定的应急预案，在爆炸现场迅速组建紧急行动指挥部，由莫斯科市检察长祖耶夫担任指挥。联邦紧急情况部、联合国防部、内务部、联邦安全局、对外情报局及莫斯科市警察局、消防局、公交部门、医疗卫生机构等迅速投入突发事件应急管理的各项工作。以紧急情况部、莫斯科内务总局等部门为核心的突发事件应急处置与疏散队伍迅速开赴爆炸现场，仅用 30 分钟时间就在巴维列茨地铁站集中了 20 多辆救护车、7 辆消防车，在汽车厂地铁站集中了 50 多辆救护车。紧急情况部安排直升机迅速飞临爆炸现场抢救伤员，莫斯科市公交部门紧急调用公共汽车前往爆炸现场参与疏散乘客。① 经过各部门的同心协力，终于在两个小时内将爆炸地铁上被困的 700 多名乘客全部疏散。

（二）莫斯科大型交通枢纽突发事件应急管理分析

俄罗斯是世界上国土面积最大的国家，受地理位置、气候条件、人为因素的影响，莫斯科市大型交通枢纽时常遭受地震、水灾、火灾、雪灾、火山喷发、低温冰冻等自然灾害及恐怖袭击等突发事件的威胁，莫斯科市政府很早就开展了大型交通枢纽突发事件应急管理工作。经历多次大型交通枢纽突发事件后，莫斯科市在大型交通枢纽突发事件应急管理过程中基本形成了统一指挥、分级负责的应急管理体制，运转高效、全社会共同参与的应急机制，积累了许多值得借鉴的经验。

1. 莫斯科市大型交通枢纽突发事件应急管理的管理体制

莫斯科市大型交通枢纽突发事件应急管理体制以联邦紧急状态部（俄罗斯联邦民防事务、紧急状态与消除自然灾害部）为核心，其他部门协调配合，接受联邦紧急状态部的领导。俄罗斯紧急状态部始建于 1994 年 1 月 10 日，内设包括紧急状态预警司、后勤装备司、财务经济司、基础设施发展司在内的 11 个职能司和包括紧急状态部法律局、消防与专业消防部队管理局、保护信息与保障搜救工作安全局、社会信息联系局在内的 11 个局。全面负责由自然灾害、人为灾祸等

---

① 中国网.莫斯科地铁爆炸案透视[EB/OL].http://lianghui.china.com.cn/chinese/2004/Feb/493009.htm.

因素引发的各类大型交通枢纽突发事件的防灾减灾（Mitigation）、准备（Preparedness）、应对（Response）、恢复（Recovery）等应急管理工作。

在纵向上，俄罗斯联邦、州、市、基层村镇四级政府设置了垂直领导的紧急状态机构。同时，为强化应急管理机构的权威性和中央的统一领导，在俄联邦和联邦主体之间设立了六个区域中心，每个区域中心管理下属的联邦主体紧急状态局，全俄形成了五级应急管理机构逐级负责的垂直管理模式。联邦、区域、联邦主体和城市紧急状态机构部、中心、总局、局下设指挥中心、救援队、信息中心、培训基地等管理和技术支撑机构，保证了紧急状态部有能力发挥中枢协调作用①。俄罗斯紧急状态部自成立以来，在大型交通枢纽突发事件应急管理的各项工作中发挥了十分重要的作用。

2. 莫斯科市大型交通枢纽突发事件应急管理的应急队伍

精良的应急队伍和完善的应急管理人才培养机制为莫斯科市大型交通枢纽突发事件应急管理提供了重要的人力资源。莫斯科大型交通枢纽突发事件应急管理中精良的应急队伍主要包括联邦层面的消防队、搜救队、民防部队和莫斯科地铁警察。俄罗斯中央航空救援队不仅掌握先进的救援技术还拥有多种专业救援设备，通过直升救援机、直升运输机、特种救援车、纤维光学设备、液压装置、潜水呼吸装置等先进的救援设备为救援工作高效、顺利的开展奠定了基础。俄罗斯地铁警察由苏联地铁民警发展而来，2011 年 2 月 7 日，俄罗斯联邦总统签署批准联邦法律《警察机关法》，确认了俄罗斯联邦现行警察制度的主要内容。莫斯科市内务局局长依照《警察机关法》批准了莫斯科市的地铁警察处条例，确认了莫斯科市迪特警察制度的主要内容。一旦发生大型交通枢纽突发事件，莫斯科地铁警察有义务积极参与分析和预测公共秩序维护、公共安全保障的形式，在自身职责权限范围内组织准备工作和动员工作，参与大型交通枢纽突发事件应急管理工作；与其他应急管理部门一起维护大型交通枢纽的公共秩序，保障枢纽内公民的人身安全；如果专业化的救助未能及时提供，莫斯科地铁警察负有对受灾群众及时提供首轮帮助的责任等。

为了提高大型交通枢纽突发事件应急管理人才的综合素质，莫斯科市除了针对专业救援人员制定了培训和考核体系外还与高等院校合作，联合培养大型交通枢纽突发事件应急管理高端人才，莫斯科政府与民防学院、国家消防学院、

---

① 国务院办公厅赴俄罗、日应急管理考察团.俄罗斯、日本应急管理考察报告[J].中国应急管理,2007(2).

圣彼得堡国立消防大学、伊万诺夫国立消防大学等高等学府建立了长期合作关系,培养了大批大型交通枢纽突发事件应急管理专业骨干。

三、大邱市中央路地铁站纵火事件概况及分析

大邱位于首尔东南方向约 300 公里处,是韩国的第三大城市,2002 年日韩世界杯有四场比赛在大邱进行。大邱市地铁于 1997 年建成并投入运营,地铁 1 号线运营里程为 25.9 公里,首发站 Daegok 站到终点站 Ansim 站之间共设 30 个站点。该段线路的钻挖隧道长达 4.15km,带箱型截面的路线长达 23.34km,采用明挖覆盖法建造而成。[①] 中央路地铁站位于大邱市区,是大邱市最繁忙的地铁站之一。

（一）大邱市中央路地铁站纵火事件概况

韩国时间 2003 年 2 月 18 日 9 时 53 分,韩国大邱市地铁一号线由半月堂站驶来的 1079 次列车停靠在中央路站时,一名患有暴力情绪病的乘客在该列车上纵火。由于列车内部均由高度易燃材料制造,火势迅速蔓延。9 时 57 分,由大邱站驶来的 1080 次列车停靠在 1079 次列车的一侧,两车相距 1.3 米。大火迅速蔓延到 1080 次列车上,被困在 1080 次列车内的所有乘客全部罹难。由于 1079 次列车驾驶员崔正涣未能及时将突发纵火事件通知到应急管理机构,1080 次列车驾驶员崔相烈的错误指挥和不负责任的行为,这起火灾致使 192 人罹难,148 人受伤,两列列车总共 12 节车厢全部损毁,直接经济损失约 5 000 亿韩元。火灾发展情况如表 7-2 所示。

表 7-2　大邱地铁火灾发展情况分析[②]

时间(韩国)	火灾的发展
09 时 53 分	由半月堂站(Banwoldang Station)开来的 1079 次列车停靠在中央路站(Jungangno Station); 列车进站前,一名 56 岁的暴力情绪病患者在第五节车厢用汽油(约 4 升)将列车点燃,其目的在于自杀; 列车靠站后,纵火犯同一些乘客一起逃离了列车; 火灾警报响起,但是机械设备控制中心的官员却忽视了警报

① 王富章.铁路突发事件应急管理研究[M].北京:中国铁道出版社;2010:209-210.
② 王富章.铁路突发事件应急管理研究[M].北京:中国铁道出版社;2010:211-212.

（续表）

时间（韩国）	火灾的发展
09 时 55 分	大火在 2 分钟内迅速蔓延到列车的 6 节车厢； 1080 次列车由相反方向驶离大邱站（Daegu Station），向中央路站（Jungangno Station）驶来
09 时 57 分	1080 次列车停靠在燃烧着的 1079 次列车旁，两列车相距约 1.3 米； 由于 1079 次列车一直在燃烧，平台层烟雾缭绕； 1080 次列车的车门开启了一瞬间，但司机很快又关闭了车门，意在阻止烟雾进入车厢； 1080 次列车的电源被火警探测系统关闭；
09 时 59 分—10 时 03 分	1080 次列车的驾驶员等待电源重新开启，并等待上级的命令，没有让乘客撤离列车； 驾驶员在没有打开乘务车厢门的情况下逃离列车； 大火蔓延到 1080 次列车并烧死被困的 19 名乘客
13 时 30 分	大火熄灭。但是由于充满毒烟，营救工作指导 15 时 30 分才开始

　　大邱市中央路地铁站应急设备配置不健全增加了应急救援的难度，加重了灾害的影响。地铁列车没有配备灭火器，地铁站缺少洒水和紧急照明设备，以及通风系统。在充满浓烟、漆黑一片的地下空间，许多乘客在寻找逃生通道的过程中窒息而死。

　　整个韩国乃至国际社会都对此次中央路地铁站纵火事件酿成的悲剧表示同情与愤怒。大邱市政府承诺会在各地铁车站安装完备的安全设备，并在大邱市地铁公司所有列车内部增加喷洒式防火化学物。

　　（二）大邱市大型交通枢纽突发事件应急管理分析

　　大邱地铁的火灾是有人故意纵火而成的，其造成的巨大伤亡是人们没有预料到的。出现如此大规模伤亡的主要原因是火灾发生时地铁的安全装置不足以应付严重火灾；车厢内的座椅、地板和墙壁虽然都是耐燃材料，但经不住过于猛烈的火焰；地下设施缺少发生火灾时强行抽出烟尘的空调设施；地铁公司消极应对。

　　1. 大邱市大型交通枢纽突发事件应急管理的法律保障

　　韩国大邱市中央路地铁站纵火事件推动了韩国应急管理逐步完善。事件发生后，韩国中央政府、大邱市政府、社会公众进行了深刻的反省，韩国中央政府于 2004 年 1 月设立消防防灾部，3 月颁布了《灾难及安全管理基本法》，完善了主要包括有关民防、灾害管理以及涉及铁路部门的诸项法律。

　　韩国关于大型交通枢纽突发事件应急管理的民防事宜主要依据的是 2008 年颁布的《灾害风险管理与控制法案》。《灾害风险管理与控制法案》对韩国大型交通枢纽突发事件应急管理政策的基本原则做出了明确的规定。大邱市中央路地铁站纵火事件发生两个月后，韩国中央政府颁布了《灾害与安全管理基本法》，该法要求根据引发大型交通枢纽突发事件灾害的类型组建灾害管理机构，创建中央安全管理委员会，建立灾害管理信息系统，加强灾害相关研究。1995 年颁布的《自然灾害应对措施法》，2007 年颁布的《关于减少风险和移民措施的特殊法案》，2008 颁布的《关于管理和降低水库和大坝灾害风险法案》共同构成了韩国大型交通枢纽突发事件应急管理民防法律框架。

　　韩国大型交通枢纽突发事件应急管理的既有铁路法律框架由 1979 年颁布的《关于完善运输安全机构的法案》，2004 年颁布、2008 年修改的《铁路安全法》和 2008 年颁布的《航空铁路事故调查法（修订版）》构成。2008 年修改的《铁路安全法》规定了基于风险评估的安全管理办法，规定了相关机构的要求、角色和责任，并对铁路运营商和其他机构的铁路安全方案、年度规划、安全检查和事故报告等内容的制定和执行做了指导性规定。《航空和铁路调查法》于 2008 年 2 月 29 日修正，规定通过创建航空和铁路事故调查委员会来实施铁路事故的调查，并制定调查工作程序。[①]

表 7－3　韩国大型交通枢纽突发事件应急管理相关法律框架

		民防	铁路法律
韩国大型交通枢纽突发事件应急管理相关法律框架	国家级	• 1995《自然灾害应对措施法》 • 2004《灾害和安全管理基本法》 • 2007《关于减少灾害风险和移民措施的特殊法案》 • 2008《关于管理和降低水库和大坝灾害风险法案》	• 1979《关于完善运输安全机构的法案》 • 2004《铁路安全法》 • 2008《航空特铁路事故调查法（修订版）》
	省级（道）	仅制定安全方案	省级法律不涉及安全事宜
	铁路公司	安全方案分析	

---

① 王富章.铁路突发事件应急管理研究［M］.北京：中国铁道出版社；2010：41.

2. 大邱市大型交通枢纽突发事件应急管理的改善措施

大邱市中央路地铁站纵火事件之后,韩国中央政府、大邱市政府提出了一系列关于大型交通枢纽突发事件应急管理的改善措施,具体内容包括:安全标准和系统的改善、预防与监控系统的改善、车厢的改善、设施的改善。(如表7-4)

表7-4 大邱地铁灾难后韩国关于大型交通枢纽突发事件应急管理的改善措施[①]

大邱地铁灾难后韩国关于大型交通枢纽突发事件应急管理的改善措施	
安全标准和系统的改善	《都市铁路综合计划》下安全管理的改善
	《都市铁路车辆安全规则》加强了对不燃内装修材料,抗热及无毒的材料的利用规定
	新制定了《都市铁路设施安全规则》,提出了对喷灌机,灭火机,排烟设备的性能改善要求
	提出了培养国家灾难预防及控制专家的要求与办法
预防与监控系统的改善	编制了安全预防与监控指南,对脱轨、碰撞、爆炸、恐怖行为、火灾等紧急情况下的措施和模拟训练提出了要求
	增加安全管理员人数
	实行周期性的安全检测制度,对地铁站安全建立了认证加强系统
	向乘客宣传、普及和强化紧急状态下,从车厢和地铁站逃生的培训
车厢的改善	规定了铁路车辆应该使用不燃内装饰面材料
	研制新的紧急报警系统,在发生事故时,禁止其余车辆进入事故现场
	为了将车厢的紧急情况传向控制中心,在车厢里设置闭路电视摄像机
	加强车厢的灭火器数量与性能
	设置容易接近,且明显地表示手控信息的紧急疏散门
	加强周期的管理与维护系统,确立车厢维护数据库
	设置车厢紧急出逃窗口
	建设车辆冲突时的安全程序

---

① 金康锡.韩国大邱地铁火灾的教训和综合对策[C].城市公共安全与应急体系高层论坛论文集,2005(03).

（续表）

设施的改善	建设紧急疏散隧道,或者在现有隧道里建设安全通道
	改善紧急通信系统
	改善排烟设备性能与设置烟屏蔽以控制烟气流动
	使用不燃站台饰面材料
	设置地铁隧道到地面的紧急阶段和其他逃生通道
	设置直接的给水设备和其他灭火器
	改善垂直的通风口
	制定消防设备的替换标准
	改善自动火灾警报系统的性能
	改善紧急导向灯和路标系统
	实施研究关于技术要求的决定,加强设施设计与建设 时的安全和预防火灾

　　大邱市中央路地铁站纵火事件之后,韩国中央政府、大邱市政府通过一系列的法律法规,改善了原有的安全标准和系统,通过《都市铁路综合计划》改善了大型交通枢纽的安全管理;通过《都市铁路车辆安全规则》加强了对不燃内装修材料、抗热及无毒材料的利用规定;新制定了《都市铁路设施安全规则》,提出了对喷灌机、灭火机、排烟设备的性能改善要求;提出了培养国家灾难预防及控制专家的要求与办法。[1]

　　大邱市中央路地铁站纵火事件之后,韩国中央政府、大邱市政府通过编制安全预防与监控指南,对自然灾害或人为灾祸导致的大型交通枢纽列车脱轨、碰撞、爆炸、恐怖袭击、火灾等突发事件情况下的应急管理措施、模拟训练提出了要求;增加了应急管理人员数量;实行周期性的安全检测制度,对地铁站安全建立了认证加强系统;通过散发宣传单页、组织应急疏散演练等方式向乘客宣传和普及在突发事件状态下,从车厢或地铁站逃生的一系列措施;改善了原有的预防与监控系统。

　　韩国中央政府、大邱市政府规定铁路车辆应该使用不燃内装饰面材料;为了将车厢的紧急情况传向控制中心,在车厢里设置闭路电视摄像机;加强车厢的灭火器数量与性能;设置容易接近且明显地表示手控信息的紧急疏散门;加强周期

---

① 金康锡.谁来保障地铁安全——韩国大邱火灾的教训与启示[J].中国减灾,2005(09).

的管理与维护系统,确立车厢维护数据库;设置车厢紧急出逃窗口;建设车辆冲突时的安全程序等一系列措施,对原有列车车厢进行了改善。[①]

韩国中央政府、大邱市政府推行了一系列新的技术措施,包括建设紧急疏散隧道,或者在现有隧道里建设安全通道;改善紧急通信系统;改善排烟设备性能与设置烟屏蔽以控制烟气流动;使用不燃站台饰面材料;设置地铁隧道到地面的紧急阶段和其他逃生通道;设置直接的给水设备和其他灭火器;改善垂直的通风口;制定消防设备的替换标准;改善自动火灾警报系统的性能;改善紧急导向灯和路标系统。这一系列新的技术要求提升了设施设计与建设时的安全标准,改善了大型交通枢纽突发事件应急管理相关的安全设施。

第三节　国外大型交通枢纽突发事件应急管理的启示

纽约市、东京都、俄罗斯市、大邱市四个国际化大都市的大型交通枢纽突发事件应急管理研究与实践起步较早,在大型交通枢纽突发事件应急管理体系建设方面有较丰富的经验。结合前述各大城市面对大型交通枢纽突发事件的应急管理措施,我们认为要构建一个科学、高效的大型交通枢纽突发事件应急管理体系必须做好以下几点:①完备的大型交通枢纽突发事件应急管理法律规范;②职责明确的大型交通枢纽突发事件应急管理组织机构;③反应灵敏的大型交通枢纽突发事件应急管理信息系统;④广泛深入的大型交通枢纽突发事件应急管理宣传教育;⑤种类齐全的大型交通枢纽突发事件应急管理行动规划。

一、系统完备的大型交通枢纽突发事件应急管理法律体系

为了有效应对各类大型交通枢纽突发事件,纽约市、东京都、俄罗斯市、大邱市等城市都制定了较为系统的突发事件应急管理法律法规,形成大型交通枢纽应急管理法律体系。目前我国在大型交通枢纽突发事件应急管理方面已经建立了以《中华人民共和国宪法》为根本,以《突发事件应对法》为基本、各种单行法、行政法规、行政规章、应急预案等并存的法律体系,对大型交通枢纽突发事件应急管理起到了一定的指导作用。但也存在系统性较弱、针对不同类型大型交通枢纽突发事件的单行法不够齐全等问题。对于大型交通枢纽突发事件应急管

---

① 金康锡.韩国大邱地铁火灾的教训和综合对策[C].城市公共安全与应急体系高层论坛论文集,2005(03).

理,建立系统、完备的大型交通枢纽突发事件应急管理法律体系,是促使各应急单位和应急人员积极采取应急措施的重要工具,是落实以人文本、尊重和保护公民的生命和财产权的有效保障。越是复杂、紧急的情况,越要坚持依法办事,越要通过法律制度引导、规范、保障、促进大型交通枢纽突发事件应急管理工作的顺利进行。

二、职责明确的大型交通枢纽突发事件应急管理组织机构

纽约市、东京都、俄罗斯市、大邱市等城市的大型交通枢纽突发事件应急管理组织体系随着各种自然灾害、人为灾祸的发展和新技术的开发与应用而不断调整,逐渐形成了由中枢机构统一指挥的大型交通枢纽突发事件应急管理组织体系。东京都在长期应对各种自然灾害及其引发的大型交通枢纽突发事件中积累了丰富的应急管理经验,形成了一套完善的由中央统一指挥、针对不同类型大型交通枢纽突发事件设置相应应急管理机构、职责明确、运行有序的大型交通枢纽突发事件应急管理组织体系。

长期以来,我国的大型交通枢纽突发事件应急管理由于缺乏统一有效的应急管理中枢机构,一直处于分散管理的状态。不同部门负责不同致灾因子导致的大型交通枢纽突发事件应急管理,使我国大型交通枢纽突发事件的应急管理出现了层级设置不明确、政出多门等问题,分散了应急管理力量,不利于有效的指挥应急工作和调动应急资源。另外,由于我国的大型交通枢纽突发事件应急管理尚未形成责任明确的组织体系,往往是在大型交通枢纽突发事件爆发后,由政府牵头组织应急管理机构临时指挥应急管理工作。

只有在按照"统一领导、综合协调、分类管理、分级负责、属地管理为主"的总体要求,进一步理顺中央、地方、职能部门及专业应急指挥机构相互之间的职责关系,建立层次分明、结构完整、职责明确的大型交通枢纽突发事件应急管理组织体系的同时,注重专业化的大型交通枢纽突发事件应急管理队伍建设,发挥专业应急管理人员的专业优势,才能保证大型交通枢纽突发事件应急管理的有效进行。

三、反应灵敏的大型交通枢纽突发事件应急管理信息系统

大型交通枢纽突发事件应急管理保障体系一般由人力资源保障、物质资源保障、财政资源保障、政策资源保障、信息通讯保障等组成。迅速、高效的应急管理行动有赖于对大型交通枢纽突发事件形势的准确把握,构建反应灵敏的大型

交通枢纽突发事件应急管理信息系统,实现突发事件相关信息收集、甄别、分析、传递的有效运行,是整个大型交通枢纽突发事件应急管理机制的核心。莫斯科市在大型交通枢纽突发事件的应急准备、应急反应和恢复重建中都非常重视发挥各类媒体的积极作用。在大型交通枢纽突发事件应急准备过程中,莫斯科市政府及相关的职能部门通过各类媒体及时发布预警信息,敦促公众做好应对准备;在应急反应和恢复重建过程中,莫斯科市政府及相关的职能部门主动与媒体合作,通过主流媒体公布大型交通枢纽突发事件应急管理的即时信息,引导舆论,增强应急管理工作的透明度和公开性,消除大型交通枢纽突发事件发生后由于信息闭塞引发公众的恐慌和情绪失控,从而达到维护公共秩序,实现社会稳定的目的。

在大型交通枢纽突发事件的应急管理工作中,我国尚未建立专门的信息管理部门,也没有建立起覆盖全国的大型交通枢纽突发事件信息通信网络,已经很大程度上与目前我国大型交通枢纽迅速发展的新形势脱节。

大型交通枢纽突发事件应急管理信息是一种极其重要的战略资源,反应灵敏的大型交通枢纽突发事件应急管理信息系统必须"确保将最准确的信息在最恰当的时间传递给最合适的决策者",同时向社会公布准确的事实消息,在尊重社会公众对大型交通枢纽突发事件应急管理行动知情权的同时,稳定公众情绪,进而促进社会秩序的稳定。

四、广泛深入的大型交通枢纽突发事件应急管理宣传教育

在全社会树立积极的大型交通枢纽突发事件应急防范意识,是提升大型交通枢纽突发事件应急管理绩效的关键因素。从 2003 年 2 月 18 日发生的大邱市中央路地铁站纵火事件到 2010 年 3 月 29 日发生的莫斯科地铁恐怖袭击事件,再到 2011 年 8 月 20 日发生的纽约交通网络受飓风影响紧急关闭事件等一系列大型交通枢纽突发事件的应急处理工作中可以看出,社会公众的突发事件应急意识会降低突发事件应对过程中的人员伤亡及财产损失程度。发达国家的大城市一直把塑造发达的城市应急文化,提高市民和各种社会组织的应急意识和应急能力作为城市应急管理系统建设的一项基础工程。值得借鉴的是,在我国大型交通枢纽突发事件应急管理中,应该运用各种渠道和机制,进行大型交通枢纽突发事件应急知识的宣传及应急能力的教育培训和演练,不断提高应急救援工作人员及社会公众的应急意识和突发事件应对能力,塑造适合大型交通枢纽的应急文化,切实增强全社会的风险防范意识和灾害应对能力。

实践证明,接受过应急管理教育,具备一定自救、互救能力的公民,在面对大型交通枢纽突发事件时,往往能够很快稳定情绪,采取合理的应急反应行动配合应急救援人员实现紧急救援,客观上促进了大型交通枢纽突发事件应急管理工作的顺利开展。因此,强化社会公众的大型交通枢纽突发事件防范意识,通过开展多种类型的大型交通枢纽突发事件应急能力培训,播放大型交通枢纽突发事件应急工作宣传片等方式开展大型交通枢纽突发事件应急管理宣传教育,帮助社会公众掌握避灾、救灾知识和自救、互救能力,就变得尤为重要和迫切。大型交通枢纽突发事件应急意识和能力的培养除了平时的宣传教育外,规范化、制度化、常规化的应急演练同样必不可少。纽约市和东京都均非常重视对国民突发事件应急意识和安全文化素质的培养,不惜花费巨资对市民进行突发事件应急意识培养和应急技能培训,同时还注重运用各种现代化手段和设施提高突发事件情景训练和应对演习的质量。

五、种类齐全的大型交通枢纽突发事件应急管理行动规划

英国应急管理专家迈克尔·里杰斯特认为,种类齐全的大型交通枢纽突发事件应急管理行动规划是应对大型交通枢纽突发事件的最好办法,因为那些预见性的规划将最大程度地减少大型交通枢纽突发事件的不确定性。大型交通枢纽突发事件应急管理行动规划以预防为核心,根据预防方式的不同可以分为:预先预防的大型交通枢纽突发事件应急管理行动规划、预见预防的大型交通枢纽突发事件应急管理行动规划、再发预防的大型交通枢纽突发事件应急管理行动规划。

预先预防的大型交通枢纽突发事件应急管理行动规划主要是通过开发一套相对完善的程序来接受和处理来自大型交通枢纽紧急情况方面的资料,对比以往同类危机事件发生时的各种前兆信息,一旦发现征兆,立即着手采取有效的措施尽可能避免突发事件的发生。

预见预防的大型交通枢纽突发事件应急管理行动规划是难度最高也是最重要的,对于地震、暴雨等自然灾害,需要通过先进的科学技术进行预测。因大型交通枢纽运营内部的技术性因素导致的突发事件可以通过加强对大型交通枢纽运营机制的规范、检查等措施进行预见。对于人为因素引发的大型交通枢纽突发事件,需要密切关注进入大型交通枢纽中的可疑人物,一旦发现有任何可疑举动,则立即采取牵制行动;同时还要注意在宏观上掌控经济社会的基本走势,在微观上注意及时化解各种社会矛盾,在体制上为不同群体提供畅通的利益诉求

渠道等。

再发预防的大型交通枢纽突发事件应急管理行动规划指鉴于以前发生过的大量同类或相似的大型交通枢纽突发事件,针对其发生的原因,采取对应的预防措施,消除致使该类大型交通枢纽突发事件发生的导火索,以此来防范这类事件的再次发生。[①]

大型交通枢纽突发事件应急管理行动规划作为组织实施大型交通枢纽突发事件应急准备、应急反应、恢复重建等工作的行动指南,对应急救援的范围和体系的确定、应急响应的及时开展、应急处置的动态调整以及社会公众风险防范意识的提高都有着十分重要的作用。

---

① 汪大海.公共危机管理实务[M].北京:中国人事出版社:2013:100-101.

第八章

国内大型交通枢纽突发事件应急管理的现状与完善

近年来,我国大型交通枢纽得到前所未有的建设和发展。为了预防和应对大型交通枢纽突发事件,地方政府制定了交通枢纽突发事件应急预案,建立了以枢纽领导小组为核心的应急管理组织体系,形成了预防与预警、分级响应、信息共享、应急处置、物资保障等工作机制。本章以我国几个典型的大型交通枢纽为例,介绍其应急管理的经验与不足,探索完善大型交通枢纽突发事件应急管理体系的路径。

第一节　国内典型大型交通枢纽突发事件应急管理介绍

我国目前有超过四十个全国性综合交通枢纽,它们各有特点,并都建立了相应的突发事件应急管理模式。本节将重点介绍上海虹桥综合交通枢纽、北京西站综合交通枢纽和深圳福田综合交通枢纽的应急管理体系。

一、上海虹桥综合交通枢纽突发事件应急管理

(一)上海虹桥综合交通枢纽概况

2006 年 4 月 28 日,总规划用地 26.26km^2 的上海虹桥综合交通枢纽正式开工建设,其中西航站楼总建筑面积约约 27 万 m^2,铁路站房总建筑面积约 24 万 m^2,磁浮车站总建筑面积约 18.5 万 m^2,地铁车站总建筑面积约 12.8 万 m^2,工程用钢量达到 8 万吨,约为北京鸟巢体育馆用钢量的两倍。虹桥综合交通枢纽连接航空、铁路和公路,每日可容纳 100 万人次旅客,换乘 7 种不同的交通工具,堪称最完美的交通解决方案。

上海虹桥综合交通枢纽位于上海市西北部长宁区,是世界级超大型的综合

交通枢纽。上海虹桥综合交通枢纽包含航空运输、城际铁路、高速铁路、高速磁浮、轨道交通、市内公交及高速巴士等十种交通工具。其中,航空运输开行国内、国际航班,城际铁路主要为上海市与长三角地区的交流提供服务,高速铁路主要为长三角以外区域的交流提供服务,高速磁浮主要为上海市和杭州市方向以及上海虹桥国际机场和杭州萧山国际机场之间的交流提供服务.轨道交通和市内公交主要为枢纽提供大运量交通方式的服务,高速巴士主要为上海周边城镇和上海的交流提供服务。上海虹桥综合交通枢纽将长三角地区的上海、南京、杭州、苏州、无锡和常州等重要城市紧密联系在一起,对长三角城市圈的发展具有重要的战略意义。

　　上海虹桥综合交通枢纽设施规模巨大,西航站、铁路站房、磁浮车站、地铁车站总建筑面积约 82.3 万 m^2;空间关系复杂,各单体建筑都以其功能布局为出发点,相互联系,紧密衔接;流量庞大且高度集中,旅客日吐吞量可达 110 万人次;换乘种类复杂且方式繁多。在这样一个高密度、高速度、大规模的复杂建筑设施当中,突发事件应急管理十分紧迫和必要。

图 8-1　上海虹桥综合交通枢纽俯瞰图[①]

　　(二)突发事件辨识、预案体系及应急指挥中心

　　上海虹桥综合交通枢纽建立了严密的应急管理体系。根据上海防灾救灾研究所 2001 年《面向 21 世纪的上海市城市防灾减灾管理研究》,虹桥综合交通枢纽针对可能遇到的火灾、水灾、风灾、震灾和恐怖灾害,制定了总体预案和专项预

---

①　陈东杰.上海虹桥:超大型轨道交通综合体[J].华中建筑,2009(5).

案,预案的具体实施由应急指挥中心负责。虹桥综合交通枢纽运营管理中心承担虹桥综合交通枢纽的日常运营管理职能和应急指挥管理职能,按照"日常分块运行,应急统一协调"的准则来协调应对突发事件。应急指挥中心的设置,既保障了交通枢纽的顺利运行,又能及时地调动相关人员应对突发事件。

1. 上海虹桥综合交通枢纽典型突发事件辨识

根据对主要致灾因子和易发灾害类型的分析,虹桥交通枢纽重点对火灾、水灾、风灾、地震、恐怖袭击及其衍生灾害进行重点预防和监测。

通过对火灾作用机理的调研分析,将火灾易发生区域确定为二号航站楼—7.95m 自助办票大厅、东交通中心—9.35m 地铁站厅、东交通中心 12.15m 大厅、磁浮车站—9.35m 地下进站厅、高铁车站、停车场、—7.95m/—9.35m 和 12.15 两条大通道。对于水灾易发生区域的确定,充分考虑水往低处流的特点,高度关注地道、道路低点和地下空间。风灾易影响部位确定为二号航站楼办票大厅轻型钢屋面、三角形玻璃屋顶、航站楼长廊玻璃幕墙、位于到达层和出发层、连续覆盖各主要出入通道的雨篷结构、链接交通中心和二号航站楼之间的 37.0m 标高的连廊外立面装饰玻璃采光窗和铝板幕墙及零星广告牌和建筑造型等。若遭遇地震,危害可能主要体现为地基基础破坏、机场跑道和铁路轨道破坏、地下结构破坏、地上结构的破坏以及相关的次生危害。虹桥综合交通枢纽反恐怖袭击主要关注以下方面:人员集中场所、主要控制设备室、若受到攻击能影响到其他重要设施的薄弱位置。[1]

2. 上海虹桥综合交通枢纽突发事件应急预案体系

考虑到自然灾害、恐怖灾害等致灾因子及其引发的火灾、水灾、风灾、地震、恐怖袭击等突发事件的复杂性,虹桥综合交通枢纽在制定应急预案的过程中,对各种灾害及其报警信息进行分类和分级处理,建立了包括总体预案和专项预案两个层次的应急预案体系。

虹桥综合交通枢纽突发事件应急管理总体预案主要规定了虹桥综合交通枢纽的日常运营和突发事件应急管理组织体系、处置流程、资源保障。具体内容包括总则、组织体系及职责、预案工作机制、应急保障、监督管理、附录六个部分。应急预案对预案编制目的和依据,领导机构、专家机构等组织机构的构建,预测与预警方法、应急处置措施,物资保障、医疗卫生保障等保障资源的统筹,宣传教育、预防演练等管理措施进行了详细的说明。

① 吴念祖.虹桥综合交通枢纽综合防灾研究[M].上海:上海科学技术出版社,2010:21-24.

　　虹桥综合交通枢纽突发事件应急管理专项预案是针对不同类型突发事件而制定的特定突发事件场景专项应急处置预案。专项预案内容包括：①虹桥综合交通枢纽火灾处置预案。火灾是交通枢纽容易发生的突发事件之一，制订火灾应急处置预案重点突出应急行动中的灭火要点。应急程序详细说明了应急组织和应急队员的灭火能力、任务和职责，明确应急指挥者、安全人员及工作人员和乘客如何启动应急程序和采取应急行动。②虹桥综合交通枢纽水灾处置预案。水灾的应急预防措施包括对洪水预警标示的判读，列出水灾到来之前应采取的预防措施和水灾应急处置中需采取的特别行动等。③虹桥综合交通枢纽风灾处置预案。根据风灾应急程序，枢纽要与当地的应急救援部门和气象服务中心联系，以政府发布的气象服务信息为指导，结合现场监测情况，发出相应的预警信息，并部署应对行动。④虹桥综合交通枢纽地震处置预案。⑤虹桥综合交通枢纽恐怖袭击处置预案。①

　　3. 上海虹桥综合交通枢纽多类型突发事件应急指挥中心

　　上海虹桥综合交通枢纽多类型突发事件预警应急指挥中心依托的平台是虹桥综合交通枢纽运营管理中心（HOC，Hub Operating Center）。虹桥综合交通枢纽运营管理中心包括虹桥综合交通枢纽核心建筑的日常运营中心和应急指挥中心，承担虹桥综合交通枢纽的日常运营管理职能和应急指挥管理职能。应急指挥中心根据火灾监测子系统、水灾监测子系统、风灾监测子系统、震灾监测子系统、恐怖袭击监测子系统及上级信息子系统输出的监测信息，通过筛选、归类、分析，评价致灾因子的状态，并以此确定相应的预警等级，提出控制对策并实施。虹桥综合交通枢纽多类型突发事件预警应急指挥中心运营过程如图 8-2 所示。

　　多类型突发事件应急指挥中心主要通过虹桥综合交通枢纽运营管理中心对虹桥综合交通枢纽日常运营的指挥调度和在突发事件发生时的应急指挥来实现其应急管理职能。灾害监测中心对威胁虹桥综合交通枢纽的各类致灾因子进行实时监测，若致灾因子处于安全状态，灾害监测中心继续其日常监测工作；若致灾因子处于准安全状态，灾害监测中心根据具体情况进入特别监测状态；若致灾因子处于准危机状态，灾害监测中心根据对致灾因子的分析与诊断，提出预控对策提请决策层并由决策层下达各职能部门执行，直至恢复到安全状态，同时监测中心将应急对策输入数据库中供将来参考；若致灾因子处于灾害状态，虹桥综合

①　吴念祖.虹桥综合交通枢纽综合防灾研究[M].上海：上海科学技术出版社，2010：134.

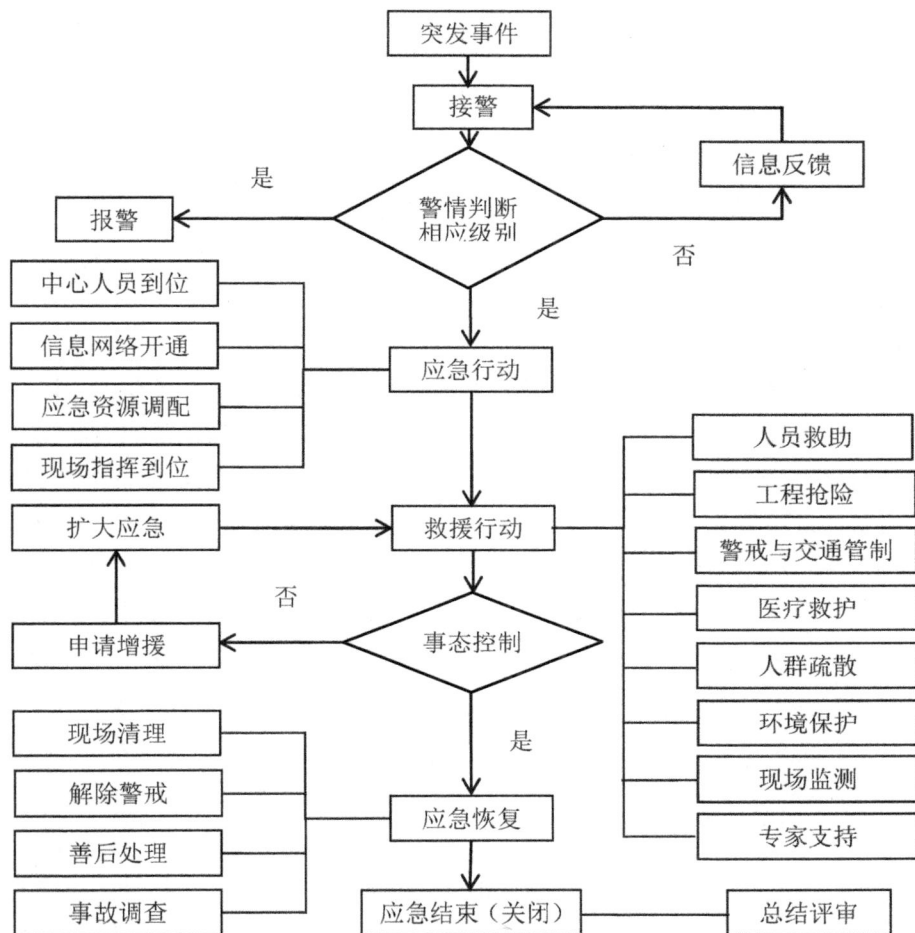

图 8 - 2 虹桥综合交通枢纽突发事件应急指挥中心的运营过程①

交通枢纽将在应急指挥中心的指挥下启动应急管理程序,成立突发事件应急管理小组,制定并组织人员实施应急方案。在整个应急管理过程中,应急管理小组全权负责虹桥综合交通枢纽各项事务的管理活动,直至枢纽重新恢复安全状态。

虹桥综合交通枢纽应急指挥中心作为整个枢纽的中枢,既是各种交通方式重要信息的汇聚地,又是整个枢纽信息的发布中心。枢纽应急指挥中心功能设计和席位布局既要满足当前业务的需要,又要实现管理模式的先进性和功能的可扩展性。应急指挥中心设置于 HOC 会商室,部署在 HOC 指挥大厅的一侧,

---

① 吴念祖.虹桥综合交通枢纽综合防灾研究[M].上海:上海科学技术出版社,2010:129.

通过操作间与大厅相连。[①]

突发事件一旦发生,应急预案随即启动,虹桥综合交通枢纽突发事件应急指挥中心立即开始运作,根据突发事件的种类、级别及其发生的区域安排相应的应急管理工作人员。如果突发事件影响范围较小,产生的影响仅在单个交通运输方式和公共区域之间,则只需要该交通运输方式的应急指挥人员和枢纽的应急指挥人员到场,根据突发事件的具体情况采取相应的应急处置。一旦突发事件造成的影响波及虹桥综合交通枢纽的其他交通运输方式时,就需要突发事件所涉及的所有交通运输方式的应急管理人员到场,共同应对。

枢纽应急指挥中心与其他各建筑单体指挥中心的关系可以概括为:日常分块运行、应急统一协调。在日常情况下,各中心负责管理各自区域的运转,并不参与其他建筑单体的运营。在各自区域发生独立于其他建筑单体的应急事件时,由各建筑单体的指挥中心自行处理,枢纽应急指挥中心只负责监视应急事件的发展。但是在应急事件范围扩大,可能影响其他建筑单体时,就需要枢纽应急指挥中心发挥作用,协调各建筑单体指挥中心对应急事件进行处理。[②]

上海虹桥综合交通枢纽开展了风险辨识与评估、监测预警与指挥、应急疏散与救援等一系列应急管理工作。这些工作的有效开展依赖于虹桥交通枢纽跨领域、跨部门的资源共享和协调配合。虽然综合虹桥交通枢纽制定了较为科学的应急管理体系,但还存在一些不足之处,例如在突发事件应急管理过程中与公众、社会组织、媒体等主体的沟通及合作网络还未建立;由于虹桥综合交通枢纽体量巨大、空间关系复杂,枢纽内部和相关政府部门的应急管理职责界定和管理界面还不够清晰等。这些缺陷会在一定程度上影响虹桥交通枢纽应急管理的效果,并制约应急管理能力的提升。上海虹桥综合交通枢纽的应急管理要针对这些突出问题,持续改进与完善。

二、北京西站综合交通枢纽突发事件应急管理

(一)北京西站综合交通枢纽概况

1996 年 1 月,现代大型综合交通枢纽京西站正式建成通车。北京西站由北京市政府与北京市铁路局携手共同建设,工程总投资金额超过 42 亿元人民币。西站站房总建筑面积为 41 万 m^2,相应的配套工程建筑面积为 25 万 m^2,共计 66

---

① 吴念祖.虹桥综合交通枢纽综合防灾研究[M].上海:上海科学技术出版社,2010:129.
② 吴念祖.虹桥综合交通枢纽综合防灾研究[M].上海:上海科学技术出版社,2010:131-132.

万 m^2 。

北京西站综合交通枢纽位于北京市西南部丰台、海淀、宣武三区的交界之处,包括客运站房、铁路引入线、市政道路及立交桥、地铁、铁路自动化通信系统以及与相之配套的建筑群如邮政枢纽、公安等。北京西站综合交通枢纽的124对图定列车辐射全国27个省、自治区、直辖市;49条公交车线路辐射北京市8个城区、4个远郊区;[①]2010年建成通车的全长约16.5公里的地铁9号线和2012建成通车的全长约23.7公里的地铁7号线贯穿其中,在此与铁路实现"零换乘"。考虑到北京西站综合交通枢纽作为首都门户的特殊性,北京西站除了可能遭受火灾、水灾、风灾、地震等自然灾害和恐怖灾害外还可能受到疫病传播、暴力劫持、上访、聚集滋事等突发事件的威胁。

图 8 - 3 北京西站综合交通枢纽俯瞰图[②]

(二)应急管理组织体系

北京西站作为北京市重要的综合性交通枢纽,一旦发生突发性事件,若没有及时高效的应对策略,将会造成难以估量的损失。所以,积极应对各种突发事

---

① 北京西站地区突发事件总体应急预案 http://zhengce.beijing.gov.cn/library/192/33/50/438650/76335/index.html.

② 北京西站综合交通枢纽俯瞰图 http://www.yantuchina.com/Upload/images/201502/54cee3c29ea3c.jpg.

件,增强北京西站综合交通枢纽突发事件应急管理能力,最大限度地保护枢纽相关工作人员和乘客的人身安全,减少枢纽及乘客的经济损失,降低枢纽突发事件对社会造成的不良影响,对确保北京西站综合交通枢纽的正常运营、维护北京社会稳定有重要意义。

北京西站综合交通枢纽突发事件应急管理注重组织机构的科学设置和多方参与合作。在突发事件应急管理过程中,北京西站交通枢纽突发事件工作协调小组听从市应急办的指挥,也可以根据实际情况及时采取措施并向上级部门备案。

1. 北京西站综合交通枢纽应急管理指挥机构及其职责①

(1)北京西站交通枢纽突发事件工作协调小组。协调小组由北京西站地区管理委员会牵头,会同北京市政府、北京市铁路局、北京市公安局、北京市铁路公安局及其他相关部门共同组建。由北京市政府分管副秘书长担任协调小组组长,北京西站地区管理委员会主任、北京市铁路局主管副局长、北京市公安局副局长和北京市铁路公安局主管副局长担任副组长。协调小组的主要职责包括:研究制定北京西站交通枢纽突发事件应急管理的政策措施和指导意见;分析总结北京西站交通枢纽突发事件应急管理工作,制定应急管理预案和日常工作计划;组织和参与一般和较大突发事件的应急管理;承担北京市应急委交办的其他事项。

(2)北京西站交通枢纽突发事件临时应急指挥部。当北京西站交通枢纽发生较大及以上突发事件时,将在协调小组的基础上组建北京西站交通枢纽突发事件临时应急指挥部。由分管市领导担任突发事件临时应急指挥部总指挥,北京市政府分管副秘书长、北京西站地区管理委员会主任、北京市铁路局主管副局长、北京市公安局副局长和北京市铁路公安局主管副局长担任副总指挥。临时应急指挥部的主要职责是指挥北京西站交通枢纽突发事件应急管理的具体工作。

2. 北京西站综合交通枢纽应急管理办事机构及其职责②

北京西站交通枢纽突发事件工作协调小组、临时应急指挥部的办公地点设在北京西站地区管理委员会。北京西站地区管理委员会、北京市委宣传部、北京

---

① 北京西站地区突发事件总体应急预案 http://zhengce.beijing.gov.cn/library/192/33/50/438650/76335/index.html.

② 北京西站地区突发事件总体应急预案 http://zhengce.beijing.gov.cn/library/192/33/50/438650/76335/index.html.

市公安局、北京市财政局、北京市住房城乡建设委、北京市市政市容委、北京市公安局、北京市交通委、北京市水务局、北京市商务委、北京市卫生局、北京市安全监管局、北京市地震局、北京市公安局公安交通管理局、北京公交公司、丰台电力公司、武警北京市总队、北京市铁路局、北京市铁路公安局、西城区政府、海淀区政府、丰台区政府作为协调小组和临时应急指挥部的组成部分，都有各自的职责。①北京西站地区管理委员会负责北京西站交通枢纽突发事件应急管理的统筹协调工作，承担协调小组办公室的日常工作。②北京市委宣传部按照北京市突发事件新闻发布相关预案的有关规定，负责协调开展北京西站交通枢纽较大及以上突发事件应急管理的新闻发布和舆论调控工作。③北京市公安局负责北京西站交通枢纽突发事件的应急处置工作。④北京市财政局负责北京西站交通枢纽突发事件应急管理及日常管理资金的筹集、保障与监督工作。⑤北京市住房城乡建设委负责北京西站交通枢纽建设工程施工安全突发事故以及建筑安全相关突发事故的应急协调处置工作。⑥北京市市政市容委负责北京西站交通枢纽突发事件应急管理中城市地下管线、燃气、热力及路灯等公共设施抢修的组织工作，指导、协调、监督检查北京西站地区冬季降雪后扫雪铲冰工作的组织实施。⑦北京市交通委负责北京西站交通枢纽突发事件应急管理中路面、地下通道等道路设施的安全抢修和交通运输保障工作。⑧北京市水务局负责组织北京西站交通枢纽突发事件应急管理的水资源供应和公共排水管线的应急抢修工作。⑨北京市商务委负责组织协调生活必需品以及部分应急物资的储备、供应和调拨工作。⑩北京市卫生局负责组织有关医疗卫生单位对北京西站交通枢纽突发事件中的受灾人员进行紧急医疗救援。⑪北京市安全监管局负责指导、协调和监督相关部门和单位做好北京西站交通枢纽的安全监督管理工作。⑫北京市地震局负责指导地震引发的突发事件的应急管理工作。⑬北京市公安局、公安交通管理局负责北京西站交通枢纽突发事件现场及周边道路的交通秩序维护工作和应急救援通道的保障工作。⑭市公安局消防局负责火灾引发的突发事件的灭火抢险救援工作。⑮北京公交公司负责北京西站交通枢纽突发事件应急管理中紧急疏散的运输车辆组织保障工作。⑯丰台电力公司负责北京西站交通枢纽突发事件应急管理的电力供应和保障工作及突发电力供应事故的抢修组织工作。⑰武警北京市总队负责北京西站交通枢纽突发事件应急管理的现场的警戒，救援等工作。⑱北京市铁路局负责北京西站交通枢纽各类突发事件的应急处置，安全疏散等组织协调工作。⑲北京市铁路公安局负责北京西站交通枢纽突发事件应急处置工作。⑳西城区、海淀区、丰台区政府负责配合北京西站地区管理委员会共同做好突发事件应急管理工作与紧急公共场所的提供和保障工作。

3. 北京西站综合交通枢纽应急管理专家组及其职责

为了提升突发事件应急管理能力,北京西站综合交通枢纽突发事件工作协调小组邀请气象、地质、反恐、建筑、机械、医疗、救援、社会保障等领域的专家共同组成北京西站交通枢纽突发事件应急管理专家组。对北京西站交通枢纽可能发生的突发事件的致灾因子减缓、灾害准备、应急响应和灾后恢复等方案等进行研究、评估,寻求更加完善、高效的应急管理办法。

北京西站综合交通枢纽建立了包括指挥机构、协调机构、办事机构、专家组共同参与的应急管理组织体系,并明确界定了其职责与功能,为北京西站综合交通枢纽突发事件应急管理提供了强有力的组织保障。但应急管理部门条块分割、沟通协作不畅的问题还十分突出。要在赋予突发事件工作协调小组更多的配套资源和协调权限的基础上,加快各条块的信息共享,进一步提高应急联动的绩效。

三、深圳福田综合交通枢纽突发事件应急管理

(一) 深圳福田综合交通枢纽概况

福田综合交通枢纽于 2005 年 1 月 28 日开工建设,2007 年 12 月 28 日投入试运营。深圳福田综合交通枢纽规划占地面积 7.86 万 m²,建筑面积 13.70 万 m²,深圳市政府全额财政投资 6.98 亿元人民币,通过立体化、折叠式的设计,基本实现了轨道交通、长途客运、市内公交、出租车和社会车辆在枢纽内的零换乘,是深圳市第一个具备车港功能的综合交通枢纽。

福田综合交通枢纽共六层,地下两层,地上四层。其中地下负二层面向社会服务,共有 700 个停车位,负一层为长途客运、市内公交、轨道交通及出租车换乘区,首层是市内公交主要发车区,负一层与首层各类交通方式日换乘量可达 25 万人次。二层为长途客运主要发车区,该区域设有 51 个长途发车位,每日发送长途客运超过 2 000 班次,总共可承载旅客超过 7 万人次。规划城市公交线路 22~30 条,日均旅客换乘能力超过 35 万人次。

(二) 应急处置

深圳福田综合交通枢纽突发事件应急管理工作由深圳市应急交通指挥部的领导组织开展,各区域交通应急指挥中心都有专家机构。深圳福田综合交通枢

图 8 - 4　深圳福田综合交通枢纽俯瞰图①

纽应急管理的特点是在应急处置的过程中注重调查评估、后期处置和应急保障。

1. 深圳福田综合交通枢纽突发事件应急处置过程中的调查评估②

深圳福田综合交通枢纽突发事件应急管理结束后,参与应急管理的各部门会对应急管理相关的记录和文件资料进行审查和整理,对突发事件的致灾因子减缓、灾害准备、应急响应和灾后恢复进行全面的总结和评价,形成书面报告,并针对实际情况对突发事件应急预案的修订提供指导性建议。

深圳福田综合交通枢纽突发事件应急处置过程中的调查评估由深圳市交通运输应急指挥部或由其指派的有关部门和单位具体负责。深圳市交通运输应急指挥部根据突发事件的等级不同,设置不同的调查主体:①一般交通枢纽突发事件(Ⅳ级)由深圳市交通运输应急指挥部办公室或由其指派有关部门和单位成立调查组进行调查。②较大交通枢纽突发事件(Ⅲ级)由深圳市交通运输应急指挥部指派有关部门和单位成立调查组进行调查。③重大交通枢纽突发事件(Ⅱ

---

① 深圳福田综合交通枢纽俯瞰图 http://www.szjs.com.cn/upfiles/production/big/unit_production_560.jpg.

② 深圳市处置道路交通(含桥梁、隧道)突发事件应急预案(试行)http://www.sz.gov.cn/szemo2016/zwgk/yjgl/yjyf/sgznl/201607/t20160727_4255964.htm.

级)、特别重大交通枢纽突发事件(Ⅰ级),由上级应急机构牵头进行调查。

对深圳福田综合交通枢纽突发事件应急管理的总结评估从致灾因子减缓、灾害准备、应急响应和灾后恢复四个方面入手,具体内容包括:突发事件发生时深圳福田综合交通枢纽的基本情况;导致突发事件的致灾因子产生的原因、发展过程、减缓措施;交通枢纽突发事件应急管理的人力资源、物质资源、财政资源等准备情况;突发事件造成的人员伤亡、经济损失、社会影响;突发事件应急响应措施的有效性分析;突发事件灾后恢复措施的可行性和实施效果分析;突发事件责任认定及对事件责任人的处理建议、结果;深圳福田综合交通枢纽突发事件应急管理的经验总结、改进措施等。

2. 深圳福田综合交通枢纽突发事件应急处置过程中的善后措施[①]

大型交通枢纽突发事件应急处置过程中的善后措施主要包括善后处置、社会救助和保险。善后处置是指应急管理过程中,政府部门为了尽快消除大型交通枢纽突发事件造成的影响,安抚受灾群众,维护社会稳定,恢复正常秩序采取的一系列的善后处置工作。社会救助是指由民政局、政府相关部门参照有关规定为在大型交通枢纽突发事件中遭受损失的乘客及社会成员提供物质保障和暂时的居住保障等。保险指突发事件发生后,市交通运输应急指挥部办公室协调有关保险机构及时委派工相关作人员赶赴现场,开展应急人员保险受理和受灾单位及受灾人员保险理赔工作。

3. 深圳福田综合交通枢纽突发事件应急处置过程中的应急保障[②]

深圳福田综合交通枢纽按照《深圳市处置道路交通突发事件应急预案》的相关规定,为应急管理提供应急保障。应急保障内容主要有人力资源保障、经费保障、物资保障、医疗卫生保障、交通运输保障、治安保障、人员防护保障、通讯和信息保障以及现场救援和工程抢险装备保障九个部分,具体来说:①人力资源保障。通过经常性的培训、演练提高应急处置人员的业务素质和技术水平,确保能随时承担应急救援、抢险任务。②经费保障。市、区财政部门应保障道路交通突发事件的应急费用,建立应急经费快速拨付机制。处置突发事件所需财政经费,由市、区两级政府和新区管委会按照现行事权、财权划分原则,分级负担。③物资保障。深圳福田综合交通枢纽按照《关于进一步加强我市应急物资储备工作

① 深圳市处置道路交通(含桥梁、隧道)突发事件应急预案(试行)http://www.sz.gov.cn/szemo2016/zwgk/yjgl/yjyf/sgznl/201607/t20160727_4255964.htm.

② 深圳市处置道路交通(含桥梁、隧道)突发事件应急预案(试行)http://www.sz.gov.cn/szemo2016/zwgk/yjgl/yjyf/sgznl/201607/t20160727_4255964.htm.

的意见》的有关要求,加强应急物资日常储备,建立应急物资生产能力、技术储备、产品储备信息数据库,制定应急物资调拨、配送方案,并建立应急物资紧急生产机制。④医疗卫生保障。市卫生计生委建立和完善全市卫生应急预案体系、卫生应急指挥体系和医疗卫生救援体系,组建医疗专家队伍和应急医疗救援队伍,组织储备医疗救治应急物资,开展突发事件医疗救援演练。⑤交通运输保障。启动应急预案期间,市交通运输委制定各类交通运输工具的调用方案,建立健全交通运输应急联动机制,保障紧急情况下的综合运输能力。必要时,可紧急动员和征用社会交通运输工具。根据现场需要,市公安交警局对突发事件现场及有关道路实行交通管制,维持应急处置期间的交通运输秩序,必要时开设应急救援通道。⑥治安保障。市公安局制定相应治安应急预案,负责制定突发事件状态下维持治安秩序的各项准备方案,包括警力集结、布控规划、执勤方式和行动措施等。⑦人员防护保障。现场应急工作在确保现场人员安全的情况下实施。参加现场应急工作的指挥人员按有关规定配戴具有明显标识的专业防护服装及装备。现场应急指挥部充分考虑对人员造成危害的可能性和所有危害种类,制定科学合理、切实可行的应急救援方案,配备先进适用、安全可靠的安全防护设备,严格执行参与应急工作有关人员进出现场的管理程序。⑧通讯和信息保障。市经贸信息委牵头负责,同深圳福田综合交通枢纽建立和完善通信网络,建立有线和无线相结合、基础电信网络与机动通信系统相配套的应急通信系统,为各应急单位提供多样化、高效率的通信方式,确保突发事件应急处置过程中通信网络通畅。⑨现场救援和工程抢险装备保障。深圳福田综合交通枢纽根据道路交通突发事件的应急处置工作需求,配备现场救援和工程抢险设备,建立应急装备、救治药物和医疗器械等的储备、维护、保养和调用制度,以及应急装备类型、数量、性能和存放情况的档案管理制度。

第二节　国内大型交通枢纽突发事件应急管理的经验及问题

　　为了更好地为区域内外的客流提供集散和中转服务,加快区域内外的联系,带动和支持区域经济发展,北京、上海、深圳、广州等大城市建立了集航空、高铁、动车、地铁、长途、出租、公交等多种换乘方式于一体的大型交通枢纽。大型交通枢纽促进城市交通快速发展,已经成为现代城市生命线的重要组成部分。

　　大型交通枢纽突发事件应急管理遵循"统一领导、综合协调、分类管理、分级负责、属地管理"的原则,在实践中积累了一系列有益经验,形成了一套制度化的措施、方法。但近年来自然灾害、人为灾害、技术故障等原因导致的大型交通枢纽突发事件频繁发生,并对枢纽运营秩序和民众人身财产安全造成较大危害,如何进一步完善大型交通枢纽突发事件应急管理体系,提高大型交通枢纽突发事件应急管理能力,成为亟待解决的现实问题。

一、国内大型交通枢纽应急管理的经验

上海虹桥综合交通枢纽、北京西站综合交通枢纽和深圳福田综合交通枢纽是我国三个重要且典型的综合交通枢纽,无论其设计建设还是运营发展在中国交通枢纽建筑史上都具有十分重要的意义。在交通枢纽突发事件应急管理方面,三个综合交通枢纽都有符合自身特点的应对突发事件的完整体系和技术手段。尤其是上海虹桥综合交通枢纽,将各种灾害防御分析及应用技术综合集成于项目建设中,确保了突发事件应急管理的可靠与高效。近几年,我国大型交通枢纽应急管理工作得到了较快发展,积累了一系列应急管理经验,如由被动反应变为主动预防、从垂直控制到重心下移、重视应急管理的整体规划等。

(一)大型交通枢纽应急管理由被动反应变为主动预防

任何突发事件都遵循自身的生命周期,在其发展的每一个阶段都可以采取相应的应对措施来遏制突发事件的发展。现在,我国大型交通枢纽应急管理已经告别了"兵来将挡,水来土掩"的被动应急方式,逐渐由被动的事后处理转变为积极的主动预防,在应急管理中更加注重突发事件的事前预防、监测、预警和事后的恢复、调查评估和应急总结。

从全国各大型交通枢纽应急预案的内容可以看出,我国大型交通枢纽突发事件应急管理已经意识到传统的"行政命令"式的应急管理方式存在弊端,并开始采用事前监测预警、事后积极应对的科学的应急管理策略,统筹大型交通枢纽可能发生的各种致灾因子,对可能引发突发事件的致灾因子进行预警分析。除此之外,几个典型的大型交通枢纽还比较注重突发事件的善后处理、调查评估与总结,在总结与学习中做好大型交通枢纽突发事件的预先预防、预见预防和再发预防。虽然目前我国大型交通枢纽突发事件应急处置中的调查评估机制还不完善,还无法做到完全的信息公开。但是这些工作仍然为过我国各大型交通枢纽突发事件应急管理能力的提高和应急机制的完善提供了宝贵的实践经验。

(二)大型交通枢纽应急管理从垂直控制到重心下移

大型交通枢纽突发事件事发突然、影响范围广、处置难度大,要求应急管理者及时、准确地应对。在传统的应急管理过程中,权力和信息的转换会受到传统

政府组织层级的节制和规则的制约,权力与信息转换的时滞导致大型交通枢纽突发事件应急管理往往错过了最佳的处理时机。[①] 在不断的经验总结和学习的过程中,各级政府逐渐意识到,要改变中央和地方在大型交通枢纽突发事件应急管理过程中权责不对称的现实,需要以制度化的方式规定各级政府在大型交通枢纽突发事件应急管理中的责任和权限,下移应急管理工作的重心,施行属地管理、地方负责的原则,充分发挥地方政府、基层机构在大型交通枢纽突发事件应急管理过程中迅速反应的优势,使地方政府、基层机构有足够的权力控制突发事件的影响范围。如上海虹桥综合交通枢纽由应急指挥中心统筹负责虹桥交通枢纽的应急管理工作,北京西站综合交通枢纽由协调工作小组在突发事件发生时建立临时应急指挥部来紧急负责突发事件的应对工作。这些都体现了应急管理中地方政府对大型交通枢纽应急管理权力的下放,使得大型交通枢纽在应对突发事件时更加的积极、主动、灵活、自由。

(三)大型交通枢纽应急管理重视整体规划

我国大型交通枢纽应急管理机构十分重视应急管理过程中的整体规划,主要包括:对突发事件类别的整体规划、全流程应对突发事件的整体规划以及各部门协调动员的整体规划。

首先,我国大型交通枢纽重视应急管理过程中的整体规划,在综合考虑交通枢纽所处位置的自然环境、经济环境和人文环境的基础上,根据致灾因子脆弱性分析预测大型交通枢纽可能发生的突发事件,并针对每一类型的突发事件建立监测预警机制。根据突发事件类别做整体规划有利于明确预防重点,从而做到有的放矢、从容应对。其次,我国大型交通枢纽注重全流程应对突发事件,突发事件的发生有其生命周期,我国大型交通枢纽根据这一生命周期进行监测预警、应对处置、恢复重建和调查评估等工作,既顺应了突发事件的发生规律又做到了全流程、全方位地预防和应对。最后,我国大型交通枢纽善于调动各部门的资源应对突发事件。如北京西站综合交通枢纽根据突发事件种类和影响范围的不同,可协调整合市宣传部、市公安局、市财政局、市交通委、市水务局、市卫生局等近20个部门共同参与应急管理工作。

二、国内大型交通枢纽应急管理存在的问题

在总结我国大型交通枢纽突发事件应急管理经验的同时,还应该积极吸收

---

① 钟开斌.国家应急管理体系建设战略转变:以制度建设为中心[J].经济体制改革,2006(5).

应急管理最新理论成果,并向交通枢纽突发事件应急管理发展较早、较好的国家和地区学习。通过比较研究,发现我国大型交通枢纽突发事件应急管理的不足之处,结合我国的基本国情、各大型交通枢纽自身的特点、所在地区的地缘特征等,批判性的借鉴和吸收国外大型交通枢纽应急管理经验,寻找促进我国大型交通枢纽应急管理发展的新思路。

（一）大型交通枢纽突发事件应急管理的多方合作网络尚未形成

大型交通枢纽突发事件应急管理不是政府或枢纽管理委员会单方面的管理,而应该是一个由政府主导,工商企业、社会组织、城市市民、媒体等多元主题共同参与的应急管理合作网络。在大型交通枢纽突发事件应急管理过程中,只有尽可能地调动社会资源、拓宽社会参与渠道,形成多元参与的突发事件应对网络,才能实现应急管理资源的充分开发与利用,这对于提高大型交通枢纽突发事件应急管理能力具有重要价值。然而,我国大型交通枢纽突发事件应急管理在构建完善的多元参与的应急管理合作网络方面还面临着诸多困境。

从操作层面看,我国大型交通枢纽突发事件应急管理多方合作体制建立的土壤还不够肥沃。首先,我国交通枢纽突发事件预防知识还不够普及,公众在使用交通工具和接受大型交通枢纽服务时的危机意识不强。"自己的生命自己保护""自己的区域自己保护"的理念还没有深入每一个民众的心中。其次,工商企业、社会组织的社会责任意识不强,普遍缺乏突发事件应对中的社会责任。政府与工商企业、社会组织之间缺乏沟通、交流,没有形成良好的伙伴关系。再次,城市市民、非政府组织参与应急管理的渠道不够畅通。即使有些非政府组织和企业有意愿参与大型交通枢纽突发事件应急管理工作,也找不到相应的途径和联系单位。再者,我国各大型交通枢纽并没有定期进行突发事件应急演练,相关管理机构和社会参与力量的突发事件应对能力得不到提升。在遇到较为严重的突发事件时,工商企业、社会组织和城市市民往往由于不具备应对突发事件的心理素质和行为能力而无法从容应对。最后,大型交通枢纽周边的社区、企事业单位等应对突发事件的意识不强。只有通过明确的法规制度、通畅的参与渠道、高效的参与机制,以社会和社区为基础,把工商企业、社会组织、城市市民等充分地组织和动员起来,塑造和加强各政府部门之间、政府和社会之间、各社会主体之间的横向合作,形成相互援助的全社会型防灾和救灾网络,才能实现大型交通枢纽突发事件应急管理能力的提升。

（二）大型交通枢纽突发事件应急管理的协调联动机制不健全

2017年10月18日,习近平总书记在十九大报告中指出:坚持总体国家安全观,统筹发展和安全,增强忧患意识,做到居安思危,是我们党治国理政的一个重大原则。必须坚持国家利益至上,以人民安全为宗旨,以政治安全为根本,统筹外部安全和内部安全、国土安全和国民安全、传统安全和非传统安全、自身安全和共同安全,完善国家安全制度体系,加强国家安全能力建设,坚决维护国家主权、安全、发展利益。① 这给新时期我国应急管理工作提出了新的要求。

虽然我国各地方政府都在推进大型交通枢纽突发事件应急管理协调联动机制的建设,但是在具体实施过程当中仍然面临着一些突出问题。首先,"分灾种、分部门"管理的应急管理体制普遍存在,由政府或相关职能部门统一联动、指挥调度的,集成各应急部门的跨部门、跨行业的应急管理体系尚未形成。目前,各大型交通枢纽都建立了应急管理指挥协调小组,但没有形成集交通枢纽所属区域的公安、消防、医疗、媒体等单位为一体的应急管理体系。其次,应急管理部门和应急指挥协调小组之间权责不清晰,突发事件发生时出现无统一领导、无统一指挥的无序状态。最后,由于应急责任界限不明晰,相关部门在大型交通枢纽发生突发事件发生时相互推诿,影响应急管理工作的顺利进行,造成严重的破坏性后果。为了提高大型交通枢纽的应急管理能力,必须建立健全交通枢纽应急管理联动机制,对应急管理主体的资源进行整合,明确各主体的应急管理职责,加强各主体应急管理部门和人员的协调与配合,形成"主动承担、自动补位、自动切换、大家认可"的良好机制。

（三）大型交通枢纽突发事件应急管理的绩效评估不完善

大型交通枢纽突发事件应急管理秉持"以人为本"的态度,不计一切代价挽回生命、补救损失。这充分体现了我国集体动员体制的优势和社会主义的优越性。但不计成本地开展应急管理工作,在一定程度上会造成应急资源的浪费,造成投入回报间的失衡,并形成应急管理的绩效损失。这将不利于大型交通枢纽应急管理的可持续发展。我国大型交通枢纽突发事件应急管理,应树立绩效观念,完善绩效评估体系,将绩效管理融入应急管理的全过程。

客观来看,我国大型交通枢纽突发事件应急管理中绩效评估存在以下三方面问题:一是绩效评估的内容是大型交通枢纽突发事件的处置结果,忽视了对大型交通枢纽突发事件监测预警系统的评估。二是大型交通枢纽突发事件应急管理采取问责制,对重大突发事件的相关责任人进行问责,却没有对突发事件的决策指挥系统进行绩效评估。三是缺乏对资源保障和信息沟通情况的评估。总

① 十九大报告.http://www.gov.cn/zhuanti/2017-10/27/content_5234876.htm.

之,我国大型交通枢纽应急管理还没有建立科学、完善的绩效评估体系,绩效评估的内容需要不断充实,方法也需要不断改进。

（四）大型交通枢纽突发事件应急管理中应急教育和应急法制缺位

发达国家的大城市一直把塑造发达的应急文化,提高工商企业、社会组织及城市市民应急意识和应急能力,作为大型交通枢纽突发事件应急管理系统建设的一项基础性工作。提高工商企业、社会组织及城市市民的安全意识和安全能力,可以使乘客在大型交通枢纽突发事件发生时有条不紊地从容应对,从而大大减少突发事件造成的损失和影响。我国在塑造大型交通枢纽突发事件应急文化方面的工作还不到位,具体体现在:首先,公众的应急意识薄弱,自救和互救的能力不强。人们在遇到交通枢纽突发事件的时候,在一个相对封闭的环境当中,往往表现的比较慌乱,甚至失去理智,不能够理性地配合救援行动。其次,我国对大型交通枢纽突发事件发生时乘客自救、互救知识的传播不到位,也不注重对应急文化的宣传。这是导致我国公众应急意识薄弱、应急能力不强的重要原因。最后,工商企业和社会组织的社会责任感不强,不能积极主动地开展应急文化的宣传与学习。

在应急管理法制方面,尽管近年来我国突发事件应急管理法制建设取得了进展,尤其是以《突发事件应对法》为核心的法律法规在预防和处置突发事件时发挥了重要的作用。但是与国外发达国家相比,我国突发事件应急管理法制建设显得相对滞后,特别是突发事件应急管理的专项法律法规建设亟待加强。目前,我国还未颁布关于大型交通枢纽突发事件应急管理的专项法律,需要进一步通过制定专项法律规范大型交通枢纽应急管理的权力边界、行使条件,保障枢纽应急领导小组、管理机构、社会组织和民众的共同参与。

第三节　构建全面整合的大型交通枢纽突发事件应急管理体系

针对我国大型交通枢纽应急管理存在的诸多问题,不能简单地"头痛医头,脚痛医脚",而应该以系统、整合的思维构建大型交通枢纽突发事件应急管理体系。全面整合的突发事件应急管理模式由张成福教授提出,他认为全面整合的突发事件应急管理体系是指在高层政治领导者的直接领导和参与下,透过法律、制度、政策的作用,在各种资源支持系统的支持下,通过整合的组织和社会协作,通过全程的危机管理,提升政府危机管理的能力,以有效地预防、回应、化解和消弭各种危机,从而保障公共利益以及人民的生命、财产安全,实现社会的正常运转和可持续发展。① 在大型交通枢纽突发事件的应急管理中,我们应当重点加强全危机与全面风险的大型交通枢纽应急管理建设,建立充分资源支持和绩效导向的大型交通枢纽应急管理和倡导全面协调、多方参与的大型交通枢纽应急管理,以全面提升大型交通枢纽突发事件应急管理能力。

一、建立全危机与全面风险的大型交通枢纽应急管理

全面整合的大型交通枢纽突发事件应急管理倡导全危机与全面风险的大型交通枢纽应急管理,充分考虑大型交通枢纽突发事件的复杂性,在科学的风险分析基础上寻找应急管理的突破口,并采取有针对性的应对措施。随着科学技术的不断发展和新技术、新方法的运用,大型交通枢纽面临的风险也由于致灾因子数量和种类的增加而增加,新的致灾因子不断浮现的同时,曾经发生过的突发事件可能伴随着新的特点再次出现,造成更严重的后果。

（一）全危机大型交通枢纽突发事件应急管理

所谓全危机管理就是考虑到危机间的关联性,即危机之间的相互关联使得某一种单一的灾难和危机会转化为复杂性危机。② 因此,全危机大型交通枢纽突发事件应急管理要求突发事件应急管理从单一突发事件处理的方式转化为全面统筹相关战略、政策、应急管理计划、组织安排及物质支持系统等。

对各类突发事件的致灾因子和影响因素的研究应该成为大型交通枢纽突发事件应急管理的一个重要环节。为了保证公众的安全和社会的稳定,大型交通枢纽须组织专业人员要对突发事件的致灾因子和影响因素进行分析和风险预测,并研究相应的机制进行应对,以减少突发事件对大型交通枢纽带来的损失。

（二）全面风险的大型交通枢纽突发事件应急管理

全面风险的突发事件应急管理要求运用系统的方式把对风险的管理和大型交通枢纽突发事件应急管理的方方面面整合在一起。在大型交通枢纽突发事件应急管理的过程中建立突发事件应急管理的能动环境;确认突发事件的类别及主次关系;分析突发事件发生的概率及其可能产生的影响并作出评价;明确突发事件管理的能力和资源;开展有效的方法以降低突发事件可能造成的损失和影响;设计有效的管理制度进行突发事件的管理和控制。从而有效地预防、缓解和降低大型交通枢纽突发事件所带来的损失。

① 张成福.公共危机管理:全面整合的模式与中国的战略选择[J].中国行政管理,2003(7).
② 张成福.公共危机管理:全面整合的模式与中国的战略选择[J].中国行政管理,2003(7).

二、建立充分资源支持和绩效导向的大型交通枢纽应急管理

全面整合的应急管理系统是建立在各种资源支持的基础之上的。大型交通枢纽突发事件应急管理如果缺乏必要的资源支持，无异于空中楼阁。一个现代化的应急管理的资源支持系统包括：应急管理的信息系统和知识系统；应急管理的人力资源系统和教育与培训系统；应急管理的财政资源系统；应急管理的物质资源系统；应急管理的政策资源系统等等。① 各种应急管理资源的生产、调度、分配和利用，都直接关系到大型交通枢纽突发事件应急管理的效率和效果。

政府和大型交通枢纽突发事件应急管理有关部门有责任为应急管理工作的开展提供必要的资源支持。引进先进的信息系统，随时监控交通枢纽的运营状况和安全隐患；注重对突发事件的预防监测和应对处置人员的培训与开发，使其在突发事件发生时能够迅速有效地参与到应急管理工作中，为大型交通枢纽突发事件应急管理提供充足的人力资源支持；大型交通枢纽应该做好财务预算，给予应对突发事件以足够的财政资金支持；大型交通枢纽应定期做好各项设备的维护和检修，在突发事件发生时为应急管理工作提供正常运作的物质资源支持。

而以绩效为导向的大型交通枢纽应急管理，就是要求珍惜资源、避免各种形式的浪费，以最小的资源消耗达到最优的应急管理目标。大型交通枢纽突发事件应急管理应当形成一个与应急管理组织的权力、层级体系相对应的、可持续的、可衡量的、可实现的、时效性的目标体系，并通过绩效衡量、绩效监控、绩效反馈以及持续不断的绩效改进等手段管理目标体系。

在绩效导向的大型交通枢纽突发事件应急管理中，首先应制定明确的组织结构图并对每个岗位进行标示；其次要通过岗位说明书明确每个岗位的工作范围、职责及权限、任职资格和考核标准；最后根据应急管理人员的实际工作情况结合岗位说明书进行绩效评估，并依照评估结果确定相应的奖惩。大型交通枢纽应急管理部门应该根据特定枢纽及枢纽所在地区的特点建立突发事件应急管理绩效指标，对应急管理的关键环节和关键事件进行评估，根据评估报告给予赏罚，提出并落实改进意见。

三、倡导全面协调、多方参与的大型交通枢纽应急管理

国内外大型交通枢纽自筹建之日起，就始终面对着各种各样的突发事件，我们只有用积极的预防取代消极的应急响应，才能在大型交通枢纽发生突发事件

---

① 宋英华.突发事件应急管理导论[M].北京：中国经济出版社，2009：119.

时从容应对。政府作为公共事务的管理主体,在大型交通枢纽突发事件中有着不可替代的主导作用。但同时我们也应该看到,政府对大型交通枢纽突发事件的应急管理存在一定的局限性,再加上大型交通枢纽突发事件的复杂性、连锁型等特点,仅凭政府的力量远远不够,还需要有其他的社会组织、企业、民众积极有效地参与到大型交通枢纽突发事件的应急管理之中。所以只有在将应急管理纳入大型交通枢纽建设规划的同时整合各方优势资源,才能够在最大限度上保护受灾群体的安全,减少损失。

（一）将应急管理纳入大型交通枢纽建设规划

在对某一大型交通枢纽进行建设规划时,应充分考虑突发事件应急管理因素。分析该大型交通枢纽运营过程中潜在的自然灾害、事故灾难等典型的突发事件;分析典型突发事件类型、发生机理、影响因素及多种突发事件的相互作用的机制;考虑不同突发事件场景下该交通枢纽人员疏散、救援、交通安全等因素;将实时监控与快速预警技术纳入大型交通枢纽建设之中。实现大型交通枢纽从设计、施工到日常运营再到突发事件应急管理的全生命周期规划。

（二）整合各方资源提高大型交通枢纽应急管理水平

从短期目标来看,整合各方资源、实现综合调度,有助于缓解现阶段大型交通枢纽突发事件应急管理资源支持不足的现状。从长期规划来看,这也是大型交通枢纽突发事件应急管理可持续发展的必然要求。所以,大型交通枢纽突发事件应急管理必须建立政府指导、社会参与、资源整合的模式,实现信息资源、物质资源、宣传资源和国际资源的全面整合和综合调度。

大型交通枢纽突发事件应急管理应加强与地震、气象、水利、公安等部门以及科研机构等信息提供方之间的合作,建立良好的信息共享机制,将各部门、研究机构分散的监测台站联成网络系统,实现监测预警信息资源的整合。

大型交通枢纽突发事件应急管理应根据突发事件发生、发展的自身规律,统一规划、合理布局,建立中央与地方分级储备、科学管理、紧急调度的应急物资管理制度,保障大型交通枢纽突发事件应急管理的物资基础。

大型交通枢纽突发事件应急管理应注重政府管理与社会参与的有机结合,做好突发事件应急管理的宣传工作,组织并协助民政、民防、外事、卫生等部门及各种社会组织开展大型交通枢纽安全科普宣传活动,塑造应急文化。

大型交通枢纽突发事件应急管理应该加强国际交流与合作,派遣应急管理工作人员前往国外,进行大型交通枢纽应急管理的研究和学习。借鉴国外先进的技术和理念,提高我国大型交通枢纽突发事件应急管理能力。

参 考 文 献

一、中文类

[1] (澳)罗伯特·希斯.危机管理[M].王成,宋炳辉,金瑛,译.北京:中信出版社,2001.

[2] (美)乔治·D.哈岛,(美)琼·A.布洛克,(美)达蒙·P.科波拉.应急管理概论(第三版)[M].龚晶,等,译.北京:知识产权出版社,2011.

[3] (美)托马斯·D.费伦.应急管理操作实物[M].林毓铭,陈玉梅,等,译.北京:知识产权出版社,2011.

[4] (英)安东尼·吉登斯.失控的世界[M].周红云,译.南昌:江西人民出版社,2001.

[5] 马克思,恩格斯.德意志意识形态,马克思恩格斯选集(第1卷)[M].北京:人民出版社,1995.

[6] 张沛,潘锋.现代城市公共安全应急管理概论[M].北京:清华大学出版社,2007.

[7] 夏保成,姚军玲.中国应急管理[M].北京:当代中国出版社,2015.

[8] 段华明.应急管理体制机制研究[M].北京:社会科学文献出版社,2017.

[9] 陈安,陈宁,倪慧荟.现代应急管理理论与方法[M].北京:科学出版社,2009.

[10] 汪大海.公共危机管理实务[M].北京:中国人事出版社,2013.

[11] 晓鹏军.公共危机管理导论[M].北京:中国人民大学出版社,2006.

[12] 钟开斌.中外政府应急管理比较[M].北京:国家行政学院出版社,2012.

[13] 姜平,贾洁萍,孔庆兵.公共危机管理与突发事件应对[M].北京:红旗出版社,2011.

[14] 寇丽平.应对危机——突发事件与应急管理[M].北京:中国人民公安大学

出版社,2013.

[15] 卓越.公共部门绩效评估[M].北京:中国人民大学出版社,2004.

[16] 胡税根,余潇枫,何文炯,米红.公共危机管理通论[M].杭州:浙江大学出版社,2009.

[17] 王宏伟.公共危机管理概论[M].北京:中国人民大学出版社,2006.

[18] 薛澜,张强,钟开斌.危机管理[M].北京:清华大学出版社,2003.

[19] 刘霞,向良云.公共危机治理[M].上海:上海交通大学出版社,2010.

[20] 余潇枫.非传统安全与公共危机治理[M].杭州:浙江大学出版社,2007.

[21] 许敏,尹乃春.城市危机管理[M].北京:清华大学出版社,2013.

[22] 赵成根.国外大城市危机管理模式研究[M].北京:北京大学出版社,2006.

[23] 钟开斌.风险治理与政府应急管理流程优化[M].北京:北京大学出版社,2011.

[24] 张成福,唐钧,谢一帆.公共危机管理理论与实务[M].北京:中国人民大学出版社,2009.

[25] 宋英华.突发事件应急管理导论[M].北京:中国经济出版社,2009.

[26] 姜平.突发事件应急管理[M].北京:国家行政学院出版社,2011.

[27] 吴江.风险防范与管理[M].北京:党建读物出版社,2011.

[28] 陈秀梅,甘玲,于亚博.领导者应对突发事件的理论与实务[M].北京:人民出版社,2005.

[29] 董锡明.轨道交通安全风险管理[M].北京:中国铁道出版社,2014.

[30] 付翠莲.重大事项社会稳定风险评估机制研究[M].北京:中国社会科学出版社,2011.

[31] 苗崇刚,黄宏生,谢霄峰,范增节.美国国家应急反应框架[M].北京:地震出版社,2011.

[32] 钱立新.世界高速铁路技术[M].北京:中国铁道出版社,2002.

[33] 王富章.铁路突发事件应急管理研究[M].北京:中国铁道出版社,2010.

[34] 王宏伟.突发事件应急管理——预防、处置和恢复重建[M].北京:中央广播电视大学出版社,2009.

[35] 吴念祖.虹桥综合交通枢纽综合防灾研究[M].上海:上海科学技术出版社,2010.

[36] 上海市突发公共事件应急管理委员会办公室.上海应急管理报告:2008-2012[M].上海:上海人民出版社,2013.

[37] 田玉敏,张伟,马宏伟,贺小宇.人群应急疏散[M].北京:化学工业出版社,2014.

[38] 张成福.公共危机管理:全面整合的模式与中国的战略选择[J].中国行政管理,2003(7).

[39] 张海波、童星.中国应急管理结构变化及其理论概化[J].中国社会科学,2015(03).

[40] 钟开斌."一案三制":中国应急管理体系建设的基本框架[J].南京社会科学,2009(11).

[41] 钟开斌.国家应急管理体系建设战略转变:以制度建设为中心[J].经济体制改革,2006(5).

[42] 张海波,童星.中国应急管理结构变化及其理论概化[J].中国社会科学,2015(03).

[43] 田军,邹沁,汪应洛.政府应急管理能力成熟度评估研究[J].管理科学学报,2014(11).

[44] 孙多勇,鲁洋.危机管理的理论发展与现实问题[J].江西社会科学,2004(4).

[45] 崔光胜.风险社会与政府危机管理能力提升[J].辽宁行政学院学报,2013(3).

[46] 王宁,王延章.应急管理体系及其业务流程研究[J].公共管理学报,2007(02).

[47] 张海波.中国应急预案体系:结构与功能[J].公共管理学报,2013(02).

[48] 张子礼,侯书和.风险社会风险的成因与治理[J].齐鲁学刊,2010(6).

[49] 许敏.风险社会下的政府危机管理创新[J].人民论坛,2013(2).

[50] 石路,蒋云根.论政府危机管理中的公众参与[J].理论导刊,2007(01).

[51] 沙勇忠,解志元.论公共危机的协同治理[J].中国行政管理,2010(04).

[52] 金太军,赵军锋.公共危机中的政府协调:系统、类型与结构[J].江汉论坛,2010(11).

[53] 赖先进.论城市公共危机协同治理能力的构建与优化[J].中共浙江省委党校学报,2015(01).

[54] 许敏."危机治理"视野下城市应急联动模式的创建[J].特区经济,2009(09).

[55] 吴晓涛.美国突发事件应急准备理念的新特点及启示[J].灾害学,2014

（02）.

[56] 薛澜,钟开斌.突发公共事件分类、分级与分期:应急体制的管理基础[J].中
国行政管理,2005(02).

[57] 李湖生.非常规突发事件应急准备体系的构成及其评估理论与方法研究
[J].中国应急管理,2013(8).

[58] 李雪峰.突发事件监测预警的领导原则与策略[J].领导科学,2012(14).

[59] 申稳稳,李华,俞书伟.突发事件应对的动态监测与预警系统[J].山东经济,
2008(5).

[60] 陶振.突发事件应急预案:体系、编制与优化[J].行政论坛,2013,20(05).

[61] 宁利君.人员密集场所人群聚集风险监测与预警系统研究[J].安全,2013
(11).

[62] 刘家发,朱建如.化学恐怖袭击的应急救援策略[J].公共卫生与预防医学,
2004(3).

[63] 刘伟,陈应南.大型交通枢纽人员疏散设计[J].消防科学与技术,2011(10).

[64] 程惠霞."科层式"应急管理体系及其优化:基于"治理能力现代化"的视角
[J].中国行政管理,2016(03).

[65] 董文琪.政府、企业及非营利组织的共生关系探析[J].江淮论坛,2006(02).

[66] 马梦砚.论地方政府公共危机管理绩效评价体系的构建[J].扬州大学学报
(人文社会科学版),2010(06).

[67] 国务院办公厅赴俄罗、日应急管理考察团.俄罗斯、日本应急管理考察报告
[J].中国应急管理,2007(2).

[68] 白廷军,水黎明,孙灵英,王俊.GIS在突发公共卫生事件应急处理中的应用
[J].海峡预防医学杂志,2007,13(2).

[69] 包国宪.绩效评估:推动地方政府职能转变的科学工具——甘肃省政府绩
效评价活动的实践与理论思考[J].中国行政管理,2005(07).

[70] 邱丽丽,顾保南.国外典型综合交通枢纽布局设计实例剖析[J].城市轨道交
通研究,2006(3).

[71] 游克思,刘艺,樊晓超.国内外综合交通枢纽的发展趋势研究[J].技术论坛
论文精选,2014(1).

[72] 黄志刚,荣朝和.国外城市大型客运交通枢纽的发展趋势与原因[J].交通运
输系统工程与信息,2007(4).

[73] 罗纳德·佩里,迈克尔·林德尔,李湖生.应急响应准备:应急规划过程的

指导原则[J].中国应急管理,2011(10).

[74] 王富章,王英杰,李平.大型公共建筑物人员应急疏散模型[J].中国铁道科学,2008(04).

[75] 石磊.交通运输应急指挥系统架构研究[J].现代交通技术,2011(4).

[76] 宋键,杨耀.城市轨道交通应急体系研究[J].城市轨道交通研究,2009(09).

[77] 宋燕.科学编制应急演练方案[J].劳动保护,2010(9).

[78] 陶李华,徐亮.大规模密集人群安全疏散策略探讨[J].消防科学与技术,2010(09).

[79] 陶鹏,薛澜.论我国政府与社会组织应急管理合作伙伴关系的建构[J].国家行政学院学报,2013(03).

[80] 夏美武.公共危机管理中政府角色定位与重塑[J].江淮论坛,2012(03).

[81] 许敏.论非政府组织参与危机治理的行动逻辑——基于权力分配的视角[J].前沿,2011(23).

[82] 肖国清,廖光煊.建筑物火灾中人的疏散方式研究[J].中国安全科学报,2006(02).

[83] 阎耀军.超越危机——构建新的社会预警指标体系及其运行平台的设想[J].甘肃社会科学,2005(3).

[84] 阳建鸣、刘春雨.日本上越新干线列车脱轨事故研究[J].中国铁路,2006(08).

[85] 易承志.社会组织在应对大都市突发事件中的作用及其实现机制[J].中国行政管理,2014(02).

[86] 张红梅.协同应对:公共危机管理中的公众参与[J].长白学刊,2007(06).

[87] 许敏.危机治理视野下公民参与的困境与对策探讨[J].理论探讨,2010(06).

[88] 郑翠玲.完善的莫斯科地铁消防安全保障体系[J].国际消防,2016(12).

[89] 郑拴宁,李朝奎,李佳玲.现代遥感技术在地震灾害中的应用[J].地理空间信息,2009(2).

[90] 钟开斌.中国应急预案体系建设的四个基本问题[J].政治学研究,2012(06).

[91] 张培红,陈宝智.火灾时人员疏散的行为规律[J].东北大学学报,2001(01).

[92] 张培红,陈宝智,卢兆明.人员应急疏散行动开始前的决策行为[J].东北大学学报,2005(02).

[93] 周继红,陈红,闫彬,朱宏佳,毛新华.综合交通枢纽安全应急疏散路径选择研究[J].中国安全科学学报,2014(02).

[94] 朱华桂,曾向东.监测预警体系建设与突发事件应急管理——以江苏为例[J].江苏社会科学,2007(3).

[95] 邹积亮.科学统筹规划 加快推进国家应急体系建设——2015年应急体系建设规划理论研讨会综述[J].行政管理改革,2015(08).

[96] 高学英.大规模应急救援资源布局与调度优化方法研究[D].长春:吉林大学,2012.

[97] 卢文龙.城市轨道交通应急疏散的研究[D].北京:中国铁道科学研究院,2012.

[98] 王富.城市事故灾难道路交通应急组织理论与方法研究[D].武汉:华中科技大学,2011.

[99] 王富章.铁路灾害风险评估与应急救援策略研究[D].北京:北京交通大学,2012.

[100] 杨鹏飞.突发事件下应急交通疏散研究[D].长沙:湖南大学,2013.

[101] 马梦砚.创新地方政府公共危机管理绩效评级体系[C].中国行政管理学会会议论文集,2010.

[102] 中华人民共和国突发事件应对法[EB/OL].http://www.gov.cn/zhengce/2007-08/30/content_2602205.htm.

[103] 中华人民共和国交通运输部.交通运输突发事件应急管理规定[EB/OL].http://www.mot.gov.cn/zhengcejiedu/anquanshengchanyingjitixifzghjd/xiangguanzhengce/201510/t20151014_1900758.html.

[104] 安全管理网.北京西站地区突发事件总体应急预案[EB/OL].http://www.safehoo.com/Emergency/Case/200904/24840.shtml.

[105] 深圳市人民政府应急管理办公室.深圳市处置道路交通(含桥梁、隧道)突发事件应急预案(实行)[EB/OL].http://www.sz.gov.cn/szemo2016/zwgk/yjgl/yjyf/sgznl/201607/t20160727_4255964.htm.

二、外文类

[1] Lucien G. Canton. Emergency Management：Concept and Strategies. Oversea Publishing House,2006.

[2] John C. Pine. Technology in Management [M].Wiley,2006.

[3] Brenda D. Phillips. Disaster Recovery [M].Taylor & Francis Group,2009.

[4] Ian Burton, Robert W. Kates, Gilbert F. White. The Environment as Hazard [M]. 2nd Edition. New York: Guilford Publication, 1993.

[5] Charles F.Herman.International crises: insights from behavioral research [M].New York: Free Press, 1972.

[6] W.Timothy Combs. Ongoing Crisis Communication: Planning, Managing, and Responding [M]. New York: Sage Publication, Inc.1999.

[7] Steven Fink. Crisis Management: Planning for the Inevitable [M]. AMACOM, 1989.

[8] Uriel Rosenthal, Bert Pijnenburg. Crisis Management and Decision Making [M].Springer, 1991.

[9] David Alexander.Principles of Emergency Planning and Management[J]. Terra Publishing,2002.

[10] Philip Hall. Early Warning System: Reframing the Discussion[J].The Australian Journal of Emergency Management,Vol.22 No.2, May 2007.

[11] Sarah Norman. New Zealand's Holistic Framework for Disaster Recovery[J].The Australian Journal of Emergency Management,Vol.21 No.4, November 2006:16.

[12] The Department of Homeland Security (DHS)[J].National Response Framework,January, 2008.

[13] Saxena S.Mental Health and Psycholosocial Support in Crisis Situation [R].Geneva:WHO,2005.

[14] Cabinet Office.Recovery: an Emergency Management Guide[R].2006.

索　引